触 发

驱动客户本能购买和追随

[美] 南希·哈胡特（Nancy Harhut） 著

吕晓潇 朱智萌 译

USING
BEHAVIORAL SCIENCE IN
MARKETING

**Drive Customer Action
and Loyalty by Prompting
Instinctive Responses**

中国科学技术出版社

·北 京·

Copyright © Nancy Harhut,2022 All rights reserved
Using Behavioral Science in Marketing by Nancy Harhut
This translation of Using Behavioral Science in Marketing is published by arrangement with Kogan Page.
Simplified Chinese translation copyright © 2024 by China Science and Technology Press Co., Ltd.
All rights reserved.

北京市版权局著作权合同登记　图字：01-2023-5331

图书在版编目（CIP）数据

触发：驱动客户本能购买和追随/（美）南希·哈胡特（Nancy Harhut）著；吕晓潇，朱智萌译.—北京：中国科学技术出版社，2024.5

书名原文：Using Behavioral Science in Marketing

ISBN 978-7-5236-0509-7

Ⅰ.①触… Ⅱ.①南…②吕…③朱… Ⅲ.①市场营销学 Ⅳ.① F713.50

中国国家版本馆 CIP 数据核字（2024）第 058366 号

策划编辑	齐孝天　于楚辰	责任编辑	任长玉
封面设计	潜龙大有	版式设计	蚂蚁设计
责任校对	焦　宁	责任印制	李晓霖

出　　版	中国科学技术出版社
发　　行	中国科学技术出版社有限公司发行部
地　　址	北京市海淀区中关村南大街 16 号
邮　　编	100081
发行电话	010-62173865
传　　真	010-62173081
网　　址	http://www.cspbooks.com.cn

开　　本	710mm×1000mm　1/16
字　　数	295 千字
印　　张	19.25
版　　次	2024 年 5 月第 1 版
印　　次	2024 年 5 月第 1 次印刷
印　　刷	大厂回族自治县彩虹印刷有限公司
书　　号	ISBN 978-7-5236-0509-7 / F · 1230
定　　价	69.00 元

（凡购买本社图书，如有缺页、倒页、脱页者，本社发行部负责调换）

致凯西,她一直鼓励我写一本书。

致我的同事和客户,是他们让这一本书成为可能。

致艾丽莎,她终有一天会写一本自己的书。

前 言

两种人会选择阅读本书。

一部分营销人员，希望用科学证明过的方法促使人们做一些事情，比如尝试、购买、复购、推荐等。另一部分营销人员则希望用一种有效的方法阻止人们做一些事——例如，忽略他们的定向信息或阻止客户转向竞争对手求购。两者都在寻求影响人类行为的方法。在本书中，他们都会找到想要的答案。

要影响人们的行为，首先必须理解人们为什么这样做。如果你在市场营销领域工作过一段时间，可能会对一些客户和潜在客户的行为感到困惑。有时虽然你推销的正是他们需要的理想产品，价格也很合适，但他们既不阅读你的信息，也不作任何回复。

这是因为人们往往不是在做决定，而是默认了某些决定。科学已经证明，人类有本能的反应——对周围的选择有自发的、直觉的、反射性的反应。为了节约沟通成本，他们经常依赖这些本能反应，而不是做出经过深思熟虑的决定。这些本能可能影响他们的一系列行为，从他们读什么，信任谁，再到何时购买，概莫能外。

> 营销人员的优势是什么？这些本能行为是可预测的

是的，你没看错，你可以采取一些行之有效的方法来影响目标受众的决定，让他们更心甘情愿为你做事。世界上没有对所有人都有效的灵丹妙药。但是，通过巧妙地将人类行为的原则应用到你的营销手段中，你可以获得竞争优势。你可以通过它获得进一步发展，而不仅是依赖经过验证的最佳实践。

实际上，营销人员可以在他们的职业生涯中，尝试让人们以特定的方式行事，采取某种特定的行动。但在大多数情况下，营销人员设计活动时，以为受众群体会驻足，但受众的注意力是转瞬即逝的，他们往往很少动脑思考。

不过，在这个故事中，你可以找到拯救自己的方法。因为你可以利用社会科学家对人类行为的发现来影响人类行为。如果你知道人们在遇到某种刺激或提示时，更有可能做出某种反应，为什么不把这种刺激或提示纳入你的营销战略和执行中呢？

如果你知道人们默认的是本能行为，几乎不需要思考，那么让我们确保你构建的沟通方式能够触发这些本能行为。本书通过提供影响行为的深入见解和大量现实生活中的例子，希望能成为你的首选指南。你可以很快从中受益，而不需要在营销团队、市场技术堆栈或媒体上进行额外投资。

你会从这本书中得到什么

在接下来的17章中，你将会发现一些细节，这些细节将会改变你构建信息、设计优惠、撰写文案和创建营销活动的方式。你会学到要运用的措辞和避免的错误。简而言之，你将获得实用、易于应用的策略，这将提高你的顾客参与度和回复率。

我是怎么知道这些的呢？因为这些原则大部分都是我亲自检验过的，其他人也已经对它们进行了测试。在一次又一次的会议上，我不认识的人来到我面前，说他们以前听过我的演讲，记了很多笔记，然后回到办公室尝试了一些想法——而这些想法都奏效了。

所以，如果你想用一种非常有效的方法来提高你的投资回报率（ROI），如果你想在测试你的营销信息时，为自己创造有利的条件，或者如果你只是想知道为什么有些沟通方式有效，而其他方式会失败，那么你会在这些章节中发现答案。这些内容将帮助你创造更有效的营销信息，因为它们将揭示出最适合让你的目标受众自动关注和回应你的策略。

在众多秘诀中，你会发现：

前言

- 什么词能让人们在听到你接下来要说的话之前就同意你的观点。
- 如何说服那些声称不需要你的产品或服务的人——让他们相信他们实际是需要的。
- 你可以采取什么措施来促使人们立即购买某种产品或服务，即使是购买者以后才会获得收益，甚至收益不一定会出现。

即使你已经做了一些市场调查……即使你之前的测试效果不是很好……即使科学不是你最喜欢的科目，这些策略也很容易应用，可以帮助你提高业绩。

事实上，你会发现我在科学研究方面讲得很少，而在如何使用方面讲得更详细。因此，你会得到足够简单易懂的理由来考虑采用一种方法去实现特定的目标，比如加速销售或说服顽固的潜在客户回心转意，并且会有很多实例来帮助你把这种方法付诸实践，以触发你所期望的行为。

> 获得许多垂直领域和渠道，实现比基准和控制指标高出数十倍和数百倍的提升

在本书中，你会发现一些令人大开眼界的故事和案例研究，显示了在营销中使用行为科学的强大力量。你会看到这些案例涉及众多B2C和B2B的垂直领域，包括金融服务、保险、电信、高科技、汽车、出版、教育、医疗保健、信用卡等。实际上，如果你销售的商品属于高度竞争、高度监管或难以销售的类别，你应该特别感兴趣。

你会发现行为科学如何帮助营销人员销售从龙舌兰酒到长期护理保险等各种产品，业绩提升超过了基准和控制指标的数十倍和数百倍。你还会看到这些策略是如何应用于电子邮件、广告、直邮、网络文案、电视、印刷品、社交媒体等各种渠道的。

这些都是我与客户分享的原则，在世界各地的行业活动中也是如此。这些原则也促使与会者写下诸如"关于如何说服他人的惊人见解"，"极其巧妙"以及"太棒了，你有书吗？"之类的评论。

今天，我可以肯定地回答最后一个问题了。经过数年的测试和跟踪创意

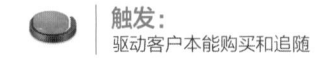

执行，以及收集和策划研究，我有了一本书。这是一本实践手册，它详细介绍了如何在营销中使用行为科学来促使自发反应。现在，如果你愿意，你可以使用这本书中的策略，来从根本上提高你的营销能力。选择权就在你手中呦。

CONTENTS　目　录

第 1 章
001　决策中的感性因素和理性因素

004・人们会基于情感原因做出决策——即使是非常聪明的人，甚至在 B2B 领域也是如此

010・无论是 B2C 还是 B2B，你的目标都是在营销中建立情感联系

014・理性销售观点在营销中的作用

第 2 章
019　通过损失规避和禀赋效应传递客户利益

022・有比利益更有效的办法吗？考虑损失规避

028・结合禀赋效应和损失规避来触发行为

第 3 章
035　通过稀缺性原则创造紧迫感和排他性

038・稀缺性是驱动行为的强大动力

039・紧迫感促使人们快速行动

043・永远不要低估排他性的心理吸引力

I

051 第 4 章
互惠原则以及先舍后得的营销价值

054 · 互惠是人类固有的行为

057 · 有经验的营销人员如何运用互惠原则

067 第 5 章
社会认同：利用"和我们一样的人"和"我们喜欢的人"的力量

071 · 依赖社会认同是一种常见的决策捷径

079 · 你的顾客会模仿和自己相似的人，也会模仿自己喜欢的人

083 第 6 章
讲故事：提高消费者的参与度

087 · 故事对营销人员来说具有神奇的说服力——科学为你一探究竟

101 第 7 章
自主偏好：利用人类的控制欲

104 · 自主偏好是人类行为最强大的驱动力之一

117 第 8 章
通过一致性原则和蔡格尼克效应提升销售额与客户忠诚度

120 · 承诺和一致性偏好对个人行为有深刻影响

130 · 蔡格尼克效应：营销人员如何利用"完成需求"的心理

目录

第 9 章
135　信息差理论：通过好奇心和求知欲促使消费者采取行动

139・信息差理论是行为的自然驱动力

144・新奇性是对信息差理论的补充

第 10 章
151　利用权威原则脱颖而出并提升回应率

154・人们可能感到不得不尊重并回应权威

第 11 章
167　选择架构和现状偏见：如何利用惯性推动事情发展

170・选择架构能对人们如何做决定产生很大的影响

第 12 章
183　标签和框架：让人们以你的方式看待事物

186・标签化可以帮助营销人员引导潜在客户做出预期的行动

191・框架理论可以改变人们的感知和行为

第 13 章
201　通过自动顺从诱因和理由激发客户采取行动

204・营销人员可以通过提供原因来促进回应

210・另外五种吸引客户自动决策的方法

第 14 章
217 充分发挥营销文案和语言的影响力

220· 韵律偏见效应可以触发一种对营销人员有巨大帮助的自动假设

229· 有助于营销文案和语言的文学修辞手法

第 15 章
239 通过激发可得性偏见增强吸引力

243· 触发可用性偏差让销售变得更容易

第 16 章
257 通过情境、奖励和不可预测性创造引人注目的营销传播

261· 脱颖而出的营销信息会备受关注并被人记住

269· 使用惊喜和不确定的奖励让你的营销信息脱颖而出

第 17 章
277 时间"里程碑"和时间贴现——时间对行为的影响

280· 当人们遇到一个时间里程碑时，更有可能采取行动

286· 当人们认为回报遥不可及时，他们就会推迟行动

295 总结

第 1 章

决策中的感性因素和理性因素

第 1 章
决策中的感性因素和理性因素

行为科学家发现，为了做出一个决策，人们会同时动用大脑中的理性部分和感性部分。这就意味着最有效的营销信息会对感性和理性思维都有吸引力。通常来说，各种购买决策都首先始于感性，然后再由理性来证明决策的合理性。

你知道人们是如何做出决策的，对吧？至少你是如此认为。人们会基于需求、愿望、目标、经历或个人喜好等各种因素做出决定。有时他们会列出利弊清单，或者进行成本效益分析；有时他们先做研究，三思而后行；有时他们会和伴侣、朋友或同事商议；有时，他们会两害相权取其轻。

你可能也曾见过上述的决策方法，因此你知道人们是如何做决定的了，对吧？他们要经历一个有逻辑的思维过程，所以清楚地知道自己在做什么，以及为什么这样做。

所有这些都是真的，但也并不尽然。事实证明，例外情况还不少。如果你听到这有点惊讶，我能理解。我之前也很惊讶。真正让我明白这一点的人是丹·艾瑞里。作为一位世界知名的行为科学家、《纽约时报》（New York Times）专栏作家和杜克大学（Duke University）的教授，丹在许多方面都取得了成就。

他的著作《怪诞行为学》（Predictably Irrational）让我明白这样一个道理："我们通常认为自己手握方向盘，能最终掌控决策。可惜这种想法往往是我们的一厢情愿，而不是现实。"

说到底，人们自认为是自己的主人，认为自己是经过深思熟虑才做出决定的。但很多时候，他们完全没有意识到自己是受到了某些力量的支配。情绪便是其中之一。

触发：
驱动客户本能购买和追随

> 鉴于人类大脑的运作方式，营销人员的信息需要同时包含理性和感性成分。

人们会基于情感原因做出决策——即使是非常聪明的人，甚至在 B2B 领域也是如此

实际上，人们是出于感性做出决策，然后再用理性来证实其合理性，这是一个很重要的事实。人们用理性思维证实决策的合理性，其实说服的不仅是与之交谈的人，也包括他们自己。他们引用这些理由，是因为在大多数情况下，他们真的相信这些理由。他们确信自己是出于正确的原因做出了决定，并且绝不认为自己受到了任何其他影响。或者说，他们不可能做出不完全属于自己的选择。

在这一点上，你可能会讲，这说的"不是我"或"不是我的客户"。你可能会认为你要发展的客户都是受过高等教育的，甚至很可能是高度专业化的人群。你觉得他们很聪明，不会情绪化地做决定。你可能还会会心一笑，然后想："好吧，虽然这挺有意思，但我在 B2B 领域工作，所以这不适合我。"但实际上，它也同样适用。

人们做决定的方式是天生的。我们的大脑处理情感比理性思考更快。情感使我们注意力集中，帮助我们记忆。从进化的角度来看，这有助于人类生存。例如，我们的祖先中，能对恐惧做出恰当反应的人才能得以存活，并最终将他们的基因遗传给后代。而那些面对尖牙利爪的动物，没有立即逃跑而是瞻前顾后的人，生命只能戛然而止。

凯文·罗伯茨（Kevin Roberts）是萨奇广告公司（Saatchi and Saatchi）的前全球首席执行官和《挚爱品牌》（*Lovemarks: The Future Beyond Brands*）一书的作者，他表示，情感因素在购买决策中起的作用占到了 80%。加拿大神经学家唐纳德·B. 卡恩（Donald B. Calne）对此进行了精辟的解释。他说：

"感性和理性的本质区别在于感性带来行动，而理性得出结论。"（图1-1）

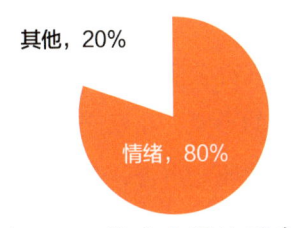

其他，20%

情绪，80%

图1-1 影响决策的因素

根据《挚爱品牌》的作者凯文·罗伯茨的说法，感性因素在购买决策中起到的作用占到了80%。

营销人员要记住的关键是：驱动购买行为的是情感反应。但是我要谈的并不是情感如何帮助建立品牌，以及怎样影响态度和意识，尽管情感在这些领域的确起着关键作用。在这里，我们讨论的是让人们采取行动——这正是营销人员需要促使客户和潜在客户去做的事情。如果这些人得出结论准备采取行动，却仍无动于衷，那么营销人员就失败了。

这也说明了安东尼奥·达马西奥（Antonio Damasio）研究的重要性。他是一位神经科学家，是《笛卡尔的错误》（*Descartes' Error*）一书的作者。他对那些大脑产生和处理情绪区域受损的人进行了研究。他发现这些人几乎无法做出决定——即使是像当天午餐吃什么这样简单的决定都无法做出。他们反复考虑各种选择，就是无法做出决定。人类需要通过情感来知道该做什么。

人就是人，无论他们在哪

当制订营销方案包括面向B2B市场的营销时，你必须考虑情感因素。在我的职业生涯早期，为美国国际商用机器公司（IBM）和戴尔这样的品牌工作时，我读过一份研究报告，报告称即使一位高科技行业高管相信营销人员的产品对他们的公司有好处，但如果他们觉得在实际应用这种产品解决公司问题过程中可能得不到其他人的支持时，就不会同意购买。

这就像是给营销人员泼了一桶冷水。即使你的目标客户相信你的产品是正确的选择，但是出于一种"多一事不如少一事"的心理，他们也不会尝试购买，毕竟谁也不想给自己的工作找麻烦。虽然这项研究已经年代久远，但其中的教训却不过时。

无论人们是在家里还是在办公室，人就是人，都有情感。人们在意自己在老板、董事会或同事眼中的形象，在意产品或服务是否能帮助他们按时完成工作。他们也会担心自己的职业声誉，会需要自尊心的满足，时不时还要冒出来一些利己想法。

所有这些"人性"因素都会妨碍你的目标客户做出客观、中立和完全以公司利益为导向的决策。不要错误地认为你的目标客户就会与众不同。你的B2B目标客户不会仅因为产品价格和功能，对你的营销信息做出反应。他们不会只因为你提供的产品或服务最适合他们的情况，就自动选择你。即使他们自己的研究表明，你所提供的就是最佳解决方案，即使他们是受过教育的专业人士，他们在决策过程中也会受到其他影响——这些影响可能他们自己都没有意识到。

但不要失望。这对你来说正是一个机会。往你的营销中注入一些情感，让它发挥魔力。

为营销信息注入情感的巧妙方法

- 提醒你的潜在客户想象一下，通过使用你的产品或服务节省时间和个人精力有多好。
- 使用图片和色彩诱发情感反应。
- 告诉潜在客户通过使用你的产品可以避免什么痛苦（详见第2章）。
- 让你的客户因为使用你的产品感到特别或优越（详见第3章）。
- "欲取之，必先予之"，在要求你的潜在客户购买之前，先给予他们一定的帮助（详见第4章）。
- 强调你的潜在客户将做出一个被认可的选择，不会受到他人指责（详见第5章）。
- 讲述某人如何因你的产品或服务而成为职场英雄的故事（详见第6章）。
- 注重客户拥有或使用你的产品的体验感、功能和好处。

在营销策略和创意执行中注入情感

情感元素很容易成为创意执行的一部分，它还可以帮助你制定策略。让我们先读一读下面的故事：

当我还是一名年轻的广告文案撰稿人时，我在马伦广告公司（Mullen Advertising）工作。该公司位于波士顿北岸一栋漂亮的老建筑里，这里曾经是一位女继承人的消夏寓所，也曾经是一座修道院。此时，它是一家广告公司，因此所有房间都被重新布置过。其中一个小房间（可能做过圣器室）陈列着许多镜框装裱的该公司获奖广告作品。

其中一则是刊登在《华尔街日报》上的广告，主角是时任广告公司首席创意官的保罗·西尔弗曼（Paul Silverman）。这则广告的标题是"保罗的全部"，并配有他一张引人注目的黑白照片。这是《华尔街日报》著名的"创意领袖系列（Creative Leaders Series）"之一，该系列展示了对曾在该报刊登过广告的知名机构高管的采访。报纸为每一位被选中的高管设置了一个超大版面，专门讲述他们的故事，并回答有关他们的创作理念或经营方法的问题。

直到今天，我还记得经常路过那则广告，想象自己也能参与那场活动的感觉。现在我在想，有多少创意总监可能有意无意地为他们的客户专门设计了在《华尔街日报》上刊登的广告，希望被选中参加活动。为什么？因为即使在商业活动中，个人情感也很重要。

另外值得一提的是，这一系列广告背后的策略采用了承诺和一致性原则（详见第 8 章）。每位受访的广告高管都会被问到在《华尔街日报》上做广告的看法，这也是该系列广告的最后一个问题。

即使在"创意领袖系列"活动中被报道过，高管们仍有动力继续在该报上发布广告，因为他们已公开表示这是一个聪明有效的想法。他们做出了公开承诺，因此更有可能坚持下去。

触发：
驱动客户本能购买和追随

当代应用

有了《华尔街日报》这一经典活动的启示，我饶有兴趣地阅读了 2021 年 8 月《广告时代》（Advertising Age）的一篇文章，标题为《声田（Spotify）推出歌曲，向西维斯（CVS）、菲多利（Frito-lay）等公司市场总监（CMO）致敬》。文章描述了这家音乐流媒体公司的 B2B 活动，是一张专门为大品牌高管制作的歌曲专辑，每首歌都是根据每位市场总监的音乐品味进行创作的。据报道，声田团队愿与"现有合作伙伴和那些希望与之更深入合作的公司"合作完成这个活动。

与声田合作开发该活动的博达大桥广告（FCB）纽约公司的联席首席创意官（Co-CCO）迈克尔·艾梅特（Michael Aimette）表示，这个活动旨在向市场营销人员展示"平台可以多么有趣和有效"。在这篇文章中，声田的全球企业营销总监萨拉·基弗（Sarah Kiefer）这样鼓励其他的市场总监：如果希望自己入选下一张专辑，请与声田联系。我猜这与《华尔街日报》的宣传活动相似，如果拥有一首属于自己的歌曲，这样的诱惑和感召会产生强大的吸引力。

案例分析

将情感融入实际的 B2B 产品营销活动中

当我在美国一家大型广告公司担任创意总监时，我的团队负责为一家销售商业智能软件的高科技公司制作平面广告。首先，我们需要确切地了解该软件的功能，即提供对存储在不同竖井中的数据的统一视图。接下来，我们必须了解这样做的好处，即商业人士通过单一视图可一目了然地了解所有数据，以便他们做出更明智的决定。最后，我们需要知道呼吁行动是什么，也就是访问网站。

现在是时候开始工作了。创意团队考虑了各种传递信息的方式。一些人采取了"提出问题—解决问题"的方法：由于数据分布在公司的各个地方，业务主管在访问所需信息方面存在困难。本质上讲，该软件就像一块位于所有数据仓上面的海绵，将所有数据吸附在一起，使人们可以轻易获取所需数据。这就是该产品的效用和功能。

另一种方法是利用蝴蝶效应——即一个小的变化可以产生巨大的后续影响。如果一名主管人员在数据提取中忽略了某个微小而关键的数据，并在这种情况下做了决定，那么这个缺失关键数据的决定，可能在未来产生重大而深远的影响。一件事影响一连串的事情，直到出现真正的问题。这种做法为产品提供了一些背景，并更充分地说明了购买该产品的必要性。

但获胜的广告方案做了其他两个方案没有做的事情：注入了重要的终端用户情感。它揭示了目标用户每天必须做出的基于数据的决策，这些决策影响着他们员工的生计和公司的利润率。这个广告方案可能会让目标用户感到有点恐慌。为了确保做出正确的决策，他们可能会感到极大的压力。广告暗示这可能会导致焦虑和失眠。然后，展示该产品可以帮助目标客户树立自信，并避免做出错误决定。

这个广告活动的标题像"删除你脑海中那个声音的按钮"一样，其中的情感与目标客户产生了联系。目标客户可以在广告中看到自己。他们觉得营销人员理解自己，并正在直接与他们交谈。

这三种广告方式都描述了商业智能软件的好处，都包含了解更多信息的理性原因，列举了产品的功能、现有客户使用它的统计数据以及有关公司本身的信息。但是，唯独这个广告添加了情感因素。当客户对其进行测试时，这个广告活动名列前茅。当它进入市场后，将品牌好感度提高了11%，更重要的是，广告将购买意向提高了13%。

> ❶ **错误** 一个常见错误是假设商业产品和实用产品需要完全理性的营销信息。即便如此，注入一些情感也能带来好处。

无论是 B2C 还是 B2B，你的目标都是在营销中建立情感联系

因为情感能驱动决策，所以在向消费者营销时，它也必然发挥很大的作用。这可能比考虑 B2B 用户更容易理解。然而，这也值得探讨。向消费者或企业传递的营销信息，如果只关注价格和功能，就会错失一个重要的杠杆。作为营销人员，你要告诉人们你的产品或服务会给他们带来什么感觉。

克里斯蒂娜·拉多娃（Kristina Radova）曾在一篇文章中谈到，一家保险公司发现，单凭价格优势不足以激励司机选择该公司指定的维修店。在与应用行为科学咨询公司 Pragmatik 的合作中，该公司发现，只有在解决选择维修店背后的情感需求后，从名单中选择供应商的司机数量才增加了 30%。

事实是，一旦你与某人建立了情感联系，从营销的角度来看，你就占据了完美说服他们的位置。也就是说，如果你能让目标受众产生情感共鸣，你就能与他们建立联系。一旦你与他们建立了联系，他们就更愿意回应你的营销信息。

行为科学家称为"情绪感染"。这个术语听起来一般，但最终的结果可能很吸引人。例如，如果你能让某人对使用你的产品感到兴奋，或者因为订阅你的服务而感到宽慰，那么你已经成功地利用了情绪感染。

如何做到这一点呢？其中一种方法是利用你在广告、电子邮件、登录页面、信件、电话脚本等文案中使用的语言，无论是 B2C 还是 B2B 领域，生动描绘一幅客户在体验产品或服务的画面，展示你正在解决的问题，或你正在帮助别人实现的目标。

例如，你不仅只是给顾客安装了一个防盗报警器，你还是在帮助他们感受到家的安全。你不仅提供公开演讲指导，你还会帮助某人在下一次演讲中获得成功。因此你选择的词语要让人们能够设想你所提供的结果。创造一个场景，让你的受众感受到恐惧、挣扎、梦想或愿望，然后把你的解决方案提供给他们。

第1章
决策中的感性因素和理性因素

镜像神经元的作用

除了选择正确的词语（详见第14章），你可以使用的另一种策略是镜像神经元。镜像神经元是由神经生理学家贾科莫·里佐拉蒂（Giacomo Rizzolatti）及其科学家团队在意大利帕尔马首次发现的。据说，他们正在进行一项实验，让一只猴子带着电极，用来监测它的大脑活动。在休息时间，一位研究人员出去买了一个冰激凌蛋筒，回到实验室时正在吃着。当他出现在猴子的视线范围内时，猴子大脑中的神经元很明显被激活了，就好像猴子自己在吃冰激凌一样。

随后的科学研究表明，人类的大脑也是如此。当人们看到别人在做某件事时，他们的大脑会做出反应，就好像他们自己也在做那件事，也在经历那种情绪。这就是为什么体育教练会告诉你，去想象完美的网球发球或理想的高尔夫挥杆。

显然，这对视频和电视广告有着很大启示。但是静态图片也可以用来触发镜像神经元。记着在你的营销电子邮件、网站或登录页面上，或者在你的社交媒体帖子和广告中，附上人们愉快地使用你的产品或服务的图片。

"头脑一热"做出的决定可能会增加你的销售额

人们知道你在跟他们打感情牌吗？一个好的律师会回答，这得因人而异。前面已经讨论过，人们不会固执地认为他们所做的每一个决定都是经过深思熟虑的。其他人可能会回复你的信息，但并不完全知道个中缘由。

想想你曾经听到过的，或者你自己说过的一些话，比如"我就是不喜欢"，"我有一种直觉"或"我觉得这是正确的选择"。这些是人们在接受刺激时的情感反应，虽然人们可能无法精确地描述。他们知道某些东西引起了这些感觉，但不一定意识到他们正在回应你营销信息的某个具体部分。如果追问原因，他们可能会指出信息中包含的一些合理的好处。他们的大脑会为他们的行为制造一个理由。

然而，在某些情况下，人们似乎非常清楚他们做出的决定更多的是基于情感而不是理性。我的一个好朋友曾经坦言，有一年夏天她买了一辆白色敞篷车，她认为在驾驶白色车时，能很好地衬托出她晒黑的皮肤！

听到这个故事的行为科学家可能会将这个行为归类为"头脑一热"所做的决定。科学家发现，当人们处于这种状态时，受到某些生理需求（如饥饿或性欲）或强烈情绪（如愤怒或敬畏）的驱动，他们会采取一种只考虑当下感受的行动。一旦冷静下来，他们又会为做过的事后悔不迭。（也并非总是如此，我那购买白色敞篷车的朋友就从未对此后悔过。）

"头脑一热"做出的决定，让我们明白了为什么人们在饥饿时去购物会买更多的食物；为什么限时抢购活动会引发冲动购买；为什么捐赠者在阅读了某位受害者的悲惨故事后，会心生恻隐，而向慈善机构捐款（详见第 6 章）。

这种状态如果善加利用，可作为一种宣传策略用以提高顾客对产品的反应度。士力架能量棒的宣传活动就是一个很好的例子。"横扫饥饿，做回自己"的鼓动性宣传，再加上超市收银台上琳琅满目的能量棒，让人不由得不去买。

筹款人在临近圣诞节时邮寄募捐通知，也是利用了人们的这种心态。圣诞节本来就是一个强调奉献的传统节日，在这一时刻请求他人奉献爱心，只会让人们的节日情绪更加高涨，你说还有比这更好的募捐时机吗？

公司如何创造让人"头脑一热"的状态

我所经历过的最有趣的例子之一，发生在我去波士顿上大学之前的暑期工作中。这份工作就是通过电话销售优惠券册。这本券册包含了当地商家提供的各种折扣和赠品，用来招徕顾客。

谈到这儿，你可能会想象我如何给当地居民打电话，讲解使用优惠券的各种好处。告诉他们只要用了优惠券，什么理发、吃饭、更换机油等，都会省不少钱，这个感觉可不要太好。但是我们销售优惠券册的方式不是这样的。

每个电话推销员都有一个要遵循的脚本。当对方接通时，我们用最热情的声音开始说："您好！请问您是 555-0111 电话的机主吗？"一旦接电话的人确认这是他们的电话号码，我们很快接着说："太好了！我是 WENM 幸运

第 1 章
决策中的感性因素和理性因素

抽奖节目的南希。"WENM 是镇上的一家广播电台（为了讲故事，我更改了真实的电台呼号）。

然后我问"参赛者"，他们想从三个可选类别（体育、历史和政治）中选择哪一个类别的问题。一旦对方做出了选择，我就会提出非常简单的问题。在 2021 年，这相当于问哪个真人秀节目主持人曾担任过美国总统。当对方回答正确时（他们总能答对），我会激动地祝贺他们，并告诉他们奖品是什么。你猜对了，奖品就是前面提到的包含当地零售商折扣的优惠券册。但我并没有就此打住。脚本让我们列出足足有几页之多的折扣——以凸显奖品的巨大价值和这个人的天降好运。

此时此刻，电话另一端的人可能认为自己正在接受广播采访，他们知道自己刚刚答对了问题。更棒的是，他们赢得了节省数百美元的机会。他们显然处于一种"头脑发热"的状态。这就是为什么，在列出所有有价值的折扣后，我们总要说"只要 9.99 美元。接下来的半小时您会在家吗？我们现在就把奖品给您送过去！"

最后一点尤为重要。因为"现在"交货增加了销售的机会。送货员把优惠券送到家里花费的时间越长，收件人就越有可能改变他们接受奖品的想法，并在奖品到达时拒绝付款。因此，为了激励电话销售人员推动立即交货，每当我们中有人得到一个"现在"的销售，就会冲到房间前面，摇响一个小铃铛，并获得额外的 25 美分奖励。

多年前，这对我来说不过是一份暑期工作。但当我在 2021 年通过行为科学的视角回顾它时，我看到了更多。

以下是一些你可以利用热态决策来刺激销售的方法

- 发送带有转盘奖励游戏的电子邮件，提供赢得你的产品或服务交易的机会。
- 在平面广告或网络上开展"刮奖揭晓即时折扣"的促销活动。
- 发布一个独家限时代码，客户必须在你的网站上输入代码，才能获得特别的礼物或价格。

触发：
驱动客户本能购买和追随

理性销售观点在营销中的作用

人们是否总是做出情绪化的反应，而只在想要为自己的决定辩解时，考虑营销信息中的理性因素呢？当然不是这样的。人们有时候会点亮头脑中的理性之光，认真梳理一个决定。有时他们会纠结于数字，有时会留出时间进行审慎思考。这主要发生在理性购物的情况下。顾名思义，理性购物自然需要理性思考。

然而，对于营销人员来说，重点是记住，当人们接受你的营销信息时，会同时吸收感性和理性的购买理由。在很多情况下，情感驱动决策，但人们会很快找到理由支持这个决定。因此，一定要把这两者都应用在你的营销中。

如果你希望达成交易，提供购买理由是关键。例如，如果你只描述拥有你的产品感觉会多美妙，但不告知价格，交易还是做不成。你的潜在买家可能会转向你的竞争对手，他们的产品也能满足顾客的情感需求，而且你还提供了促成交易的必要细节。

同样地，你的营销文案可以让一些人对你的豪华新双人座椅心醉神迷，但如果你不提供它的尺寸，以及它适合公寓大小的事实，你可能卖不出去。如果你不把人们想要的信息摆在他们面前，他们可没兴趣去寻找。

此外，请记住，购物者经常会比较他们可以选择的产品。如果你不列出你的竞争对手所提到的功能，即便该功能不能为你的情感营销加分，你的这笔生意也会告吹。而且，潜在客户很有可能拿你所展示的文案数量来衡量商品的质量。即使所有的文案都没人读，它的存在就足以表明产品一定是好的。

平衡理性和感性的两个营销案例

某 B2C 电视广告活动

一家大型财产保险公司的营销主管相信，通过电视广告这种直接反应营销模式有助于销售汽车保险单。然而，在他入职该公司前，这种方式就已经证明收效不大了。他向公司提出了自己的理由，说服公司领导重新测试该渠道。他知道这一次必须成功。当他在广告代理公司向我们介绍时，他提醒说，我们将要制作的电视广告要实现实时回应的效果，吸引观众即时拨打热线电话，但是不能损害公司的品牌标准。

我们的团队制作了两个电视广告，都采用了以利益为导向的艺术画面和声音解说，涵盖了所有主要的购买理由，可谓是经典的直接回应型电视广告（DRTV）[①]。然而，这两个广告都以清晰的小车祸场景开场，旨在引起观众的同情。两个广告都有一些司机的近景特写，展示了他们的面部情绪。

广告播出后，客户高兴地反馈说，顾客回应度比预期目标多了126%，品牌知名度也提高了40%。情感与理性的有机融合，使这一营销活动取得了成功。

某B2B平面广告活动

一家大型金融服务公司要招募更多的金融顾问。作为一家成功的公司，他们在业内已经赫赫有名。他们开出了一系列明智、合理的优惠条件，其中包括更高的收入和更好的可持续受益，并提供独立研究机会和后台支持。按道理讲，金融顾问有什么理由不想与他们签约呢？

但我们知道，人们做决定是出于情感原因。因此，招聘活动中的视觉效果都是关于这些顾问在他们客户眼中的形象。广告中会出现一位顾问与他们的客户在一起的画面。但在闪亮的会议室

[①] 直接回应型电视广告（Direct Response TV Advertising，称DRTV）是一种通过电视媒体传播的广告形式，其目的是直接促使观众采取行动，例如购买产品或服务、访问网站或致电客服等。这种广告通常包括一个明确的呼吁行动（Call to Action），如提供电话号码、网站链接、短信码等，以便观众可以直接与广告主进行互动。——译者注

桌子上或办公室的玻璃墙上，也会反映出这种场景。在倒影中，同样的客户还是与同一个财务顾问在交流，但是这位金融顾问现在打扮成拳击冠军或超级英雄的样子。

这旨在利用有关金融顾问的一个重要发现，即他们非常在意自己在客户眼中的形象。文案提出了所有理性的观点，说明了加入公司的好处。但视觉效果和相应的标题则传达了情感因素。它们不是关于收入潜力或在公司工作的实际问题，而是关于客户对金融顾问的看法。这些附加的情感色彩使招聘广告成效显著，这家金融公司在广告播放后的头 4 个月里，就实现了 80% 的年度招聘目标，这是前所未有的成绩。

要点

1. 情绪驱动行动。
2. 在营销信息中既要涵盖情感原因，也要包含理性因素。你的目标客户两者都需要。
3. 人们会用感性来做决定，用理性来证明这些决定的正确性，不管是对自己，还是对他人。
4. 你的目标客户的大脑会更快地处理情感信息。这些信息也会有助于他们集中注意力和加深记忆。
5. 通过使用比喻、损失规避、稀缺性、互惠性、社会认同和讲故事等方法，为营销注入情感。
6. 即使在 B2B 营销中，甚至对于受过高等教育的受众，情感也是必要的。
7. 建立一种情感联系，或者引发一种情感共鸣，会让你更容易说服别人。

8. 不要只关注产品或服务的功能和好处。帮助你的目标客户认识到体验你的产品和服务会有怎样的感受。
9. 向受众展示人们享受你所销售产品的图片，或人们从中受益的图片，以触发镜像神经元。
10. 即使是理性购物也缺不了情感因素的作用。

小结

无论你的目标受众是 B2C 还是 B2B 领域，在你的营销中，都要包括理性和感性元素。忽略任何一点都可能带来损失。提供实用的细节来加强购买意向，但首先强调人们在体验你的产品时会有怎样的感受。

但请注意，在你的营销信息中所注入的情感，并不一定都得是积极的，这一点我们会在下一章讲到。

第 2 章

通过损失规避和禀赋效应传递客户利益

第 2 篇

第 2 章
通过损失规避和禀赋效应传递客户利益

尽管营销人员知道利益是销售的关键,但只关注收益可能不是最好的做法。行为科学为损失规避提供了理由,因为人类规避痛苦的动力是极具激励作用的。

利益是卖点。这个观点可能在你刚开始营销事业时就已经在你心里扎根了。即便你没有听到过这个词,也一定听到过相关的说法。

- 有人告诉你要永远记住"WIIFM"(英文"对我有什么好处"的缩写),因为这是你的客户和潜在客户在看到你的营销信息时的想法。
- 有人告诫过你,永远不要只列举产品的功能,而要向目标客户解释为什么这个产品是他们应该在乎的东西。只说这件衬衫是透气的棉织品是不够的。你必须紧跟着一句,如"这样你就能在潮湿的夏日里感受到清凉"。
- 你可能听过广告界传奇人物霍华德·戈萨奇(Howard Gossage)的话。"没有人会去读广告。人们只会阅读他们感兴趣的东西,只是有时候碰巧是则广告。"如果你想让你的营销信息吸引你的潜在客户,就必须让他们对此感兴趣。要做到这一点,你要讲明为什么你卖的产品对他们有好处。

无论如何解释,你都该明白,利益是营销传播中应始终强调的重点。你要始终确保自己专注于客户和潜在客户想要听到的内容。

这最后一句话虽然简单,却是很重要的。因为有时作为营销人员,过于关注我们想说的,这无可厚非,但却是错误的。我们真诚地相信我们所推销的东西——无论是产品、服务、慈善事业、会员资格,还是订阅费等。因此,我们急于告知人们所有我们认为很棒的东西。我们想让他们了解所有的细节——所有对我们来说很重要的信息。

然而，有时我们的目标客户所寻找的，并不总是我们坚持要告诉他们的。我们应关注他们想听什么，而不是我们想说什么。例如，他们可能对公司的创始故事或历史并不感兴趣，或者对公司其他部门和产品也不感兴趣，甚至对公司努力让客户满意也不感兴趣。即使营销人员或营销的内部成员很看重这些事情，但它们并不能打动你的潜在客户。

因此，如果经验法则是关注利益，那么要注意的是确保这些利益是真正的客户利益。

> 不要低估利益。但是记住要在你的营销信息中注入一些消极元素。告诉人们他们错过了什么，或者如果他们不按你说的去做，他们将面临什么样的损失。

有比利益更有效的办法吗？考虑损失规避

作为一个营销人员，你可能会竭尽全力强调利益、收益、优势——只要你的潜在客户对你说"是"，这些美好的东西就能实现。只要他们肯打开你的电子邮件、下载你的白皮书、观看你的视频、尝试你的产品、订购你的服务、向一个朋友推荐……这个列表还可以更长。

正如我们讨论过的，这样做并没有错。你知道利益是卖点，没有利益，你的营销信息效果就会大打折扣。但有些事你可能不知道。行为科学家发现，人们规避痛苦的动机大约是获得快乐的动机的两倍。

所以作为一名营销人员，你一直在强调产品的好处。但现在看来，这并非良策。由于人们更倾向于避免损失而不是实现收益，你可能要考虑你的营销信息是否应该是完全积极的。

我的答案是否定的——不是每条信息，也不是每一次都需要是积极的。人们不应该总是只考虑好处和收益。事实上，让你的信息有点"消极"会给你带来更多好处。当然，不是让你不提一点儿利益，但你确实需要利用一下

第 2 章
通过损失规避和禀赋效应传递客户利益

损失规避策略。

诺贝尔纪念奖得主丹尼尔·卡尼曼（Daniel Kahneman）撰写了一本名为《思考，快与慢》(*Thinking, Fast and Slow*) 的畅销书，在书中他讨论了损失规避这一话题。他解释说："当进行直接比较或权衡时，损失通常会比收益更能对人产生影响。"卡尼曼又继续举了一个简单的例子。在抛硬币的过程中，如果硬币是正面的，你将赢得150美元。感觉不错，对吧？但如果是反面，你就会损失100美元。突然间感觉就不那么好了。正如卡尼曼所观察到的，"对大多数人来说，失去100美元的恐惧比获得150美元的愿望更强烈"。

作为营销人员，你可以用损失规避策略获取优势。这不仅是当有人成为你的客户时获得的利益，这也是关于如果他们不这样做，可能会发生在他们身上的糟糕事情。换言之，这关乎他们一旦成为你的客户后，可以有效地摆脱窘境。

你想要平衡你所提供的好处和可以避免的损失。在你的营销沟通中加入一点损失规避策略，会让沟通更加有效，更有可能激发你想要的客户回应。请记住，从客户或潜在客户的角度来看，为他们提供避免损失或避免痛苦结果的能力本身就是一种好处。从行为科学的角度来看，这种止损的好处甚至比传统的积极好处更具有吸引力。

作为一名营销人员，你可能会通过积极的措辞吸引顾客，即重新定义任何可能被视为消极的东西，但这种倾向会降低你的销售额。我有幸合作过的许多客户，有时会让我重写一些东西，使其听起来更积极。例如，与其说"从不"，不如说"总是"。或者不说"失去"，说"获得"。然而，在他们发现损失规避背后的行为科学之后，他们通常会改变主意。

恐惧是一种强大的动力

毫无疑问，恐惧可以促进销售。人们不想吃亏。当人们担心自己会错过一笔划算的交易，或者当他们担心产品可能售罄，又或者当他们担心如果不拥有最新的时尚物品，他们会变得不那么受欢迎、漂亮、性感，或被社会接受时，销量就会上升。这些只是几种用恐惧推动营销的方式。

人们之所以买旅行保险，是因为担心如果在旅行中出现事故，他们会一无所有。他们会多买一条自己喜欢的牛仔裤备用，因为担心一旦这条牛仔裤出了问题，将没有可替换的。他们会买一把备用钥匙，然后把它藏起来，因为他们担心自己会被锁在外面。

而且还不止于此。你是否曾经因为担心便宜没好货，而选择了更昂贵的产品，而不是它的入门级替代品？你是否曾经因为担心普通产品的性能不佳而选择了更昂贵的名牌产品？恐惧不只是推动销售，它可以推动更昂贵的销售。

恐惧以及规避损失的概念已经深深植根于人类的本性中。在第1章中，我们谈到了我们的祖先在面对尖牙利爪的动物时，会做出逃离的反应。行为科学家将此称为战斗或逃跑反应。莱迪·克洛茨（Leidy Klotz）是弗吉尼亚大学（University of Virginia）聚合行为科学倡议的联合创始人，也是《减法的力量》（Subtract: The Untapped Science of Less）一书的作者，他指出，在生物学上，人类倾向于积累或增加他们所拥有的东西，而不是减少它们。因为人类不喜欢失去。

即使是意识到损失规避概念的人，也仍然会受其影响，下面的故事就说明了这一点。

对错失机遇的恐惧如何改变了顾客的反应

我在墨西哥有一套分时共有度假房产（timeshare）[①]。多年来，它一直运转良好。我想在学校放假期间逃离波士顿的冬天（我的配偶是一名教育工作者，所以那时候我们可以去旅行），而度假房产正好可以满足我们的需求。该房产位于海滩上，这里的天气总是晴朗温暖，度假村也非常美丽。事实上，很多时候，我们俩都认为，这里确实过于豪华了。

对于这个特定的共有度假房产，我们有一个时间窗口来预订假期。经验

[①] 共有度假房产（Timeshare）指多个人合伙购买一处房产，每年各自拥有一段时间的使用权。这种房产通常是度假村、别墅或公寓等。——译者注

第 2 章
通过损失规避和禀赋效应传递客户利益

告诉我们,预定期开始的第一时间就打电话才是最明智的,很显然,我们不是唯一想趁假期逃离严冬的人。

随着时间流逝,我们开始越来越难订到房子了。虽然我们倾向于周六到那,待到下周六离开,但有时只能周五到,并在下个周五离开。虽然我们拥有一套两居室,但有时工作人员会告知我们,在那周,我们只能选择一居室或单间公寓。

在经历了一次特别不尽人意的预订经历后,我们决定在度假村的会员服务介绍会上投诉。接待我们的业务代表承认我们的感受,并解释说,因为度假村越来越受欢迎,我们的预订难题可能还会存在。她建议我们升级住宿,鉴于这个层级具有更强大的预订价值,我们应该不难订到想要的那一周。

虽然我们对目前拥有的设施水平非常满意,但还是决定花钱升级,我们认为如果能够订到自己想要的时间和大小合适的房间,这是值得的。

然而,当我们再次打电话预订时,却无法住进更高级的房子。相反,我们还是住在原来那里了。

我恼怒至极。我们刚刚花了不小的一笔钱来升级,却发现自己住进升级前的房子。当我们到达时,会员服务小组邀请我们参加一个介绍会,我们同意了,打算向他们表达自己的不满:我们没能住进刚刚花钱升级的房子里。那栋新房本该解决我们的预订问题。我们感到被利用、被欺骗了。我想当你读到这里时,能够想象我的咆哮。

然后这位业务代表解释说,分时度假公司决定不在我们购买的那个等级上再建房屋了,而是全力建造更高等级的房子。她解释说,购买这个新层级将解决我们的问题。这让我更生气了。

我指出,这与上次向我推销的"解决方案"毫无二致,都是为了从度假村的会员身上榨取更多的钱。度假村每年都会炒作一些新理由让人们升级到更高级别的房子。我绝对不会在这个时候升级,因为我们甚至还没有踏入之前刚升级的房子。

在这里,事情发生了一百八十度大转弯。我们的业务代表解释说,可供度假村扩建的土地有限。这次升级很可能是最后一次。如果我们现在不抓住

触发：驱动客户本能购买和追随

机会，明年就是想升级都升不了了。

"等等，"我说，"每年你都要求我们升级。不仅如此，你还非常坚持，即便别人一再拒绝，你还是不停地劝说。你是说这是我们进入这个新等级的唯一机会吗？""是的，"她告诉我们，"这样你才有机会在二月的那个星期入住到你想要的两居室。但如果你犹豫不决，想着在未来几年的某刻再买，你就会错失良机。"她解释说，新升级的房子会被抢购一空。而我们还将面临目前的预订挑战，情况只会更糟。

损失规避可以触发一个非常强大的决策捷径。尽管我们经历了那么多，尽管我们很愤怒，尽管我们怀疑这家成功的度假村总会有新的东西可以卖，但我们就是不想冒险。我们再次升级了。对失去的恐惧，以及围绕着恐惧的所有情绪，占据了我们理性的大脑。在谈话时，我知道损失规避的存在吗？是的，我意识到了。但这并没有阻止我受其影响。

事实上，这幢新建筑运行得相当好。我们再也没有遇到过预定难题。但在我们上次度假时，我们确实怀疑过，因为度假村开始拆除一些老建筑，给他们的下一个升级项目提供场地。

案例分析

利用损失规避来提高电子邮件打开率

你如何说服人们用他们的钱做别的事情？这是一家大型金融服务公司给我提出的挑战。他们要求我们发起一项电子邮件营销活动，激励他们的客户为退休增加储蓄。

他们认为，在我们营销活动所针对的员工中，大部分人要么生活得紧紧巴巴，要么在金钱问题上已感觉良好，可以自给自足。

每个小组都提出了自己的难题。虽然说服员工为工作退休计划做贡献通常并不容易，但如果员工的钱需要用在多个地方，或者觉得自己没有多余的钱，又或者认为自己目前的财务状况已处于最佳状态，那就更难了。

创意团队决定从几个不同的方向让客户进行测试。考虑到人们通常不清楚自己应该存多少钱，所以一个营销方向围绕着其他员工的行为展开，这样

第 2 章
通过损失规避和禀赋效应传递客户利益

接收者就可以效仿（更多关于社会认同的内容详见第 5 章）。另一个营销方向通过强调省钱的秘密，承认目标客户缺乏相关信息（更多关于稀缺性的内容详见第 3 章）。最后一个营销方向是利用损失规避的心理机制，警告人们不要在这个重要的决定上犯错。

测试结果出来后，客户和机构很高兴地发现这三种理念都表现得很好。但是，能让员工都打开邮件的，是那些带有损失规避的主题行——比如"你会犯这样的理财错误吗？"当客户查看 50 岁以下和 50 岁以上的群体时，情况也是如此。

显然，无论你是在经历一些财务上的担忧，还是觉得自己能很好地管理自己的财富，害怕错失良机是所有年龄段的潜在客户回应营销信息的强大动力。

在营销中使用损失规避的简单方法

- 说明库存中还剩多少商品。你可能见过酒店或航空公司标明可预订的房间，或座位已所剩无几。在线零售商会在某种产品数量不足时警告潜在客户，或告知他们该产品已售罄。
- 告诉人们某个活动可能不会再举行，或者直到明年才会在目标地区再次举行。同样，让人们知道这个活动不会被记录下来，所以没有其他的方式可以了解它。
- 或者反其道而行之。鼓励潜在客户注册网络研讨会，告诉他们即使不确定能否参加也要注册，因为你会在事后发送一个录音链接，这样他们就不会错过了。
- 告知你的客户或潜在客户，你提供的报价可能不会再有了。
- 让人们保留他们的选择，告诉他们可以现在决定，之后再取消。与其必须做出一个最终的"是"或"否"的决定，他们可以推迟决定，这意味着至少在目前，他们没有任何损失。通常情况下，当人们做出承诺时，他们不会再改变主意（可以参考第 8 章关于承诺和一致性的内容）。
- 用"不要错过"来代替"利用"或"加入"这样的语言。这两个简单的词足以引发损失规避心理。

- 强调最后期限和截止日期。你可以期望在接近这些日期时,看到回应率的增加,因为人们会急于确保不会错过机会。
- 提供免费试用。当某些东西是免费的,就消除了人们对损失的恐惧。正如世界知名的行为经济学家丹·阿里利在他的《怪诞行为学》一书中解释的那样,"当我们选择一个免费的东西时,没有明显的损失可能性"。
- 用损失而不是收益来表述你的信息(详见第12章)。例如,你的广告标题、电子邮件主题行,或直邮预告文案可以提出这样的问题:你犯了多少节食的错误?你的车能通过年检吗?你忘了带什么东西?
- 或者你可以使用一个也是偏向于损失的陈述句。例如,你的文案可以说明:睡前绝不能吃的食物;这个常见的错误会让你付出代价;你即将失去机会。

要记住,重点是在你的营销活动中始终如一地贯彻这一想法,确保前后一致。只要你不滥用这一技巧,用损失规避就可以吸引目标客户的注意力,并激励他们。如果你说最后期限快到了,那就一定透露一个确切日期,并坚持下去。如果你说一个活动今年不会再举行,就不要在几个月后再次宣传。如果你声称产品库存不足,就要确保你没有一整个库房的产品。如果你要指出常见的错误,一定要充分说明。始终以道德和负责任的方式使用损失规避,才能给你的客户和潜在客户以应有的尊重。

> **错误** 一个常见错误是把每个消极的信息都转化为积极的信息。相反,要提到你的产品或服务可以帮助人们避免负面情况的出现。

结合禀赋效应和损失规避来触发行为

想象一下这个场景:你要把你和家人住了九年的房子挂牌出售。你在所住的城镇找了一位有良好业绩记录的房地产专业人士。你带他们参观你的

第 2 章
通过损失规避和禀赋效应传递客户利益

家,指出所有让它如此特别的细节,比如你享受过无数次家庭烧烤的后院,还有客厅的壁炉,在这里你和你的配偶经常在孩子们上床睡觉后,放松地喝一杯酒庆祝一下。然后你等待房产经纪人回来告诉你挂牌价格。

房地产专业人士会做一些调查,看看你所在地区的同类房产最近的销售情况——仔细地记下相同的地块大小和设施——然后给出一个数字。但是你很失望。你觉得这个数字应该更高。为什么?因为禀赋效应(Endowment Effect)。

"禀赋效应"是由芝加哥大学行为科学和经济学教授、诺贝尔经济学奖得主理查德·塞勒(Richard Thaler)提出的术语,意味着人们会对自己已经拥有的东西赋予更高的价值。本质上,"往往人们被要求放弃某个物品时,需要的补偿比他们愿意为获得该物品支付的价格高得多"。

正如你所看到的,禀赋效应与损失规避密切相关,因为放弃我们所拥有的东西所带来的痛苦,促使其价格比获得它时更高。研究人员已经通过多次实验证明了这一点。丹·阿里利在他的《怪诞行为学》一书中,叙述了这样一个实验:一些学生通过抽签获得了梦寐以求的大学篮球比赛的门票。当然,因为是抽签,有些人没有抽到。丹·阿里利随后采访了赢得门票的学生,询问他们愿意以多少钱出售门票。他还采访了其他没有获得门票的学生,询问他们如果有机会获得门票的话,愿意花多少钱买。结果双方出价差异相当大。

丹·阿里利发现,"平均售价(约 2400 美元)与买家的平均报价(约 175 美元)相差约 14 倍。"他这样解释:"我们爱上了我们已经拥有的东西。""我们更关注可能失去的东西,而不是可能得到的东西。""我们假设另一方会站在我们的角度看待这次交易。"(图 2-1)

图 2-1 所有权导致估价过高

在抽签中赢得篮球票的学生对它们估价过高,平均售价为 2400 美元。

而买家平均只愿意支付175美元来购买门票。

禀赋效应的作用

关于禀赋效应，我最喜欢的两个例子是我亲身经历的。在这两个例子中，我首先是作为一个消费者作出反应，后来才以行为科学营销人员的身份做出反应。

在线服务

在第一个案例中，我订购了一项服务，其中一项是通过他们在线购买的商品可以立即发货。这主要是由于我没有及时购买节日礼物，担心圣诞节回到父母家时两手空空。幸运的是，该服务将礼物准时送达。事情进展顺利，每个人都收到了礼物，我对我的订购感到满意。

然而，当进入新的一年，我意识到自己没必要再使用这项服务了，虽然它很好用，但是对我不再有帮助了。我决定取消订购，并要求退还剩余的月费。

我上网找到正确的页面，并表示我想取消订购。然后从行为科学的角度来看，发生了两件非常有趣的事情。一个页面弹出，询问我是否确定要终止"会员资格"。注意措辞：他们没有问我是否想取消订购，而是问我是否想"结束我的会员资格"。这强调了所有权，并引发了禀赋效应。

他们问完后，给了我两个选择：我可以"现在结束"，立即失去所有权益，并获得适当的退款。或者我可以继续享受我的权益，并选择在指定的日期结束，这恰好是原本的服务期结束的那天。

在这两种情况下，我本可以坚持初心，那就是取消订购。但是，另一个选项让我犹豫良久，也让该公司保住了更多的钱。在禀赋效应的推动下，我重新考虑后，最终没有取消订购。

某葡萄酒商人

我最喜欢的第二个例子与葡萄酒有关。我收到一封来自一家在线葡萄酒

第 2 章
通过损失规避和禀赋效应传递客户利益

零售商的电子邮件，告诉我在我的账户上有一笔特定的抵免金额，而这笔额度将在第二天到期。尽管我以前从未在他们那里买过东西，但作为消费者，我的第一个想法是："我不想失去我的钱。我最好快点去挑一瓶酒。"

而作为一名行为科学营销人员，我的反应却不同。这显然是一次招徕新顾客的营销尝试。因此，零售商本可以说他们正在打折促销，他们将在第二天之前，将所有的葡萄酒都按那个特定金额的折扣出售。或者他们可以邀请我在第二天之前尝试他们的服务，并表示他们将为我购买的葡萄酒提供特定金额的折扣。

区别是在所有权方面。这个抵免金额已经存在我的账户里，他们并没有给我打折，也没有从价格中减去这笔钱。这笔钱被定位为我自己的，而不是他们的。正是利用了禀赋效应，才使这封电子邮件效力如此强大。

将禀赋效应注入营销信息的七种方法

- 利用"宜家效应（IKEA Effect）"。丹·阿里利和迈克·诺顿（Mike Norton）用这个词来描述"你在某件事情上花费的时间和精力越多，你就会越来越觉得它是你自己的"，比如从这家瑞典零售商购买的家具需要自己组装。
- 邀请客户成为共同创造者，为他们提供一些参与机会，能够影响他们购买的最终产品，例如通过自定义设计，或从可用清单中配置组件。他们投入得越多，就越能感受到所有权。
- 提供产品或服务的免费或折扣试用。一旦人们开始使用它，他们就会开始把它当作自己的东西。如果用户在使用时添加了数据，比如音乐播放列表或朋友的联系方式，那么这种感觉会更加强烈。
- 告知那些已经订阅了你的电子邮件但不再打开的人，除非他们重新参与，否则你将把他们从你的邮件列表中移除。对于一些人来说，也许是他们的兴趣或职责发生了变化，因此感到无所谓。但对于其他人，他们会采取行动来保留他们认为是自己的东西。
- 通知已经获得了特定认可层级的客户，如果他们对本公司产品的消费水平下降，他们将被降到较低的等级，并失去他们目前享受的优惠。
- 在提供配置选项时，先介绍配置最全面的选项。一旦潜在客户阅读了其中包含的所有内容，他们就会在心理上建立一种具有所有权的感觉。当他们读到下一个不那么全面的选项时，会觉得自己正在失去某些好处。
- 在第 1 章中，我们讨论了如何让人们想象拥有你的产品或服务，因为这可以帮助他们对它产生积极的感觉。这也可以引发禀赋效应，仅是想象拥有某物，就会让人觉得他们确实拥有了该物品。因此，他们不愿意舍弃。同样，提供退货政策或保修服务，可以促使人们尝试一个产品，如果不合适就退货，一旦他们拥有了它，禀赋效应就会发生作用。

要点

1. 以利益为卖点。但完全依赖它们会让营销人员失去客户反应。
2. 适当使用损失规避对你的营销信息会是一个强大的动力。
3. 人们规避痛苦的动机，大约是期待获得快乐的动机的两倍。
4. 向人们展示你的产品或服务，可以帮助他们避免痛苦，或者让客户知道如果他们不购买你的产品或服务，他们可能会陷入痛苦。
5. 恐惧是一种天生的情感。即使是熟知损失规避的人也会害怕失去，因此必然会做出反应。
6. 有限的数量和机会、最后期限和截止日期、保留选择的能力，以及"不要错过"和"免费"等短语，都是使用损失规避的有效方法。
7. 以"消极"或"损失"的方式表达，可能比积极的表达更有效。
8. 当使用损失规避时，要诚实并尊重你的受众。在你的信息中贯彻这一观念，不要只做"标题党"。
9. 相比尚未拥有的东西，人们更看重已经拥有的东西，这一感受被称为禀赋效应。

10. 禀赋效应与损失规避有关，人们放弃一件物品想要得到的补偿，往往比他们为获得它而愿意支付的费用高得多。
11. 通过让人们想象拥有你的产品或服务、邀请他们共同创造、提供试用或担保，并通知他们可能会失去目前拥有的某些东西，这些都是在营销中使用禀赋效应的方法。

小结

人们避免损失的动机大约是获得利益的两倍。营销人员可以利用这种人性倾向，强调自己的产品或服务可以帮助人们避免痛苦，或者强调人们没有这种产品或服务，可能会遇到的痛苦。损失规避与禀赋效应结合使用效果很好，因为人们在面临可能会失去他们已经拥有的东西时，感受到了威胁，从而做出强烈反应。

同样，正如下一章所示，当物品或机会稀缺时，人们会更容易做出反应。

第 3 章

通过稀缺性原则创造紧迫感和排他性

第 3 章
通过稀缺性原则创造紧迫感和排他性

行为科学家发现，稀缺性会增加人们对商品的渴求。因此，有限的时间、数量、机会以及对信息的限制访问，都可以激励你的客户和潜在客户。同样，当他们可以因为自己的身份或所属的群体而获得其他人无法获得的东西时，这种感觉也会激发他们的购买欲望。

人们总是渴望得到自己得不到的东西，我是如此，我们身边的人也不例外。如果你信基督教的话，可能会想到圣经中夏娃和苹果的故事。在伊甸园里，夏娃能得到她想要的任何东西，除了苹果。那么她想要什么？或者想想马克·吐温笔下，汤姆·索亚是怎么诱引他的朋友帮他刷围栏的，这可不是哪个孩子想刷就能刷的。

或者你在高中时可能有一个朋友，他用欲擒故纵的手段，成功捕获了大家的梦中情人。也许你有一个朋友，像我的朋友迈克尔一样，自豪地展示音乐剧《魔女嘉莉》（Carrie）的节目单，证明他看过这个仅公演五场就再没下文的表演。

但说到营销，我们有时认为人们购买的原因只有两个：他们对产品或服务要么有实际需求，要么有强烈的欲望。对有实际需求的东西，人们可能觉得只靠自己制造不了，或者觉得买成品更方便、更快捷、更实惠。

如果是他们不需要的东西呢？他们可能只是为了拥有而拥有，而不考虑是否真正需要这样东西。或许对这件物品的单纯占有，就能让他们感到生活更加轻松愉快。

因此，营销人员花费大量时间和精力来强调他们的产品能满足人们什么需求，或试图激起人们对该产品的渴望。我们的营销信息宣传所销售的产品将如何为目标客户解决问题，或者我们的产品正是他们所要寻找的理想答案。我们也可以把重点放在情感方面。我们引导人们想象，如果他们拥有我们的产品或体验我们的服务时，感觉有多美妙。或者注入一点损失规避元素（详见第2章），例如如果他们不能享有该产品或服务时，感觉会有多糟糕。

然而，作为一名营销人员，想让你的产品和服务吸引目标客户，你还有另一种选择，那便是要意识到人们通常想要获得来之不易的东西。

想象一下这种情况：你出售某样物品，想要的人就买，不想要的就不买，这都是合情理的。但随后一些新的信息添加到这个情况中。那些以前对它不感兴趣的人被告知，该物品只会出售这一段时间。或者说，它只对有限的人群出售。突然间，局势出现了逆转。这就像打开了人们心中的一个开关，他们现在不只是想要了，而是非常想要。

你可以把这看作稀缺性原则的两个方面。一方面是紧迫感，即所讨论的物品供应有限，或只在有限的时间内供应。另一方面是排他性，即只有某些人可以获得这种物品，而不是每个人都可以获得。

> 人们更加珍视那些难以获得而非唾手可得的东西。

稀缺性是驱动行为的强大动力

罗伯特·西奥迪尼（Robert Cialdini）是《影响力》（*Influence*）一书的作者。他将稀缺性列为他的六个影响力原则之一。他解释说，"有限的机会对我们来说似乎更有价值"。他引用损失规避理论并补充道："随着机会变得越来越少，我们就会失去自由，我们讨厌失去已经拥有的自由。"最后，他指出："当同一物品变得稀缺时，我们不仅更想要它，而且在竞争中更加渴望得到它。"这就是紧迫感和排他性的体现。

在"稀缺性"一章的开头，罗伯特·西奥迪尼讲述了自己是如何决定参观他所在城镇的摩门教寺庙。促使他去参观的原因是：这个寺庙最近向游客开放一处平时是禁区的地方，而且只开放几天时间。

第 3 章
通过稀缺性原则创造紧迫感和排他性

读了他的故事，我想起发生在自己身上的一件类似事情。我经常在一个海滨小镇消夏，那里有一座共济会的小屋。我经常路过那里，但从没想过要进去，甚至不知道我是否能进得去。但是有一天路过时，看到门外有一个广告牌。牌子上写着，由于一个非常特殊的周年纪念日，通常只对会员开放的小屋，在那一天向公众开放。我立刻想进去看看。为什么？因为我意识到这是我唯一能看到屋子里面的机会，一旦错过了，我可能再也看不到了。令这种渴望更为迫切的原因是：共济会被描述为一个秘密社团。

人们更喜欢数量有限的物品和体验。弗吉尼亚大学和北卡罗来纳大学的研究人员进行了一项经典的实验，使用巧克力饼干证明了这一点。这个实验使用了两个玻璃罐。在一个罐子里放了两块巧克力饼干，而在另一个中放了10块巧克力饼干。

在实验过程中，参与者被要求对其中一个罐子里的饼干进行评价，问题包括：他们是否想吃更多的饼干？他们认为饼干作为一种消费品有多大的吸引力？以及他们认为这些饼干有多贵等。

研究人员发现，那些看起来供应稀缺的饼干，也就是罐子里只有两块的饼干，得到的评价总是更高——即使两个罐子里的饼干是一模一样的！研究人员还发现，当某个罐子里的饼干之前看起来很多，后来又变得稀缺时，受试者会觉得它们的价值更高了。

紧迫感促使人们快速行动

我们发现，当人们认为一件物品的数量有限，或者只能在有限时间内获得时，他们会更加珍视这些物品。因此，他们更有可能采取行动去获得它。在巧克力饼干的实验中，当人们认为供应稀缺时，就会倾向于想要更多的饼干。对于罗伯特·西奥迪尼和我来说，我们俩都决定去参观一个我们以前从未考虑过的地方，只是因为我们觉得时机稍纵即逝，错过以后就不能再随便进入了。

案例分析

如何促使人们购买电脑设备

作为一名市场营销人员和消费者，我已经看到了紧迫感概念对于推动行动的影响。当我在美国一家大型营销机构的创意团队为一个人型高科技客户工作时，我们通过测试得到了一个无与伦比的想法。

我们的任务是增加每个月的硬件和设备的销售额，并找到一个比邮寄产品目录（这是客户一直以来依赖的销售渠道）更便宜的方法。我们中的一些人采取了"提出问题—解决问题"的思路，另一些则侧重于强调购买特定台式电脑、彩色打印机等的诸种好处，在尝试了许多不同的理念后，我们选出了一个最佳方案。

我们创造了一个关于紧迫感的概念。它装在一个浅蓝色的商业信封里，外面贴着一张黄色便签。便签上列出了三个产品的名称，标明原有价格和现售价格，以及折扣价的有效时段。信封里面有一张纸，其作用类似于规格表。

与我们之前测试的邮件不同，这些邮件的设计不是为了让产品看起来多么浪漫、吸引人。相反，它们像是被匆匆忙忙打印出来然后塞到邮件里一样——唯一的目的是提醒顾客这笔交易的时效性。这个概念奏效了。销售额迅速上涨，投资回报率大幅攀升，营销活动极其成功。

原因何在呢？文案和设计传达了紧迫感。而目标市场也做出了反应，不想错过最后一刻的好交易。事实上，我敢打赌，如果客户决定将这个概念应用到电子邮件营销上，也会一样奏效。

> **错误** 一个常见错误是产品供应充足，却反复宣传数量有限，这样的误导可能会损害营销人员的声誉，破坏客户的信任。然而，真诚提醒潜在客户他们的购买机会可能会消失是有用的，并且可以切实增强你们之间的关系。

第 3 章
通过稀缺性原则创造紧迫感和排他性

刚错失的交易可能会让潜在客户更想得到它

不想错过一笔划算的交易是一个很大的激励因素。发现自己可能已经错过了这样的交易机会，也可以促发行为。我是一个私人网上购物俱乐部的成员。这个特殊的俱乐部选中某一名牌产品，并在一定时期内打折出售。有一天，我收到一封电子邮件，通知我有一批设计师款手提包正在进行促销。当我进入该网站时，发现几个包很有特色，但其中一个标着"已售出"。

当然，所有的包都很好看。但不出所料，我最喜欢的还是那个我无法购买的包。当我望眼欲穿地盯着它时，我收到通知，建议我 12 分钟后再来看看。我立刻燃起了希望，也许最终我能买到呢？或许是该网站知道有一定数量的手提包会被退回，又或者一些买家会改变主意。

所有的手提包都只限时出售。光是这一点就创造了刺激人心的紧迫感。本来要错过的心仪之物，现在又有可能得到了，这种想法怎么可能不激励消费者呢？

增加营销信息紧迫感的简单方法

- 将促销活动的截止日期和有效期公之于众。随着最后期限的临近，目标客户的反应会随之增加。
- 如果你没有一个明确的截止日期，可以暗示一个期限，例如，可以使用"请在本周内回复""在五天内答复"，或"仅限有限时间内回复"等类似说法。
- 在你的电子邮件，或在你的网站及登录页面上显示倒计时钟。来自世界数据公司（Worldata）的研究表明，电子邮件中的倒计时钟可以将你的客户转化率提高 22%。
- 使用时间词语，如"现在""今天""今晚""明天""几分钟""几小时""仅本周""很快""日期内容附后""时间不多了""立刻"等。事实上，世界数据公司研究表明，在电子邮件标题中使用"今天""明天""剩余天数"等词，可以使邮件阅读率实现两位数百分比的增长（图 3-1）。

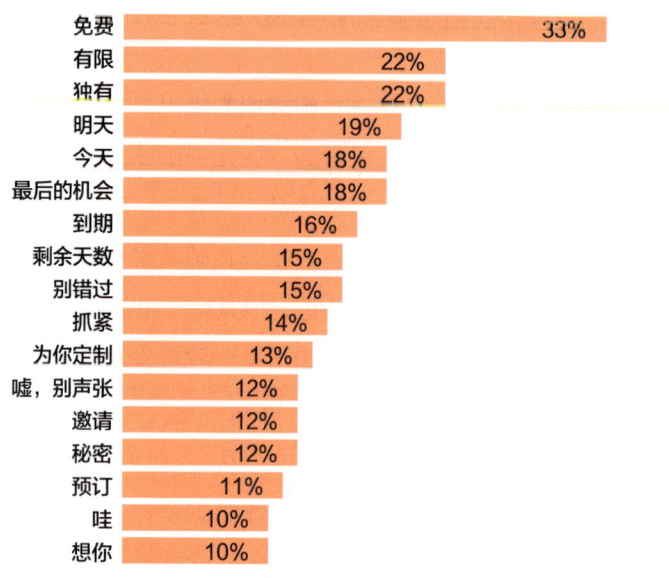

词汇	百分比
免费	33%
有限	22%
独有	22%
明天	19%
今天	18%
最后的机会	18%
到期	16%
剩余天数	15%
别错过	15%
抓紧	14%
为你定制	13%
嘘，别声张	12%
邀请	12%
秘密	12%
预订	11%
哇	10%
想你	10%

图 3-1　稀缺性原则的作用

注：紧迫感是促使目标客户打开邮件的重要因素。转载自世界数据（Worldata），2021 年。

- 选择一些可以暗示速度的词汇，比如"抓紧""赶紧""立即""马上""切勿拖延""别事后失望""限时抢购""立即打开"等。
- 使用能够吸引读者注意力的词汇来撰写标题、直邮预告文案和电子邮件主题行，比如"警惕""注意""谨慎""当心"等。
- 将紧迫感与损失规避相结合（详见第 2 章），并在你的营销信息中提醒——特惠活动机不可失，失不再来。
- 在营销传播的主要途径中，如电子邮件主题行和直邮信函的约翰逊信箱（Johnson Box）[①] 中使用"最后机会""最后通知""提醒""第二次尝试"等流行短语。
- 突出最新恢复库存或预计将售罄的商品，以及座无虚席或仅剩少量座位的活动，也要强调只在季节性提供的商品。例如，据美国市场研究机构（NPD Group）报告说，餐厅发现"总的来说，季节性限时供应

---

① 约翰逊信箱（Johnson Box）通常指位于直邮广告信函顶部的标题。它可以包括信函的主要信息，如产品优势、产品报价等。其目的是吸引读者注意，引发读者阅读信件的兴趣。——译者注

（LTO）买家光顾次数更多，这些买家通常也是连锁店更有价值的客户"。
- 在你的邮件标题中添加一个时钟或沙漏符号。世界数据的报告称，当这些内容出现在标题中时，邮件查看率分别提高了 24% 和 22%。
- 使用强调可得性的语言，比如"数量有限"和"限时供应"。
- 当有其他人在看同一件限量物品时，要提醒正在浏览该物品的潜在客户。
- 实施限购。例如，规定每人只能买一件，或每周只能买一次。事实上，研究人员曾在一家杂货店做了一个汤罐头促销实验。当人们购买打折汤罐头的数量没有限制时，平均购买量为 3.3 罐。然而，当限制购买数量为 12 罐时，平均销售量增加到了 7 罐。

永远不要低估排他性的心理吸引力

稀缺的数量和有限的时间，可以促使人们回应你的营销信息。同样，告诉大家你的产品或服务不会被广泛获得，也会有同样的激励作用。人们喜欢拥有别人没有的信息、福利、特权、优惠、体验和机会。那天我之所以决定去参观共济会教堂，一方面是因为我害怕机不再来，另一方面是因为我可以接触到其他人无法获得的景象和知识。

人们喜欢特别的、被选中的、排他的感觉。当你让人们觉得他们是某个特定群体的一员时，你就更有可能让他们采取你所期望的行动。

利用排他性激励消费者行为的三种不同方式

某报税公司 我的一个客户是一家报税公司。他们希望通过一个优惠活动来吸引之前的客户重新与公司合作。这个宣传信息会在开头祝贺那些客户，因为他们在回头客名单上，正在获得一项独家优惠。

这项优惠活动非常特别，还包括了一项免费服务。此外，宣传文案也让顾客们觉得自己属于被选中的那一部分。因此，该活动是这个客户有史以来最成功的营销活动之一。

能够让你的目标客户感觉到他们是一个专属群体的成员，是在利用稀缺性原则所包含的排他性特点。另一个有效方法是将你提供的机会只限定一小部分人可以享有。

某汽车制造商　我曾经与一家汽车公司合作，他们希望向中档车的车主提供 1000 美元的激励，鼓励他们升级到更昂贵的豪华车型。他们发送了豪华车型的精美图片，让目标客户可以想象自己驾驶着这辆车，或者将它停在自家门口的场景。但这只是策略的一部分。他们把获得新车的机会说成是独家机会。

例如，在宣传活动的一个环节，工作人员提醒目标客户，当他们开着自己的新车经过社区时，不仅可以享受邻居们充满羡慕的注目礼，更关键的是，他们心里清楚买这个车所享受的优惠，是邻居们享受不到的。这个活动充满了排他性气息，因此它比对照组的销量高出了 82%。

某销售长期护理保险的营销人员　最后，营销人员应该意识到，信息越稀缺，人们会觉得它越有说服力。我的创意团队在为一家销售长期护理保险的客户制定信息时，利用了这一发现。这类保险销售的难点在于，人们对它有先入为主的观念。你可能知道这点，如果你的目标客户认为他们早就知道你要告诉他们什么时，他们通常不会花时间去了解你的信息。

为了应对目标客户的这种假设，我们的标题利用了稀缺性原则。创意团队说营销材料中，包含了三种人们从未期望在长期护理保险中找到的选项。我们将这些信息定位为不能普遍获得的信息——人们还没有从其他渠道听说过。当然，我们兑现了承诺，消除了人们对此类保险普遍存在的误解，并表明它比许多人想象的更加灵活。这种方法奏效了，与对照组相比，售出的保单数量大约翻了一番。

排他性可以用来鼓励人们接种疫苗

在 2021 年 6 月 4 日《华盛顿邮报》（*Washington Post*）的一篇文章中，行为科学家凯蒂·米尔克曼（Katy Milkman）、安吉拉·达克沃斯（Angela Duckworth）和米特什·帕特尔（Mitesh

Patel）描述了他们在疫情发生之前进行的一项实验。在这项研究中，他们测试了 19 种不同的短信，这些短信旨在号召人们去看医生时接种流感疫苗。

他们发现，使用"疫苗可供您使用"和"疫苗为您预约保留"这样的表达，可以使接种疫苗的人数比对照组增加 4.6 个百分点。行为科学家们推测，该文案成功的原因，是它"让病人感觉到疫苗是属于他们的，他们可能不想错过属于他们的'那一针'"。

为你的营销信息添加排他性的有效方法

- 为潜在客户提供贵宾（VIP）码，或与他们的特别优惠相关的个性化识别码，并告诉他们不要与任何人分享。
- 向他们提供电话号码、登录页面，或仅为某些会员保留的特定网页的访问权限。
- 给他们特别折扣、给予产品升级、提供免费服务或赠送礼物。
- 给予他们提前使用权，允许他们了解内部细节，或让他们预览关心的东西，或即将发布的东西。同样地，让他们知道，因为他们的特殊身份，他们有权获得特快处理、免费发货、优先回应等类似服务。
- 在文案中加入"秘密""偷看""幕后""真相""不为人知的故事""真实的故事""告白""他们不想让你知道的事情""他们不会告诉你的事情""从未分享过的事情""以前没有透露过的事情""很少有人知道的事情""内幕消息"等词语或短语，表明你拥有在其他地方得不到的信息。
- 让你的优惠渠道具有排他性。在一次网络研讨会上，世界数据报告称，那些被标记为只能通过电子邮件提供的优惠，打开率提高了14%。
- 使用让人感觉特别的语言，例如"保留给""仅限于""专门为""私人的""精选的""不对大众开放""不是每个人都有"等，以强调排他性。事实上，根据世界数据的研究，标题的结构"仅供____使用"可以提高 17% 的电子邮件打开率。

- 同样，在描述产品时，使用突出稀缺性的短语，如"来自顶级的 1%"，"只在世界的某一地区发现"以及"质量顶级，让您的产品独一无二"等。在描述服务时，使用诸如"白手套""礼宾服务""定制服务""最佳服务"等短语。

- 此外，将独特性注入你的产品或服务描述中。可以使用类似"手工制作""工匠""手工艺品""独一无二""收藏品""特别版""限量版""罕见""不常见""小批量""少数之一""获奖""独特的""奇特的"等表达。

- 为了强调你卖的东西比竞争对手好，你可以选择像"与其他公司不同""在这类中不常见""不寻常的""通常没有""难以获得"这样的表达。

- 让你的客户或潜在客户感到特别，指出他们是被精心选中的，预先批准的，或者已经被免除一般要求的人。提醒他们，虽然他们获得了资格，但他们是仅有的几人之一，这是只有会员才能享受的福利，他们已经被接受了，或者他们被邀请了。

- 选择具有排他性的赋权动词，比如"您已经赢得了""您已经解锁了""您已经实现了""您已经被认可了""您已经获得了"等。

- 在阐述你的提议时，邀请人们成为少数人中的一员，或成为第一批人，或赶在其他人或他们的朋友之前得到产品或服务。

- 创建客户等级、团体和类别，并贴上令人向往的标签，如银卡、金卡和白金卡，同时祝贺你的目标客户获得这种高级身份。此外，也可以提供特许会员资格或私人团体的成员资格。

- 向您的目标客户发送特殊的身份识别，如会员卡、徽章，或他们可以展示的图标。

- 通过收件人的姓名或其姓名的首字母，或通过他们所表达的兴趣或以前的行为，使你的信息个性化，这样目标客户会觉得你的信息是专属于他们的。

结合紧迫感和排他性

虽然本章将稀缺性原则分为两个部分——紧迫感和排他性。营销人员在他们的营销信息传递中可以同时使用二者，以实现更好的效果。例如，我曾经看到的一个主题行非常出色地利用了这种方式，它警告说这是我在一个奖励计划公开推出之前加入它的最后机会。

主题行的前半部分用"最后机会"来表达紧迫感。后半部分用"在公开发布之前"增加了排他性视角。作为一个人，我当然有资格在公开发布期间加入！但这有什么意思？又有什么乐趣呢？排他性的魅力在于，你可以在其他人之前、在普通人之前获得使用权。这就是该主题行如此奏效的原因。

另一个例子是2020年10月上市的限量版贾斯汀·比伯[①]（Justin Bieber）洞洞鞋。据《每日邮报》（Daily Mail）报道，这款鞋子在90分钟内就售罄，粉丝们的大量涌入还导致该公司网站瘫痪。

结合了稀缺性原则两方面的其他信息示例如下：

- 新款限量版运动型多用途汽车（SUV）预计本周销售一空。
- 在某日期前回复，成为首批体验这种高级奢侈品的人之一。
- 最后的机会：专为您保留的特别预览。
- 会员价格将在24小时内失效。
- 仅限本周使用VIP代码获得早期访问权限。
- 这种水平的服务绝无仅有。但只剩下两个空缺名额了。
- 只剩5张艺术家签名的限量版版画。

记住，紧迫感和排他性都会促使人们行动，并加速你的营销活动的响应速度。因此，你要抓住一切合适的机会将它们注入营销信息。你的目标是让人们感到时间紧迫，或让他们感到身份特殊，或两者兼而有之。因为人们越早响应你的活动，你就能越早从这些活动中获利。只是得到回应是不够的，

---

① 贾斯汀·比伯是加拿大流行乐男歌手，影视演员。——译者注

触发：
驱动客户本能购买和追随

你还想尽快得到回应。所以，你要告知或暗示目标客户活动的最后期限，强调你提供的机会难得，运用稀缺性原则来促使他们行动。

案例分析

利用排他性来提高入学率

一个职业协会向我所在的机构提出了一个有趣的挑战。他们准备推出一系列教育课程，让他们的会员获得高级认证。其主题专门针对这个职业，代表了最新的思想。

在这一点上，你可能会说，嗯，这听起来很容易。资料是最新的，也是定制的，而且本就来自成员所属的专业组织，是值得信赖的。确切地说，只要价格不是太高，事情就应该很顺利。

但是，随着客户提供的背景资料越来越多，几个因素浮出水面，并清楚地表明，卖出这些课程并非易事。

- 首先，这个主题对该领域来说非常新，成员尚未确信它是否有特别的价值或有用。
- 其次，客户预计这门课程会与之前提供的同主题课程相混淆。
- 最后，如果参加了早期课程的人看不到这门高级课程对其职业生涯的特别意义，他们会觉得没必要继续参加。

我们的工作是让这些成员相信，这个新课程值得他们付出时间、精力和金钱。客户计划在全国 14 个不同的地方开办这一课程，并希望我们推动每个地方的招生。

在寻找最佳解决方案的过程中，我们考虑了几个不同的选项。第一个选择是把重点放在新课程的内容上。我们可以突出课程主题，展示它们如何适用于目标人群的工作，并列出成员将通过新认证掌握的所有高级信息。我们甚至可以搞一个测试，指出成员目前的信息缺口（详见第 9 章）。

然而，成员们仍然不相信这个主题是有用的或有价值的，一味地强调课程材料和内容，还不足以说服他们。

第二个选择是围绕新认证的好处进行宣传。我们可以将课程定位成为会

第 3 章
通过稀缺性原则创造紧迫感和排他性

员的职业发展奠定基础——他们会承担更大的责任，赢得更多尊重，获得职位晋升的机会。我们甚至可以加入一点损失规避的成分（详见第 2 章），暗示那些没有跟上行业发展的员工可能会被自己更有前瞻性的同事甩在身后。

然而，考虑到客户不知道参加最初课程的成员是否实现了相关的职业晋升，甚至获得了更大的工作满意度，这似乎是一个更冒险的方法。

我们考虑的第三种方案应用了稀缺性原则。我们将为参加过初级课程的成员提供首批报名参加高级认证的机会，但同时强调时间和空间有限，以增加紧迫感。

在排他性方面，我们的电子邮件劝告会员成为第一批注册者，以及第一批获得这种新身份的人。我们还补充说，由于他们已经拥有了第一次认证，他们有资格享有为期一天的高级认证课程。

在紧迫性方面，我们通知会员该课程将售罄，一旦售完，在下一季之前，都不会在他们所在地区再次开办该课程。随后的电子邮件显示，剩下的座位越来越少。

这种方法奏效了吗？毋庸置疑。该客户高兴地反馈说，他们已经卖完了 14 个地点的所有座位。该活动有效地利用了稀缺性原则以及承诺和一致性原则（承诺和一致性原则将在第 8 章中详细介绍）。

要点

1. 人们想得到他们无法拥有的东西。
2. 人们认为稀缺的东西更有价值，更令人向往。
3. 稀缺性原则有两方面——紧迫感和排他性。
4. 紧迫感，以有限数量和有限时间的形式表现出来，激励人们采取行动。
5. 营销人员可以在他们的沟通中使用截止日期、倒计时时钟和数量限制；使用与时间相关的词语，如"今天""现在""最后"等；使用与速度相关的词语，如"匆忙"和"立即"；使用与可得性相关的词语，如"数量有限""有货""限时供应"等。
6. 排他性使人们感到自己及所获得的机会非常特别，无论是因为他们的身份、他们所属的群体，还是你对他们的评价方式。因此，排他性能够激励人们的行为。
7. 营销人员可以通过在沟通中使用排他性原则，比如使用 VIP 代码、限定电话号码或网页、特殊折扣和优惠、预先或独家访问、体现身份的群体和会员等级、提供身份识别的徽章和卡片、个性化信息，以及使用诸如"秘密""预览""只为""保留""前 1%""白手套""手工制作""独特""与其他公司不同""你被选中了""你被邀请了"等用语。
8. 紧迫感和排他性可以单独使用，也可以在单个信息或整个营销活动中结合使用。
9. 利用稀缺性原则促使人们更快地做出反应。
10. 记住，要让人们感到特别，或者感到时间紧迫，或者两者兼而有之。

小结

当你的客户和潜在客户相信某物很难获得，或者他们可以获得许多人无法获得的物品或机会时，他们才更有动力去采取行动。因此，紧迫性和独特性对于市场营销人员来说是强有力的策略。

然而，限制可用性只是促使回应的一种方式，免费赠送物品或信息也可以触发市场营销人员所期望的行为，这是我们下一章要讨论的内容。

第 4 章

互惠原则以及先舍后得的营销价值

第 4 章
互惠原则以及先舍后得的营销价值

人们喜欢得到东西，尤其是免费的东西。但行为科学家发现，一旦他们真的收到了，就会觉得欠送礼者人情，并有义务给予回报——即便他们从未主动要求过这个礼物。营销人员可以挖掘这种与生俱来的回报欲，利用它收获远超自己付出的东西。

如果将营销目的归结为一个简单的动词，你会选择哪一个？

我经常问我同事这个问题，得到了很多非常实用且有洞察力的答案。这些词语有："回应""回复""购买""注册""激活""销售""消费""使用""行动""点击""回答""转换""说服""信服""激励""影响""刺激""沟通""尝试""选择""决定""承诺""相信""感知""想要""需要""渴望""驱动""强迫""质疑""过滤""聚焦""忽略""生存""取消"。其中的最后几个词似乎说明了营销人员更深层次的需求，即通过抵御竞争对手的威胁来保持业务。

你在这个名单上看到了你所想的那个词吗？经过一段时间的思考，我得出的答案是"得到"这个词。

当我与客户讨论他们的挑战和目标，或与其他评委讨论行业大赛的入围作品，甚至只是向我不从事营销工作的朋友描述我正在做的项目时，我经常依赖的动词是"得到"。我们的目标是让人们在特定日期前做出回应，或者让他们试用、购买和回购，或者让他们从目前使用的产品转向我们提供的产品。

我会说某项营销活动很具得奖价值，因为它以创新的方式让人们用不同的视角思考产品，或者它能够获得超过行业基准的回应率。我会告诉我的朋友，我正在搞一项营销活动，其主旨可能是促进客户消费，也可能是让公司考虑为员工提供新福利。

营销的核心内涵就是你要尝试获得一些东西。这些东西因为不同的因素而不同，比如你所处的垂直领域、你的潜在客户所处的营销漏斗[①]的位置，以及你对于目标市场的心态或信仰等。但总而言之，你是为了得到什么。如果你成功了，你的关键绩效指标看起来不错，你的市场份额和/或你的赢利能力也在增长，你就不会被市场淘汰。

读完这些，你可能会相信，作为一个营销人员，你所有的营销信息都应围绕"得到"这一目标。你的营销信息需要专注于某些要素上，才会让你获得想要的回应。因此，除了强烈明显的行动呼吁外（可能激发多种回应方式），你还要确保列出了产品的各种优势，而不仅是特点，而且你的营销信息还应包括目标群体做出回应的感性和理性原因（详见第1章）。同时，你还需在营销信息中加入损失规避（详见第2章）和稀缺性（详见第3章）元素。简言之，你希望你的营销活动是结构严密的沟通，其唯一目的就是让人们按照你的意愿去行动。

这并不算太偏离实际。但是，你必须考虑到另外一些因素。这些因素与我们刚刚讨论的内容不仅不冲突，还可以在营销沟通中与之相辅相成。这些因素也提供了一个情感上的回应理由，尽管不总是立即产生效果。

你要考虑先舍后得的力量。

> 人们不喜欢欠别人人情。当你为别人做了一些事情，他们会想办法回报你。

互惠是人类固有的行为

人类天生就会以多种方式回应他人，其中最强大的一种就是互惠。这是

[①] 营销漏斗全称为"搜索营销效果转化漏斗"，漏斗的五层对应了企业搜索营销的各个环节，反映了从展现、点击、访问、咨询，直到生成订单过程中的客户数量及流失。——译者注

第 4 章
互惠原则以及先舍后得的营销价值

确保人类种族延续的一种行为。

罗伯特·西奥迪尼在著作《影响力》中这样描述：互惠的概念意味着"我们应该努力以同样的方式来回报他人对我们的帮助"。乍一看，你可能认为是让我们成为有礼貌、有修养甚至是体贴的人。

当有人为我们做了些什么，我们反过来也想为他们做些什么。例如，我尽力在朋友生日时送上祝福，但我会特别记得祝福那些记得我生日的人。如果我和同事出去，其中一人请了一轮酒，我会想着为下一轮买单。如果没有下一轮了，我就会记着我们下次去喝的时候买单。

研究表明，像糖果和卡片这样的小东西都能引发互惠

根据社会学家菲利普·昆兹（Phillip Kunz）进行的一项实验，以及梅兰妮·坦南鲍姆（Melanie Tannenbaum）2015 年发表在《科学美国人》（*Scientific American*）的文章中所概括的那样：我不是唯一那个感觉需要回报的人。昆兹和他的同事迈克尔·伍尔科特（Michael Woolcott）做了一项实验，从芝加哥城市指南中选取 500 个陌生人，给他们寄去节日问候的卡片。结果有 20% 的人回寄了圣诞卡片，尽管他们不知道他是谁。他们只是觉得收到了问候卡片，就有必要回寄一张。

昆兹和伍尔科特的研究并不是专门用来衡量互惠性的，让我们来看看西奥迪尼跟合著者诺亚·J.戈尔茨坦（Noah J. Goldstein）和史蒂夫·J.马丁（Steve J. Martin）在他们的新书《就是要说服你：提高说服力的 50 个科学方法》（*Yes! 50 Scientifically Proven Ways to Be Persuasive*）中所描述的另一个实验。这项实验是由行为科学家大卫·斯特罗梅茨（David Strohmetz）和他的同事开展的，涉及糖果在餐馆小费中的作用。

在一种场景下，餐厅服务员在递送账单时，为桌上的每位客人送上一块糖果。与不送糖果相比，他们的小费略增了 3.3 个百分点。然而，当服务员将每位客人的糖果数量增加到两颗时，他们的小费增加了 14.1%。作者将此归因于客人们对额外糖果的重视。人们对收到一颗糖果不觉得有什么，但收到额外的糖果却很意外。西奥迪尼等人认为，"一个人给我们的越多，我们

就越觉得有义务回报他"（图 4-1）。

我认为实验的第三部分最有趣。服务员将账单递给就餐的客人，并为每人分发一块糖果，然后转身准备离开。但在离开前，他又回过头来，从口袋里拿出额外的糖果，为每位客人再放上一颗。客人们可能会认为此举是特别为他们准备的。这种个性化的做法使服务员的小费增加了 23%。

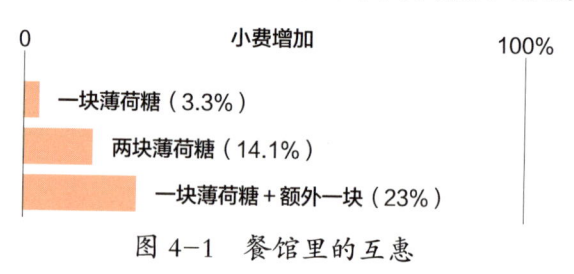

```
0                        小费增加                    100%
   一块薄荷糖（3.3%）
   两块薄荷糖（14.1%）
   一块薄荷糖+额外一块（23%）
```

图 4-1　餐馆里的互惠

研究人员发现，如果餐厅服务员在客人买单时送上更多的糖果，尤其是当额外的糖果似乎是专门为客人准备的，那么他们的小费就会增加。

当别人为我们做了某件事，即使我们没有要求别人这样做，我们也觉得应该回报。而且收到的礼物越大，这种感觉就越强烈。请记住，额外的小费不仅是为了支付糖果的成本。如果是这样的话，就餐者可以在小费中再加几美分，或者把糖果留在桌子上。这是超越期望的行为。因为服务员和顾客都已经超越了他们通常所做的。

虽然圣诞贺卡和餐厅糖果都带来了相对快速的回报，但情况并不总是如此。在蒂姆·阿什（Tim Ash）的《大脑起源》（*Unleash Yonr Primal Brain*）中，他提到"未来人情的力量"。当所处环境不适合立即回报时，人们会记住自己欠的人情，并期望以后能还清。他认为，"在我们还清人情之前，我们会感到不舒服，甚至有点焦虑。"这可能转而会导致某人回报更大的恩惠，只是为了将这笔人情债一笔勾销。正如西奥迪尼指出的，"我们可能愿意回报比我们收到的更大的恩惠，只是为了减轻我们欠债的心理负担。"

你邀请我吃饭的真正原因是什么

我认为自己可能就是这种交易的受益方。几十年来，我每年 12 月都会举办一个盛大的节日派对。派对邀请的人包括朋友、家人和越来越多的同事。虽然每当我更换工作，邀请名单上就会增加新人，但核心客人群体每年都非常稳定。

几年后，参加聚会的新老同事的比例开始超过原来的家人和朋友，随后发生了一件让我惊讶的事情。至少有三次，一直来参加聚会的同事邀请我和配偶去他们家吃饭。之所以感到惊讶，是因为我们平时交往并不太多。

每次吃饭时，他们总是提到我的节日派对，并以某种方式表示，他们之所以想请我们吃饭，是因为他们已经参加了很多次我组织的聚会。正如你认为的，我觉得他们没有必要以这种方式回报我。毕竟，那是一个大型聚会。如果他们也恰巧办了聚会，并邀请我们参加，这就比较合适，我们会很乐意前往。但是单独为我们做一顿特别的晚餐，似乎太麻烦了。然而，用行为科学的角度来思考这个问题后，我就理解了。

有经验的营销人员如何运用互惠原则

此时你可能会想，互惠原则似乎非常强大，但如果我不在餐馆工作，不搞节日宴会，那么如何更好地利用它呢？答案很简单，你要付出才能得到。

与其将所有的营销努力都集中在获取某些东西上，不如先拿出一部分来给你的客户和潜在客户。为他们提供一些他们会看重的东西。这些东西可能是他们没有要求过的，但是当他们认为这些东西实用或者有趣，或是为其私人准备的，他们就会心存感激。

你前期的礼物可以是有形的物品，也可以是无形的服务。关键是要先给予。当你给予时，互惠原则马上就要奏效了。因为一旦有人接受了礼物或恩惠，无论是否是他们要求的，他们都会感激提供了这些的营销人员。当你设法给人们带来惊喜和快乐时，他们也想回报你。他们会更愿意与你做生意，因为他们已经在你这里受益了。他们不仅想表现得有礼貌，还想在心理层面感觉与你互不相欠。

触发：
驱动客户本能购买和追随

案例分析

用互惠原则赢回客户

如何挽回那些已经停止合作的人？这是一家大型金融服务公司给我所在团队带来的挑战。该公司希望说服那些已经停止销售基金和退休产品的理财顾问重新开始销售这些产品。他们的直接目标是确保他们的经销商和前客户（已离职的理财顾问）顺利展开对话。

在B2B领域，当客户停止与一家公司合作后，就很难把他们赢回来了，更何况该项目中的理财顾问已离职一年之久，这显然是我们要面对的一大挑战。

由此，我们做出两个假设：理财顾问们决定停止与我们客户合作是有原因的（而不是只经历了暂时的销售低迷）。他们可能另外找到了更容易销售的同类产品。更糟糕的是，理财顾问通常只与一定数量的公司合作。如果我们的客户想要重新加入，就得把一个竞争对手挤走。

为解决客户问题，我们考虑了几种不同方案。我们可以向这些理财顾问重申我们客户基金产品的优势，并强调其他顾问正在成功销售这些基金（有点像社会认同，你可以在第5章阅读更多的内容）。但这些顾问自己也曾销售这些产品，对此再熟悉不过了，因此这种做法起不到特别的激励作用。

我们也想采用损失规避策略（详见第2章），提醒财务顾问"看看您错过了什么"。但由于他们之前曾代理过我们客户的产品，这一策略也同样无效。他们会认为，目前代理这些产品的顾问不太可能会比自己知道得更多。

个性化互惠

但随后，我们想到了一个有关互惠原则的绝妙方案。活动的首要目标是确保我们的客户与理财顾问之间能展开对话；最终目标是能争取到他们重新与我们的客户合作。所以，创意团队决定，给这些理财顾问送一些特别的东西，不仅能引起他们的注意，还能打动他们。

在金融服务领域，公司向理财顾问赠送礼品并不罕见，比如咖啡杯和

第 4 章
互惠原则以及先舍后得的营销价值

高尔夫球套装等都是比较常见的礼物。出于监管原因，礼品的价值是有限制的，因此选项也受到了一定的限制。

团队知道这份礼物既要与众不同，还不能超过价值上限。我们最终选择了《纽约客》(New Yorker)杂志艺术家的漫画。画面上有一条关于销售退休产品的有趣格言，而且还特别加上了理财顾问的名字，以真正抚慰他们的自尊心。这份礼物的与众不同之处在于，它跟顾问的事业紧密关联，而且非常个性化。你能想象理财顾问们为了展示它，而在办公室墙上特意清理出一块地方吗？

在邮寄包裹之前，我们给理财顾问发送了一封电子邮件，提醒他们注意接收邮件，因为有一份特别为他们挑选的礼物。我们还请求他们在礼物到达时给经销商打电话。

然后，我们用一个标记为易碎品的白盒子寄出了这幅漫画，一起寄出的还有装裱好的艺术家的信息，以增加这份礼物的独特性感受（详见第 3 章）。我们还附上了一封简短的信，强调我们的客户如何提供支持和资源来帮助理财顾问实现他们非常关心的两个目标——在客户心目中树立良好形象和增加销售额。

之后，我们通过三封简短的电子邮件进行跟进，提供了关于如何与客户谈论退休后的医疗保健问题的网络链接，这是一个很难开口但很重要的话题，也是一个可以帮理财顾问展开销售活动的话题。

那么，这个活动的效果如何呢？那份出人意料的礼物——来自《纽约客》杂志精美包装的个性化漫画是否奏效了呢？这引起理财顾问的注意了吗？他们准备与经销商进行通话了吗？更重要的是，它是否有助于说服那些理财顾问？漫画当然起到了作用。经销商们收到了来自理财顾问们的电话和电子邮件。而且，最有说服力的是，他们让理财顾问重新开始销售公司的产品。

一位经销商报告说，因为漫画礼物，一位素未谋面的理财顾问与他进行了交谈。这位顾问随后完成了一笔价值 200 万美元的交易。这位经销商说，如果没有这次漫画赠送活动，这笔交易永远都不会发生。总体而言，这次活动之后，销售额得到了大幅增长，客户将此次促销活动描述为一记精彩的本垒打①。

一项旨在触发互惠原则的活动，帮助批发商创造了数千万美元的收入。对于采取先舍后得的方式来说，这是一个不错的回报。

> **错误** 一个常见错误是试图通过提供礼物引发互惠，以完成一项行动。这种做法可能有效，但它只是提供了一种激励。为了引发互惠，你的礼物一定不能带有附加条件。

直接营销是应用互惠原则的理想渠道

无论是线下还是线上，直接营销渠道都提供了应用互惠原则的理想机会。营销人员有足够的机会送出一些客户或潜在客户喜欢的东西，不管是实用的还是新奇有趣的玩意儿。

好的直接营销总是有针对性、个性化和相关性的活动，所以你想通过礼物传递营销信息就得考虑这些问题。例如，要研究目标客户的行业、爱好或兴趣领域的信息、指南和报告。如果你的礼物看起来像是为目标客户量身定制的，就会特别有效。举个例子，在B2B邮件中，你可以在报告中加入收件人的公司名称。在B2C邮寄中，你可以赠送印有目标客户名字或首字母的笔记本或T恤衫。这种个人化装点会增加物品的感知价值。

在选择礼物时，要注意与你提供的产品或服务相关。如果你销售徒步鞋，那么一张目标地理区域的步道地图将是一个很好的搭配。如果你提供脊椎按摩服务，一张说明几种拉伸运动的卡片会很实用。如果你向企业出售社交媒体咨询服务，那么一份详细介绍最受欢迎平台的可下载指南可能是一份不错的礼物。

一旦你决定送礼物，就要确保收件人不会错过它。可以在电子邮件主题行或信封上引人注目的文字中提醒礼物的存在，要么将其放在盒子或有衬垫

---

① 本垒打（a home run），棒球术语，系棒球比赛中非常精彩的高潮瞬间。——译者注

的信封中，表明里面有贵重物品。

在面对一天的邮件时，人们通常会首先打开立体包装的邮件，如盒装的、管状的或者厚垫信封包装的。这是发送这种邮件的一个优势。这样的邮件引人注目，且令人难忘，而且还为后续电话联系埋下了伏笔。由于互惠原则，礼物接收者很难忽视营销人员的后续努力。如果某人正在享受你发送的新酷玩具，或得益于他们收到的定制指南，要是不接你的电话，他们会感觉很亏欠。

然而，由于寄立体邮件比寄标准信封的费用更高，所以你要当心你的投资回报率。还要注意包装尺寸要合适，如果人们打开一个大箱子，却发现里面只是一封信、一个小册子，或其他一些干瘪的纸片时，他们可能会感到失望，因为里面的内容没有达到他们的期望值。此外，他们可能觉得你过度包装，不知道爱护环境。无论哪种方式，你都不希望你的目标客户对你产生负面情绪。这可能会抵消你送礼物所产生的所有好感。

如果成本预算不允许你发送立体邮件，不要着急。你可以用扁平的、标准尺寸的信封邮寄一些东西，这些东西也会触发互惠原则。除了指南、地图和报告之外，还可以考虑为你的 B2B 受众制作一个带有名言警句的门钩，或者一个小型日历。或者为你的 B2C 受众提供一块冰箱贴、一枚书签，或一套有趣的贴纸。或者，发送一封带有链接的电子邮件，让你的目标客户自行下载礼物。

筹款人很好地利用互惠原则

如果你曾经收到过一封慈善募捐邮件，你就知道筹款人已经掌握了使用互惠原则的技巧。你打开一个你意料之外的信封，里面有一套为你特制的地址标签，或一个记事本、一些贴纸、贺卡，也或许是所有这些东西。你一手拿着送上门的礼物，另一只手拿着这封信，信上呼吁你同情慈善事业受益人的困境并为之捐赠。

接着发生了什么呢？你同意捐款了。这就是筹款人一直使用这种策略的原因。我还记得在一次直接营销会议上发言时，一位致力于为癌症研究筹集资金的女性找到了我。我们聊天时，她承认，尽管他们尝试了很多不同的方法，但没有什么能比得上他们发出的个性化礼物管用。

也许这并不奇怪。《芝加哥论坛报》(Chicago Tribune)报道称："2002年，圣裘德医院[1]将特殊场合的地址标签改为回邮地址标签，回复率翻了一番。另一方面，美国伤残退伍军人协会自20世纪70年代初以来，一直在发送回邮地址标签。该组织筹款主任苏珊·罗思（Susan Loth）说，他们每年要邮寄1200万个包裹。"这也许并不奇怪。如果连每一分钱都要算清的慈善机构都继续发送这些标签，我们就会认为它们仍然在起作用。

客户忠诚度和留存率计划是利用互惠原则的明智之举

当你试图留住客户，并赢得他们的忠诚时，将互惠原则纳入你的营销策略和执行中会很有意义。偶尔送一份惊喜礼物会引发顾客强烈的情感反应。

《惊讶心理学》(Surprise: Embrace the Unpredictable and Engineer the Unexpected)（Luna and Renninger, 2015）一书的合著者莉安娜·伦宁格（LeeAnn Renninger）解释说："研究表明，惊喜会使我们的情感增强约400%，这就解释了为什么我们喜欢惊喜而讨厌惊吓。"当人们感到惊喜时，会集中他们的注意力，使他们记住让其感到惊喜的是什么（详见第16章）。这对营销人员而言是强大的优势。

当然，你不希望自己处于这样一种境地，即你在"购买"顾客的行为，或者被训练为他们只有在你先给他们一些东西时，才会做出回应。但如果使用得当，偶尔的礼物或优惠可以帮助巩固关系，并激发营销人员所寻求的客户忠诚度。

记住，奖励可以是有形的，也可以是无形的。赋予地位、提供机会（考虑排他性）和给予认可的奖励都是很好的选择。同样，实用或有帮助的礼物也可以，关键是要确保它们既与你的受众相关，又与你的品牌相称。

---

[1] 圣裘德儿童研究医院（St. Jude Children's Research Hospital）位于美国田纳西州孟菲斯，创办于1962年2月4日，是一家非营利性医疗公司，也是美国国税局指定的免税组织。——译者注

内容营销人员应该将互惠视为一种战略工具

就像直接营销人员一样，内容营销人员也可以在营销活动中巧妙地使用互惠原则。通过提供具有吸引力、娱乐性或教育性的信息，营销人员可以获取回报。

马库斯·谢里丹（Marcus Sheridan）是内容营销指南《他们问，你回答》（*They Ask, You Answer*）的作者，这是他在利用内容营销拯救了他突陷困境的玻璃纤维泳池安装公司后写的。他的故事已经在许多地方被讲述过无数次，我自己也有幸在一两次营销会议上听过他的演讲。

当经济形势恶化时，他和他的合作伙伴眼睁睁地看着他们的游泳池业务逐渐萎缩。人们取消了安装订单，要求退还订金。为了维持业务，谢里丹开始发布回答人们关于游泳池的问题的内容。他谈论价格，写了关于游泳池的优缺点，甚至在博客中介绍了当地最好的游泳池建造商，并列出了他的竞争对手。

结果如何呢？谢里丹说，他的游泳池业务不仅得以存活，而且蓬勃发展了起来；他们公司成为"全国最大的制造商和安装商之一"。这是一个利用内容营销来实现"先舍后得"理念的极好例子。

提供真正有帮助的内容，才能让你的公司从竞争对手中脱颖而出。确定目标市场的需求，然后成为填补这一需求的公司。在B2B领域中，我最喜欢的一个例子是电子邮件公司世界数据。很多不同的公司都做电子邮件营销，他们都想了解主题行的有效性。这些邮件会被打开吗？它们会被标记为垃圾邮件吗？世界数据公司提供了一个免费工具，让你输入一个主题行并立即进行评估。你不仅会收到一个数字评分，还会看到该评分的原因，如果内容适当的话，还有一些改进的建议。

在B2C营销方面，我对奥马哈互助保险公司的最终费用估算器印象深刻。人们购买人寿保险的一个原因是为了给家人留下钱，这样一旦他们去世，这些钱可以用于支付他们的葬礼费用。但谁能真正知道他们的葬礼将花费多少钱呢？这个方便的工具可以让人们选择他们预计在葬礼上使用的物品（例如：选棺材还是骨灰盒，是否装饰鲜花），并查看这些物品在他们所在州的平均费用。

触发：
驱动客户本能购买和追随

在这两个案例中，电子邮件公司和保险公司都在为目标客户提供有用的免费信息。这种做法为激发潜在客户购买时的互惠回应做好了铺垫。

在营销中使用互惠原则的更多方法

- 每周通过电子邮件给你的客户和潜在客户发送一系列的建议，帮助他们实现他们的商业或个人目标。
- 定期给目标客户发送电子邮件，内容包含能够吸引他们的信息，使他们了解你们双方的共同兴趣，或者你特别针对他们而创建的内容。
- 将你网站里的部分资源设置为开放资源，这样你的潜在客户和客户可以获得他们认为有价值的工具和建议。
- 发送提醒信息，让人们不要错过重要的截止日期（例如：汽车公司可以提醒人们何时需要更新车辆的检验证，旅游公司可以提醒人们护照何时快到期）。
- 提供免费样品、免费试用、免费评估或测评，以及其他有用的"用户吸铁石"[①]。
- 减少或消除过程中的摩擦，这可以帮你成为一众竞争对手中的首选供应商。
- 花点时间和精力为你的客户提供额外的帮助，表现出你对他们的兴趣。
- 用抵免、折扣或秘密销售给客户惊喜。
- 在 B2B 领域中，提及或引荐与你合作的其他公司，并在你发布的材料中添加他们的网站链接。
- 用一件意想不到的小礼物或热情的致意，来纪念客户的生日、纪念日和其他成就。
- 提供一些可以让你的目标用户在一天中享受短暂娱乐的内容。
- 创建一个教程视频库，供客户和潜在客户参考。

---

① 用户吸铁石（Lead Magnets）是指提供一些专业资料，可以鼓励人们采取行动（通常是邮件订阅，或是提供联系信息）。常见的用户吸铁石包含可下载的资料、案例研究、资源列表和视频。——译者注

要点

1. 人类有知恩图报的本能。
2. 如果你先为别人做了什么，不管是不是他们主动要求的，他们都会觉得欠你人情。
3. 一个人收到的礼物越贵重，他回报的欲望就越强烈。
4. 为了偿清人情，人们有时会以更大的恩惠作为回报。
5. 营销人员可以利用先舍后得的方法来促进业务开展。
6. 当直接销售人员和慈善筹款人，在他们的营销或宣传活动中加入礼物赠送环节时，他们就已经看到了成功。
7. 用一件意想不到的礼物给客户一个惊喜，可以吸引客户的注意力，让他们更有可能记住你，从而提高其忠诚度和留存率。
8. 内容营销人员可以通过提供教育或娱乐信息和资产，来实施先舍后得的策略。
9. 营销人员应该提供真正有用而不是普遍可得的内容。
10. 电子信函、不受限的内容、及时的提醒、免费的评估、意外的礼物，以及有用的资源，都可以触发互惠原则。

小结

先舍后得是营销人员使用的一种聪明的策略。人们感激免费的帮助、信息和礼物，并通过与你做生意来回报你的给予。使用互惠原则可以确保你是人们想要购物时的首选公司。当人们准备做出购买决定时，他们通常会优先选择帮助过自己的公司。这样他们就不会感到内疚，觉得自己是在回报对方。

通常，人们做决定的另一种方式是参考同类人的做法，这是我们下一章要讨论的话题。

第 5 章

社会认同：利用"和我们一样的人"和"我们喜欢的人"的力量

第 5 章
社会认同：利用"和我们一样的人"和"我们喜欢的人"的力量

当你的目标客户面对某个决定犹豫不决时，他们会看看周围同类人的做法，然后做同样的决定。行为科学家发现，这种做决策的捷径会节约心理能量，并让人们更有信心。作为一名营销人员，你要向你的潜在客户展示这一点：其他客户已经按你的要求照做了。

去吧，去查看一下几乎所有优秀营销文案的参考资料，你一定能找到以下三个词中的至少一个："相关"、"定制"和"个性化"。

作为营销人员，我们知道，信息越是能让目标客户产生共鸣，就越能产生我们期望的客户反应。为了使营销信息"一击即中"，我们应该尽可能地使其具有相关性。这就是为什么"在正确的时间把正确的信息传递给正确的人"这句老话经常被引用的原因。

如果你稍微做过一点研究，就会发现许多测试和案例研究，证明了相关的、个性化的沟通是明智的。例如，美国广告代理商协会（Association of National Advertisers）发布，"据 2020 年奥多比（Adobe）[①]的个性化调查显示，有大量个性化营销信息的公司，其投资回报率能扩大 20 倍"。埃森哲互动公司的一项研究发现，"91% 的消费者更愿意购买那些能识别、易记忆并提供相关优惠和信息的品牌"。

当然，这似乎很有道理。想象一下这个场景：你正处于与一家公司洽谈业务的初始阶段。那里的销售代表给你一份礼物，说："这是我们专门为您挑选的一点心意。"这种针对个人的礼物的确让人感觉不错。这位代表可能

[①] 奥多比（Adobe）系统公司是美国一家跨国电脑公司，是一家数字媒体和数字体验解决方案提供商。——译者注

已经阅读了本书的第 3 章和第 4 章，并运用了排他性和互惠原则的力量。

现在想象一个稍微不同的场景：你正在考虑和一家公司做生意，这家公司的销售代表边给你一份礼物，边说："拿着吧，我们给每个人送了一份。"这种感觉如何？虽然免费的东西得来不错，但远不及定制的或特别的东西，对吧？

因此，正如我们所了解的，个性化、相关性和排他性都可以影响行为。它们可以很好地为营销人员服务。然而，在某些特殊情况下，当人们不知道自己想要什么的时候，仅靠上面几点是不够的，有时甚至适得其反。因为当人们不确定要做什么时，对他们来说有比感觉特别更重要的事情，那就是安全感。

我们在第 2 章得知，损失规避是一种非常强大的力量。它的一种表现方式就是人们不想做出错误的选择，他们不想犯错。这种避免错误行动的愿望在 B2B 和 B2C 领域都有体现。

想想看，你是否曾经尝试在不同的产品或不同的供应商之间做出选择？如果这样做过，你知道可能会有什么风险。做出错误的选择，你可能会受到朋友的嘲笑，你的职业声誉也许会受到损害。没有人想自取其辱或者被炒鱿鱼。

因此，当你的潜在客户或客户处于一个陌生的环境中，对自己要做出的决定犹豫不决时，他们想要的是感觉到舒适和自信。他们会想办法避免"买家懊悔"（buyer's remorse）。他们会想方设法让自己觉得自己做出了一个心甘情愿的、正确的选择，没有人，包括他们自己，可以指责他们选错了产品、服务或公司。

作为一个营销人员，你可以利用社会认同，向客户和潜在客户提供这种保证。

> 当人们不确定时，他们会认为别人知道的比自己多。因此，做出和其他人一样的选择似乎是明智之举。由于做出错误的选择可能会带来潜在的危害，人们惯于用"从众"的心理做出选择。

第 5 章
社会认同：利用"和我们一样的人"和"我们喜欢的人"的力量

依赖社会认同是一种常见的决策捷径

当人们不确定要做什么决定时，会使用一种这样的心理捷径：看看其他人，特别是跟自己类似的人在做什么，然后跟随他们的脚步。尽管人们喜欢特别，尽管他们寻求定制化的体验，尽管个性化的沟通在营销中表现得非常好，但肯定会有这样的时候：用电影《当哈利遇见莎莉》（*When Harry Met Sally*）中梅格·瑞恩（Meg Ryan）的话说，"我要和她一样的"，就是你的客户会做出的决定。

为什么？这会带给他们一种自信，认为自己没有做出错误决定。理查德·H. 塞勒（Richard H. Thaler）和卡斯·R. 桑斯坦（Cass R. Sunstein）在他们的书《助推：如何做出关于健康、财富与幸福的最佳决策》（*Nudge: Improving Decisions about Health, Wealth, and Happiness*）中这样解释道："如果很多人做某事或思考某事，他们的行为和思想就会告诉你——你最应该做什么和想什么。"

亚当·阿尔特（Adam Alter）在他的《粉红牢房效应》（*Drunk Tank Pink: And other Unexpected Forces that Shape How We Think, Feel and Behave*）一书中，讲述了一家电力公司成功利用行为科学减少电力消耗的故事。该公司向他们的客户发送报告，展示了他们的电力消耗与节能邻居的比较情况。公司的这一做法果然奏效了。在收到报告之前，客户们可能根本不知道他们用了"太多的"电。但是，一旦他们看到自己与节能邻居的对比，就会决定减少消耗。

同样的社会认同原则，以稍微不同的方式加以利用，就能鼓励酒店客人重复使用浴巾，而不需每天更换。诺亚·戈尔茨坦、史蒂夫·马丁和罗伯特·西奥迪尼合著了《就是要说服你：提高说服力的 50 个科学方法》一书，书中讲述了一个实验。酒店浴室设有三个不同的标志，实验参与者会分别看到其中一个。

其中一个标志"用来反映大部分酒店行业所采用的基本环保信息"。第二个标志告诉客人，"酒店的大多数客人在入住期间，至少重复使用了一次毛巾"。第三块牌子告诉客人,"之前入住过该房间的大多数人,都在住宿期间的某个时候参加了毛巾重复使用计划"。作者报告称,虽然第二种方法比第一种方法更成功,但是最后一种方法最有效。

当人们试图决定做什么,特别是当面临一个他们以前从未考虑过的选择时,会效仿与自己相似的人的做法。这种相似性的定义可能相当广泛,从你的邻居到与你入住同一家酒店并先后住过同一房间的人。一项研究甚至表明,这种相似性可以简单到与你先后在同一家餐馆吃过饭的人。

社会认同可以让受欢迎的选择更受欢迎

杜克大学和北京大学的研究人员进行的一项实验就证明了这一点。在一家连锁中餐厅里,研究人员随机在桌子上放置了两种标语牌中的一种。一种列出了上周最受欢迎的 5 道菜品,另一种则列出了 5 道普通的示例菜品。

研究人员发现,对最受欢迎的 5 道菜的需求"平均增长了 13% 到 20%"。然而,对示例菜品的需求并没有增加。当一道菜被描述为受欢迎时,它实际上会变得更受欢迎。

人们依赖社会认同这一决策捷径,甚至体现在比晚餐点什么更重要的事情上。例如,在 2021 年 8 月《英国心理学杂志》(*British Journal of Psychology*)上发表的一项全球研究中,研究人员发现,当人们的社交圈遵守防疫规定时,自己也会更多地遵守那些规定。该研究的作者继续指出:"比起人们认为应该保持社交距离,这种社会影响更为重要。"

换言之,一个人的家人和朋友的所作所为更有可能影响他们的行为,社交距离这时变得不再重要。你没看错,社会认同甚至压倒了人们在这个话题上的个人信念。

社会认同并不总是意味着"随大流",有时候人们认为别人知道的其实比自己多

我们已经确定,当人们不确定该怎么做时,他们会随大流。你可能也听说过描述类似行为的术语——从众效应或从众心理。人们在随大流时,会本

第 5 章
社会认同：利用"和我们一样的人"和"我们喜欢的人"的力量

能地感到更安全。对营销人员来说，社会认同如此强大，还有一个原因。

正如罗伯特·西奥迪尼在《影响力》一书中所述，显然，人们"认为如果很多人都在做同样的事情，他们一定知道一些我们不知道的东西"。

想象一下，这种假设对营销人员来说是多么方便。在你的潜在客户拿不定主意时，看到另一个客户从你这里购买，潜在客户不会认为那个人也同样是茫然无措或犹豫不决。相反，他们认为那个人知道些他们不知道的事。

一项经典的行为科学研究和一部同样经典的电视节目，都为了解这种效应提供了窗口。1951 年，社会心理学家所罗门·阿什（Solomon Asch）进行了这项经典研究。在实验中，参与者认为他们正在参加一项视觉研究，被要求估测线的长度。然而，他们不知道的是，研究中的其他 7 个参与者，实际上事先被安排在某些时候给出错误的答案（图 5-1）。

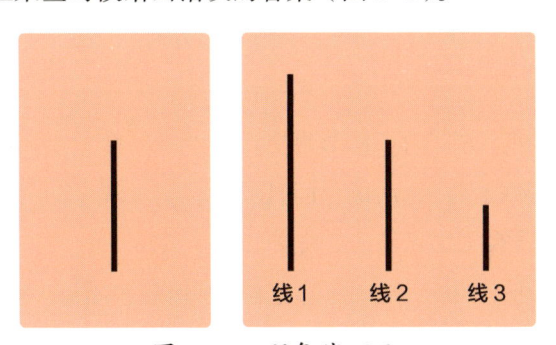

图 5-1 哪条线匹配

在一项著名的实验中，当被问及三条线中哪一条与他们看到的线段匹配时，大多数参与者跟随房间里的其他人，选择了明显错误的答案。

参与者先看一条线，然后再看三条为一组的线。要求他们在这三条线中选择与第一条线最接近的那条。答案是显而易见的。但在真正的参与者回答之前，7 个同谋者在 18 次实验中，提供了 12 次错误的答案。阿什发现，在这些实验中，"有大约三分之一（32%）的参与者顺从了有明显错误的大多数"。

在 12 次实验过程中，"大约 75% 的参与者至少顺从了错误答案一次"。然而，在没有安排同谋者提供错误答案的对照组中，"只有不到 1% 的参与者给出了错误的答案"。那么，这 75% 的人是向社会压力屈服了吗？或者，像电视游戏节目《百万大赢家》（*Who Wants to Be a Millionaire*）中的参赛者一样，依靠大众的智慧，认为其他人知道一些他们不知道的事情？

阿什的实验是在实验室里进行的，只有一定数量的人可以目睹，而下一个例子是在电视观众面前进行的。经典的真人秀节目《偷窥》（*Candid Camera*）用电梯里的人重现了阿什的实验。

这一集名为"面向后方"，讲述了一名身穿风衣的男子进入了一个空电梯。在他之后的每个乘客都背对电梯门，而不是按照惯例转身面向它。在这个过程中，第一个男人看起来非常困惑，逐渐开始转身。节目主持人艾伦·冯特（Allen Funt）为这一集提供了解说。他说："你会看到这个穿风衣的人如何强装镇定。然后一点一点地……他看了看表，但他实际上是在找借口，让自己稍微转向墙壁。"

在这一集的后半段，另一位毫不知情的乘客发现自己电梯里的人不时地转向后面、侧面和前方。为了使节目更加有趣，男性乘客们按照提示摘下了帽子，然后又重新戴上。每次电梯门打开时，电视观众都会看到这位毫不知情的乘客和其他乘客（实际是《偷窥》的工作人员）做了同样的事情。

有趣的是，2011 年，来自贝瑟尼路德学院（Bethany Lutheran College）的一个研究团队也进行了电梯实验。他们发现，"大多数人不假思索地转身和其他乘客保持一致，而也有人疑惑地问是否有第二扇门会打开"。

社会认同的"反直觉"应用

社会认同是非常强大的，这是一种人类的本能行为。营销人员可以很好地加以利用。事实上，我最喜欢的一个应用实例对营销人员来说可能有点反直觉。该案例是由一位非常成功的文案工作者（direct response copywriter）科林·索特（Colleen Szot）设计的，并在《就是要说服你：提高说服力的 50 个科学方法》中描述过。

索特在为一个客户策划电视购物节目时，居然在其中一个脚本中加入了一些阻力和社会认同。她用"如果接线员正忙，请再拨一次"代替了常规的

第 5 章
社会认同：利用"和我们一样的人"和"我们喜欢的人"的力量

"接线员正在等待，请现在拨打电话"的行动呼吁语句。

作为一个营销人员，你可能会说，这听起来有些不可思议。电视购物节目竭尽全力地说服人们去打电话，这就是它们的主要目的。那么，为什么这家公司在大肆宣传之后，还要向潜在客户暗示，当他们打电话时，可能会遇到不愉快的经历呢？也就是说，他们可能需要挂断电话并重新拨打。说服别人打一次电话已经很难了，更不用说多次了。为什么营销人员要故意在宣传中引入阻力呢？

你猜得没错，答案是社会认同。当观众听到电话连线可能很忙时，就会猜一定有许多人在打电话，这些人跟他们一样，在同一时间观看这个电视节目，并觉得自己应该少看点电视，多锻炼一下了。虽然观众无法确定这一点，但情况似乎确实如此。结果就是，索特的电视购物节目脚本中改动的几个字"使购买她产品的人数大幅增加"。

在广告中使用社会认同的想法确实是一个有趣的变化。

作者是如何差点被社会认同误导的

在西班牙旅行时，我有一次社会认同的经历，结局出乎意料。我受邀发表主题演讲，在一个专注于数字转型的大型国际会议。会议在马德里举行，因为这是我们第一次去，我和伴侣决定在那里待上几天，逛一逛马德里和巴塞罗那。

我喜欢品尝美食，所以一到西班牙，就开始在社交媒体上分享我吃过的美食。碰巧的是，当我发帖介绍巴塞罗那的一家餐厅时，一位生意上的熟人回复说，这个帖子让她想念曾经在这里的一家特别的餐厅吃过的小吃，味道好到令人难以置信。当我查到她提到的那家餐厅时，惊喜地发现它离我们不远，走着就能到。那太好了，我们今晚就去那里吃了。

当我们离开酒店时，礼宾人员拦住了我，问我住得怎么样，有没有什么需要帮助。我急切地解释说，我正要去一家据说非常好的餐厅品尝小吃。当我告诉她餐厅名字时，她回答说，它就在另一家小吃店的隔壁。

她的回答让我很奇怪。这让我怀疑她是否想建议我去那家餐厅用餐。于是，我问她哪家餐厅更好。她非常圆滑地回答，两家餐厅都很好，而她提到的那家餐厅因为一些极具创意的菜肴而闻名，人们都赞不绝口。我猜在这个工作领域，拥有外交手腕是必要的技能。

现在我左右为难。我是应该依靠社会认同，即来自另一个和我属于同一专业协会、同样喜欢美食的美国人的推荐？还是应该遵循权威原则，听从在巴塞罗那工作并了解城市最佳地点的礼宾员的建议？（欲了解更多有关权威原则的信息，详见第 10 章）。

由于这两家餐厅就在隔壁，我决定采取合理的方法，分别去一趟，了解一下它们的情况，再做选择。

社会认同的物理标志

当我们到达时，我商业伙伴推荐的那家餐厅门前排着长长的队伍。餐厅内挤满了正在享受美食的人们。一个前台接待员像空中交通管制员一样精确地管理着不断变长的等待名单。

隔壁是一家安静的餐厅，没有人排队，里面只有一张桌子，似乎没有客人。

在那一刻，我知道我将会去第一家餐厅排队。所有这些人都是社会认同的又一例证。我甚至发现自己有一种狭隘的想法：酒店的礼宾人员会推荐另一家餐厅，可能是因为她会从那里得到回扣。

多亏了前台接待员的高超技巧，我们没等多久就得以用餐，而且吃得非常开心。像我的商业熟人一样，我现在也经常回味那些美味的小吃。

然而，当我坐在第一家店里时，我也想到了回到酒店后会发生什么。如果那位礼宾人员还在值班，她无疑会询问我的晚餐情况。尽管我没有问她，她还是好心地提供了一个就餐建议。我知道，承认自己没有接受建议会感到有点内疚。所以，我决定在隔壁餐厅停一下，吃点小甜点。惊喜的结局就在这里了。当我们付了账，走出餐厅时，原本安静的隔壁餐厅挤满了食客。那里的接待员不停地打着电话，像手机长在了耳朵上一样。她挥手引导等待就餐的客人入座，同时向离开的客人挥手道别。他们脸上都挂着灿烂的笑容。

这引起了我的兴趣，我设法从拥挤的门口挤了进去，走到前台，这时接待员正好刚接完电话。我询问有没有两个人的桌子。她笑着说他们的座位都订满了，但刚有人取消了预定，所以这一定是"命中注定"。她把我们带到餐厅里唯一的空座前，把菜单放在我们面前。它看起来太棒了！我立刻改变了只要一份小甜点的计划，点了几份小吃外加一份甜点。

最终，我们在两家很棒的餐厅用了餐。事实证明，两家餐厅的社会认同指标只是出现在不同的时间。当第一个指标很高的时候，第二个看起来就很低。到第二个指标很高时，我们却已经吃过了。但多亏了我所住酒店的礼宾人员，我们也尝到了另一家餐厅的风味！

案例分析

如何利用社会认同卖出难以销售的保险

人们依靠社会认同来做各种决定。一天，一位客户在我工作的机构找到我，请我协助开发一个多渠道营销活动。该客户销售自愿的工作场所福利，即人们可以在工作场所自愿购买各种保险，例如伤残保险、意外保险和重大疾病保险等。

销售这类保险的挑战在于，人们不确定是否需要它们，也不愿意考虑今后可能会残疾、发生事故或者生病。而且购买保险意味着实际收入减少，因为费用通常会从薪水中扣除。

客户已经决定采取社会认同作为他们的营销方式。我们面临的问题是如何最好地利用它。我们可以采用以下几种途径：

一种是大肆宣传公司已经售出的这类保险的数量，通过数量说明该类保险的受欢迎程度。我们还可以通过提到当地人熟悉的事物来使营销更加个性化。例如，如果员工为纽约的一家公司工作，我们可以说当前投保人的数量能填满十个洋基棒球场。

另一种途径是给目标客户发送电子邮件，告知他们大多数人在阅读此邮件后都购买了此类保险。目标客户会由此推断，许多与他们类似的人已经做出了购买决定，而且由于电子邮件是保险的主要营销方式，所以这种做法比较合理。

最终，创意团队选择了一种更加个性化的途径。他们根据目标客户的姓名、年龄和工作领域定制标题。标题强调，与他们年龄和职业相仿的人已经购买了这些保险。此次活动还包括了行为科学的其他元素，最终取得了巨大的成功。活动结果超过了客户的所有基准。最值得一提的是，此次活动在参保人数和每位员工的保费上实现了两位数增长。

社会认同在市场营销中的 4 种更有效的应用

我的其他客户也成功地将行为科学添加到他们的营销活动中，获益匪浅：

一家电信公司在向一个新地理区域的人们介绍自己时，推出了这样的口号："终于，等待结束了。"这表明人们对该公司的服务需求被压抑了，这是社会认同的另一个指标。

一个软件客户的收购活动指出，目标客户行业的 6 个顶级竞争对手已经在使用他们的软件。

一家金融素养公司[①]推出了一款针对大学决策者的学生产品，询问他们在附近一所大学的同事知道哪些他们不知道的事情。（被提到的那所大学已经与金融素养公司签约，这就是为什么我们可以这么说。）

最后，一家金融公司展示最近几个月加入他们的一长串员工名单来吸引新员工。这并不是说该公司希望未来的新员工能认识这些名字，而是为了通过这些名字传递社会认同。如果那么多人跳槽到这家公司，那它一定是个不错的选择！

在营销中应用社会认同时需要注意的几点

当营销人员在营销信息中加入社会认同时，他们必须避免传递错误信息。本章前面提到的《就是要说服你：提高说服力的 50 个科学方法》一书

[①] 金融素养公司（a financial literacy company）指的是一些提供金融知识和教育服务的商业性机构，例如金融培训机构、金融咨询公司等。这些公司通常会为客户提供个性化的金融建议和咨询，帮助他们提高金融素养和管理个人财务。——译者注

第 5 章
社会认同：利用"和我们一样的人"和"我们喜欢的人"的力量

中，提到了一项在石化森林国家公园（Petrified Forest National Park）进行的实验。这个公园想要阻止游客偷走石化木块。

有些游客看到了一块标语，强调盗窃行为会危害整个森林。标语上写着："过去许多游客从公园里搬走了石化木，改变了石化森林的自然状态。"而另一些游客看到的标语则是："请自觉保护石化森林的自然状态，不要从公园里搬走石化木。"

作者报告道，第一种说法实际上促使更多的人偷窃，与没有标志的控制组相比，偷窃的数量几乎增加了两倍。这个标语似乎在本来不会有盗窃行为的游客心中种下了盗窃的念头。第二种说法因为不包含社会认同元素，所以成功减少了盗窃行为。

当你试图影响人们的行为时，不要强调还有多少人没有做你要求的事。这会让人感觉许多人并没有采取行动，从而导致你的目标客户也不会采取行动。

相反，关注那些正在按你要求做的人。例如，我曾告诉我的筹款客户，在目标完成一半以上之前，不要展示那些显示剩余捐款量的计量表。

> ❗ **错误** 一个常见的错误是暗示很多人仍然在做你不希望他们做的事情。这非但不会促使人们改变主意，反而会强化他们当前的行为。

你的顾客会模仿和自己相似的人，也会模仿自己喜欢的人

当你的潜在客户与自己相似的人相比较时，社会认同便可以很好地发挥作用。然而，营销人员还可以另辟蹊径。这种方法会突出那些与你的目标客户不相似的人，但却是那些他们喜欢和钦佩的人。

这就是为何名人代言如此奏效。你的目标客户可能不是体育明星、电影明星、艺人或有影响力的人，但他们可能因为是粉丝而感觉与这些名人有联系。

美国一位非常受欢迎的歌手代言了一种洁面产品。她既不是美容师也不是化学家，只是一名歌手。但她的面容在视频和演唱会屏幕上看起来很棒。人们喜欢她，特别是年轻女孩。因此，当她代言该产品时，人们更有可能信任她。

还有一位美国演员，他在一部长篇连续剧中饰演警察局长。他的角色形象以果断睿智、刚正不阿而深入人心。他也出现在销售反向抵押贷款的广告中。当目标消费群体在这些广告中看到他时，很可能会想起他在电视角色里的品格，因此，更有可能信任他对抵押贷款公司的评价。

当然，作为一名营销人员，选择名人代言一定要谨慎。聘请名人所需费用很高，而且一旦这位名人卷入丑闻、名声扫地，还会连累你的产品也失去信誉。

印度的一家银行用更有创意的方法来利用社会认同，免于雇用名人的高成本。这家联合银行开展了一项宣传活动，邀请了名人亲属参加。在某种程度上，这从两个角度利用了社会认同。它让目标客户联想到他们喜欢的人（名人），而且它实际上向目标客户展示了更像他们的人（非名人）。如果一个名人的家庭选择了这家银行，这不就是一家值得考虑的好银行吗？

在营销中使用社会认同的聪明做法

- 突出客户的推荐，并确保推荐者与推荐信的读者有一定交集（例如：他们居住在同一地区或在同一行业工作）。为了使推荐信达到最佳效果，出具推荐信的客户必须承认先前曾对该产品抱有犹疑态度，然后揭示这个产品的确是一个很好的选择。虽然"阿珂姆（Acme）的产品真的很棒"是一个很好的证明，但"我原以为所有这些产品都差不多，但后来我改用阿珂姆了，才发现他们的产品真的很好"，这样的说法效果更好。当潜在客户读到这样的推荐信时，他们的反应是："我原本就是这样想的——这些产品不都差不多吗？但现在我不这样认为了，我应该选择阿珂姆。"
- 提供案例研究和满意的客户名单。

- 突出你所拥有的用户数量、订阅者数量、转发数、浏览量、点赞数、关注者数量、下载量等。
- 使用这样的描述："最热门的选择""增长最快的""需求最多的""最畅销的""已售罄的""将要售罄的""还有现货"（最后三个也可以引发紧迫感或损失规避，如第2章和第3章所述）。
- 在B2B领域，展示客户标志和你所关联的专业协会的标志，以及你所服务的行业和客户职位的列表。
- 适当情况下，提及你的企业经营年限或自创立以来公司扩展的规模。
- 使用这样的语言："大多数人""很多人""像你一样的人""马萨诸塞州的人""其他会计专业人士""也喜欢高尔夫球的人"。
- 突出正面评价，并记住西北大学（Northwestern University）的一项研究发现："购物者更有可能购买平均星级评分在4.2~4.5的产品，而不是5星产品。"他们认为不太完美的评分更可信。
- 告诉人们，像他们一样的顾客也购买了某些其他商品。
- 借助品牌大使和社交媒体名人的影响力。
- 标注产品销售数量、当前在线浏览人数，或已售出的百分比。
- 选择让人放心的修饰语，如"经常""典型""通常""一般""常见"。
- 面向相似团体进行销售。
- 鼓励客户推荐你的产品。

要点

1. 当人们不确定要做什么选择时，他们宁愿做有信心的事，而不是特别的事。
2. 犹豫不决的人愿意追随他们的同类人。
3. 社会认同有助于让顾客相信他们的决定是正确的。
4. 社会认同也有助于提示人们应该如何做。
5. 当一个人看到其他人在做某事时，他通常会认为其他人知道一些自己不知道的事情。

6. 市场营销可以通过指出大量的人已经在做某事，或者与你的目标客户相似的人在做某事，来引发社会认同。
7. 当采用社会认同策略时，注意不要传递相反的信息（比如更多的人正在做你不希望目标客户做的事情）。
8. 人们不仅愿意跟随自己的同类人，也会追随自己喜欢的人。
9. 在借助名人效应时，要注意相关成本，而且如果名人突然爆出丑闻，可能会损害你的品牌。
10. 推荐信、案例研究、客户名单、评级、转介、标签（如热门和库存），以及词汇和短语（如"经常""像你一样的人"等）都可以引发社会认同。

小结

人们在采取行动时，愿意追随自己的同类人或喜欢的人。有时候，你的目标客户会感到压力去顺应主流，或者觉得自己错过了什么。其他时候你的目标客户会寻求帮助来做出选择。而看到别人在做什么，可能会对他们产生很大的影响力。

实际上，你的潜在客户可能会自我暗示：别人知道一些自己不知道的事情。从别人那儿听到的故事或者自我讲述的故事，都会影响人们的行为，这将是我们下一章讨论的内容。

第 6 章

讲故事：提高消费者的参与度

第6章
讲故事：提高消费者的参与度

故事不仅引人入胜，在大脑中的处理方式也不同于事实和数字。行为科学家已经证明，当信息是以故事的形式呈现时，人们更容易理解和记忆。这意味着一个构建得当的故事，可以成为营销人员传递信息的理想载体。

每个人都会有一两个关于暑期打工的故事。我要讲的故事与一尊圣母玛利亚雕像有关，听起来似乎有渎神之嫌，但请允许我从头讲起。

在大学一年级的暑假，我回到了家乡美国康涅狄格州的梅里登市。跟我朋友一样，我也需要挣些零花钱。于是我回应了一个招聘广告，应聘了一家玻璃工艺品店的销售助理。经过简短的面试，回答了诸如"你喜欢打扫卫生吗？"这类问题后，我被录用了。

这家玻璃工艺品店位于梅里登市中心，主要出售如今被称为中世纪现代玻璃器皿的物品。层层叠叠的货架上，陈列着无数色彩缤纷的玻璃制品，如花瓶、小动物造型的纸镇、人物雕像、烛台、菠萝形状的碗、高脚杯、盖子上饰有华丽天鹅图案的糖果盘，以及其他各式各样的小摆件。

其实，这些东西在今天被认为是收藏品。但我在店里工作的时候，说实话，客流量很少，有足够的时间打扫卫生。一天，一位顾客走进来，看起来非常想买什么。当然，我也很想帮助她。但问题来了，她想买一座圣母玛利亚的玻璃雕像。

我们的圣母雕像库存充足。问题是，她想要的不仅是圣母像，而是一整套，包括一个能放置雕像的玻璃底座，还有一小只祈愿蜡烛（可以放在雕像后面，让烛光从后面照亮圣母像）。我们有雕像，也有祈愿蜡烛，但出于某些我无法理解的原因，我们就是找不到底座。

这个女人很苦恼。她真的很想买一整套。在她看来，只有雕像和蜡烛还不够。她需要一个底座来展示它们。看着她失望的样子，我说："等一下，让我确认一下。我可能有办法。"我冲进后面的储藏室，迅速扫视了货架，然后找到了我想要的东西。

在店长略微恐慌的注视下，我拿了一个玻璃烟灰缸回来，底部刻着一个大大的字母"M"。我告诉顾客，"M"可以代表"玛丽"或"麦当娜"。

"还有圣母玛利亚。"她热心地补充道。

"是的"，我郑重地点点头。

这个烟灰缸和一个小餐盘差不多大。我把它翻过来，解释说这个"M"的形状非常合适。把烟灰缸反过来放，她可以把祈愿蜡烛塞进"M"中间形成的"V"形空间里，然后把雕像放在字母"M"底部的正中央。这就像为圣母雕像定制的底座一样。

顾客得偿所愿，很是高兴。她买了雕像、烛台和用于展示它们的烟灰缸，然后开心地走了。但我可能应该去忏悔。

2021年，我读了塔姆森·韦伯斯特（Tamsen Webster）的新书《让你的大思想无可反驳》(*Find Your Red Thread Make Your Big Ideas Irresistible*)。这本书为你创造营销故事提供了很好的思路。她建议："如果你想推动行动，就用讲故事的形式传递你的想法。"虽然我讲的麦当娜和烟灰缸的故事，跟她的想法不一定完全吻合，但也不失为一种例证。顾客想为她的雕像找一个底座，我另辟蹊径地用了一个带有字母印记的烟灰缸。我向顾客强调"M"是麦当娜和玛丽的开头字母，向她展示了这个字母形状与雕像和蜡烛非常契合。她相信了，或许还会向他人讲述这个故事（图6-1）。

因为合情理的故事，一个有字母的烟灰缸就变成了一个宗教雕像的基座。

> 故事能激发情感，情感能驱动决定。正因如此，故事才能促使客户购买。

图 6-1　"M"代表玛丽

故事对营销人员来说具有神奇的说服力——科学为你一探究竟

讲故事已经成为市场营销中的一个热词。一时间，许多营销大师都开始力荐这种方法。博客文章、会议主题演讲和研讨会，都致力于讲述故事的艺术。讲故事曾是电影和书籍的专利，如今却成了一种营销工具。营销人员得到的建议是，与其一针见血、开门见山地介绍产品信息，不如先讲个故事。

虽然有些时候，快速点明重点和以重大新闻开头仍然行得通，但在其他时候，以故事开头或将故事融入其中是一种明智的策略。毕竟，故事具有吸引力，能引发人的情感。在书面文字出现之前，信息通过故事代代相传。很明显，它们具有力量。

神经经济学家保罗·扎克（Paul Zak）这样说："如果你想激励人们、说服人们，或被人们记住，就从一个人的斗争和最终的胜利讲起。只有先抓住人们的大脑，才能抓住他们的心。"

人类的大脑天生就适合听故事。科学发现，故事可以帮助人们理解世界，使人们更容易记住重要的教训。人们通过听故事能得出自己的结论，这对需要人们做出决策的营销人员来说尤为重要。乔·维泰利（Joe Vitale）在《文字诱惑》（*Hypnotic Writing*）中说："如何用语言来吸引和说服客户？虽然一个人可能会反驳别人（比如营销人员）告诉他的东西，但'很少会驳斥自己的结论。'"当你遇到生性多疑或难以说服的潜在客户时，不妨试试讲故事的方法，结果可能大不一样。

有一个很好的例子可以说明，通过引导潜在客户得出自己的结论有多重要。这就是马丁·康罗伊（Martin Conroy）为《华尔街日报》撰写的致读者征订信。在长达 28 年的时间里，这封信在该领域无出其右，为《华尔街日报》带来了约 20 亿美元的订阅收入。这封信讲述了"两个年轻人的故事"。两个有很多相似之处的大学毕业生，最终在同一家中西部制造公司工作。

当这两人参加他们的毕业 20 年大学聚会时，读者发现一个人是该公司的现任总裁，另一个人只是一个中层经理。随着故事的展开，读者发现前者也订阅了《华尔街日报》。虽然信中从未挑明这是他成为总裁的原因，但读者自己得出结论，该报纸对他的成功起到了关键作用。

大脑在处理故事和事实陈述时有显著的差异

当你的潜在客户或客户听到或阅读你的故事时，与你只是给他们灌输事实和罗列数字时相比，大脑的参与方式是不同的。科学家们发现，布若卡氏区和韦尼克氏区在大脑中负责处理语言。但是，当一个人沉浸到故事中时，会有更多的大脑区域被调动起来。

例如，如果故事涉及气味，嗅觉皮层就会被激活。如果涉及运动，运动皮层就会被激活。最终的结果是，一个人的大脑被激活的区域越多，他们对信息的理解就越好，记忆的时间也就越长。而且，故事的强大影响还不止于此。《故事证明》（*Story Proof*）和《聪明的故事》（*Story Smart*）的作者肯德尔·海文（Kendall Haven）报道称："研究证实，精心设计的故事是对人施加影响的最有效工具。"换句话说，故事不仅能帮助你建立品牌，还可以用来促使人们采取行动。

作为一名营销人员，你可以通过讲故事来传达你的营销信息，并激励你的目标客户做出你期望的行为。与其对你的目标客户进行信息轰炸，或者试图说服他们购买，不如吸引他们成为你故事的一部分。

蒂姆·阿什在《大脑起源》一书中指出了故事对人类的强大影响。他说："发人深省的故事影响我们的信念、告诉我们真相、影响我们未来的行为，并最终改变我们的人格……它们（故事）轻而易举地绕过逻辑和意识的防御壁垒，塑造了我们内心深处的信仰根基。"

事实上，通过讲故事，你不仅可以让你的目标客户成为你故事的一部分，也可以让你的故事成为你目标客户的一部分。你可以给他们灌输你的想法。神经科学家乌里·哈森（Uri Hasson）研究了故事对人类的影响。用他的话来说，"讲故事是同时激活大脑多个区域的唯一方法，这样听众就能把故事变成他们自己的想法和经历。"

他的研究表明，当一个人听另一个人讲故事时，两人的大脑实际上是同步的，神经元也以同样的方式得到激活。行为科学家把这些镜像神经元的活动（详见第1章）称为神经耦合。故事可以让你和你的客户在精神上高度契合，处于同一"波段"。

此外，故事具有创造共情和情感联系的能力。当你的客户越来越多地参与到你的故事中时，他们会经历一个"叙事传输"（narrative transportation）的过程。他们被带入故事中的世界，并与里面的人物感同身受。例如，他们可以感受到压力、恐惧、挫折、愤怒、害怕，或任何在用你的产品解决问题前可能产生的负面情绪。同样地，他们也可以感受到自豪、解脱、快乐、自信、喜悦，或任何用你的产品解决问题后所产生的积极情绪。由于情感驱动决策，而营销人员寻求决策，所以创造能促使人们体验情感的信息是非常重要的（详见第1章）。你讲的故事可以让人们感受到你想要他们感受的情感，从而促使他们购买。

当你的客户和潜在客户沉浸在你的故事中，他们的大脑会通过释放某种激素来做出反应。这些激素包括多巴胺（与大脑的奖励系统相关）、皮质醇

（可以集中注意力），以及催产素（可以促进信任）。如果你打算为营销创造一种"激素鸡尾酒"，这将是一份非常好的配方。多巴胺促使人们寻求奖励，比如从你的产品或服务中受益；皮质醇会促使人们更加注意你的信息；催产素则加强人们对你的信任，只有这样，他们才更可能购买你的产品或服务。

研究表明，故事也会为你的产品增值

一群记者进行了一个非常有趣的实验，称为"珍贵物品计划"。他们先去庭院售货（yard sales）、车库甩卖、二手商店等地，购买人们想要处理掉的东西。他们最终购买了一个犹他州的雪景球、一个鸭子花瓶和一套成人礼书夹等二手物品。

然后他们给每件物品写了一个故事，并把这些物品和故事一起挂在易趣①（eBay）网站上，但是注明这些故事并不都是真实的。

在实验的第一阶段，他们花了128.74美元购买这些物品（大约每个1.25美元），以3612.51美元的价格出售，这是一笔相当可观的投资回报。在第二阶段，他们花了134.89美元购买物品，并以3992.93美元的价格出售，这些钱都捐给了慈善机构。

他们的目标并不是赚钱，而是为了证明故事可以为一件物品增值。或者，正如《珍贵物品计划》的作者所言，"对任何给定对象的主观价值而言，叙事给予的影响都可以加以客观衡量。"举个例子，他们以99美分购买的犹他州雪花球以59美元的价格售出。如果故事可以让这些小玩意儿和庭院甩卖"垃圾"都变得如此有价值，那么它们能对你的产品和服务产生什么魔力就可想而知了。

---

① 易趣（eBay）是一个可让全球民众在网上买卖物品的线上拍卖及购物网站。——译者注

第 6 章
讲故事：提高消费者的参与度

故事对于营销人员还有另一个科学优势

故事通常包括开头、发展和结局。事实证明，人类办事有始有终的驱动力是与生俱来的。社会科学家发现了蔡格尼克效应（Zeigarnik Effect），是指人们对尚未完成的事情比已处理完成的事情印象更加深刻，并想要完成它们（详见第 8 章）。

一个好的故事便可以引发蔡格尼克效应。一旦人们沉浸其中，他们就想知道事情的发展及结局。因此，他们会继续阅读、观看或倾听。

也许这就是为什么《疯传：让你的产品、思想、行为像病毒一样入侵》（Contagious: Why things catch on）一书的作者乔纳·伯杰（Jonah Berger）说："如果特洛伊木马[①]或信息的载体是一个故事，你可以在里面传递任何信息。"你在营销中讲的故事可以使人对你放下戒心，甚至没有意识到你讲故事的目的是营销。

而且，故事传递的信息更容易让人们记住。认知心理学家杰罗姆·布鲁纳（Jerome Bruner）声称，"比起直接告诉人们一个事实，通过故事讲述的事实要令人难忘 22 倍。"保罗·扎克解释说，"与简单地陈述一组事实相比，与个体相关的故事更能深入人心，诱发情感，因此更容易被记住。"

下面的例子虽不是扎克的研究，却可以很好地佐证他的发现。

在托尔托拉岛乘坐三体帆船旅行

故事始于托尔托拉岛。不，实际上，它在我到达托尔托拉之前就已酝酿了。长时间以来，我一直渴望一次航海度假。我住在马萨诸塞州，成长于康涅狄格州，两个地方都位于东海岸线，但我从未真正体验过帆船航行。当然，我在海港游览过几次，也在落日的余晖下惬意地航行过几次，每次都只有一小时左右，但这些都不算什么。我想在帆船上待上一周，感受一下手持朗姆酒，海风拂秀发的惬意。

于是，我和朋友们谈论这件事。多年来，我描述过在加勒比海上的环岛

[①] 此特洛伊木马是一种计算机病毒，指寄宿在计算机里一种非授权的远程控制程序。——译者注

游、在沉船上浮潜、在著名的索吉多勒海滩酒吧啜饮"止痛药"鸡尾酒的情景。我的热情愈发高涨。大约五年后，他们终于答应了，同意我们的下一个团体假期可以在托尔托拉岛的三体帆船上度过，船上还有四名船员，他们将负责开船、烹饪，并担任导游。我欣喜若狂。

我担心自己会晕船。我每次坐飞机都会服用晕海宁（Dramamine®）[1]。有一次，我的朋友肯（Ken）开着他哥哥的摩托艇带我去钓鱼，船刚下锚，我就脸色发青。我知道自己会晕船，所以一早让医生给我开了东莨菪碱贴片（Scopolamine patch）[2]的处方，也买了一些晕海宁作为备用。但这都属于下策之选。显然，服用东莨菪碱贴片不能喝酒，我可不想在托尔托拉岛上滴酒不沾。另外，晕海宁总是让我犯困，虽然这是我梦想中的假期，但我还是想保持清醒。

在做了更多的研究之后，我发现了一种用电池的"防晕眩腕带"（Reliefband）。据称，它可以通过阻止神经信号来防止晕动病或化疗引起的恶心。这种腕带既不含药物，也没有副作用。它看起来就像一块运动手表。这听起来很神奇，于是我买了一个，把它加入了我的"防止晕动病武器库"。

终于，到了飞往托尔托拉岛的时间。第二天，我们登上了船。大副开着硬底充气橡皮艇在码头迎接我们，把我们送到了停泊在海湾的三体帆船上。当我们七个人上船时，船长招呼着我们把行李放好，然后大家坐下来享受她为我们准备的精美午餐。

三体帆船轻轻摇晃着，我看着眼前盘子里的虾和沙拉，毫无胃口。与席卷我的一阵阵恶心感相比，海湾里的波浪只是微波。我所能想到的全都是，我的六个好朋友是因为我，因为我一直向他们灌输的美妙假期的想法，才上了这艘船，而我却要毁掉它了，因为我在起航前就感到了不适。我只有强忍着。

戴上腕带几分钟后，我感觉好多了，恶心感完全消失了。晕船药需要提

---

[1] 晕海宁（Dramamine®）是一种药物，用于晕动症引起的恶心，呕吐。——译者注
[2] 东莨菪碱贴片（Scopolamine patch）用于晕动症引起的恶心，呕吐。——译者注

前几小时服用，而这个腕带可以立马止住恶心。我的假期得救了。托尔托拉岛三体船之旅仍然是我的最爱。我把这个故事讲给所有提到晕船的人听。听说此类产品销量因我而增长，我一点不觉得奇怪。因为我不是告诉人们去买一种用电池的防晕船腕带，而是给他们讲述了我自己的故事。

> **错误** 一个常见错误是错过将你的产品或服务与故事挂钩的机会。当你选择故事的时候，就掌控了话语权，进而影响人们对你品牌的感受。

案例分析

一个辛酸的故事

从加勒比海出发，让我们前往龙舌兰酒之乡墨西哥。当一家美国烈酒公司推出一款高级香料龙舌兰酒后，他们需要我所在的公司为它创建一些直接营销活动。草药和香料的专有配方意在增强风味，使烈酒口感更加柔顺。我们的工作是创建一个直邮包裹，为新的龙舌兰酒制造一些热点话题，并为购买者提供退款优惠。

我们的创意团队提出了几种方案。为了让人们注意到香料，其中一个方案是寄一封撕掉了一部分的信，就在裂痕那，有关香料的秘密配方欲言又止。

另一个方案则强调了这款优质酒的顺滑口感。广告邀请人们尝试一下"裸饮"龙舌兰酒——这款酒没有添加盐和酸橙（盐和酸橙通常会被用来掩盖劣质酒的味道）。

但获胜的方案是讲述了一个故事。它从外部包装开始——一个凹凸不平的棕色特制包装袋，散发着神秘气息。这个邮件是由美术指导卡拉·巴拉塔（Carla Baratta）设计的，上面既没有任何字样提示包裹内容，也没有写寄信人地址，只有一个墨西哥海关标志和一张来自墨西哥龙舌兰的假邮政注销邮票。这枚邮票旁边还贴着一张被美国注销的邮票。一切看起来都那么真实，以至于当一个样品被邮寄到生产经理家里时，他的妻子还以为丈夫正在墨西哥监制印刷，所以给她寄了一些绿松石珠宝。

包裹里面有一封信、一张通缉告示、一张退款申请表、一个软木塞和一张瓶子上的标签。这封信讲了一个故事：一种新型高级龙舌兰酒的秘方已经从墨西哥边境走私到了美国。该公司表示，有理由相信其中一些酒会出现在收信者所在的区域，并请求他们帮助追查。

通缉告示上的照片展示了瓶子的正面和侧面，同时列出了酒瓶的识别特征，而软木塞和标签则用来帮助人们更好地进行识别。该信件指示收信者找到并购买这样的一瓶酒，然后寄送填写有购买证明的退款表就可以获取奖励。

像许多好故事一样，这个故事依靠的是人们的"自愿终止怀疑"（willing suspension of disbelief）[1]。但它很吸引人，极具想象力，而且很成功。关键事实被编织在故事里。这套方案获得了两位数的回应率，在"目标营销奖"中荣获最佳展示奖。

是什么造就了一个好故事

为了讲出好故事，你需要用比陈述事实、描述特点、夸赞好处和展示统计数据更高明的方法。你要为你的客户和潜在客户描绘一幅能够触及他们情感的心理画面，从而吸引他们主动关心。要想做到这一点，请遵循以下准则：

- 强劲的开头——确保能够吸引听众的注意力。
- 选择一个吸引听众的有趣主题。提示：重要的不是你卖什么，而是你卖的产品能为购买者带来什么好处。
- 记住，好的故事能让人产生共鸣、建立联系。正如罗希特·巴尔加瓦（Rohit Bhargava）在他的《非显而易见的营销和品牌指南》

---

[1] 自愿终止怀疑（willing suspention of disbelief）是由英国诗人和戏剧家萨缪尔·泰勒·柯勒律治指出的一种情感体验现象，指观众明知道戏剧舞台上的故事是虚假的，但还会不自觉地抛开现实世界概念，沉浸于剧情之中。——译者注

(*Nonobvious Guide to Marketing & Branding Without a Big Budget*)中所写的那样,"人们相信与之产生共鸣的故事。"
- 选择特定的名词和有力的动词来帮助读者设想行动。我的高中写作老师曾经说过,"山姆·特鲁吸烟"和"山姆·特鲁抽雪茄"之间有很大的区别。他是对的。
- 使用主动语态而非被动语态来表述。
- 采用戏剧性情节发展线构建故事,包括开端、上升、高潮、下降、结局。

正如蒂姆·阿什在《大脑起源》中解释的那样:

虽然不同的故事表面上各有差异,但内在都有一个基本结构。故事的主人公都要克服某种障碍才能得偿所愿。故事从现实可感的困难开始,经历一番波折,最终解决问题。总之,故事无论大小,都是在讲述主人公如何面对困难,又如何克服困难。

给筹款人的特别提醒

适当讲个故事可以有助于筹款。关键是不要急于讲述你的组织帮助过的所有人,而是只讲述一个人的故事。

社会科学家称这为可识别受害者效应(Identifiable Victim Effect)。他们发现,比起一个大而模糊的群体,人们更可能对某个人的不幸遭遇产生同情并提供帮助。事实上,研究表明,关注单个受害者可以使慈善机构收到的捐款翻倍。

尽管许多人从你的慈善事业中获益是非常美好的,但在营销宣传时切记只能讲述一个人的故事,并用统计数据作为支撑点。一些筹款组织在这方面做得特别好。帮助退伍军人和现役人员的"伤残士兵计划(Wounded Warrior Project)"给我发了一封邮件,标题是"这是我的故事"。这封邮件讲述了一名战士的故事。用特蕾莎修女的话:"如果我看到的是人群,我就不会有所行动。如果我看到的是个人,我就会行动。"

> 还有一些在政治筹款中运用故事的例子，让我印象颇为深刻。比如美国总统候选人希拉里·克林顿（Hillary Clinton）写过一封电子邮件，开头是一个细节满满的故事，一下子拉近了与读者的距离：
>
> 当我在韦尔斯利大学读大一时，我并没有立即找到自己的方向。在选修数学和地质学之前，我还一直梦想着当医生或科学家。我又尝试学外语，我的法语教授对我说："小姐，你的天赋在别处。"
>
> 同样，当米歇尔·奥巴马（Michelle Obama）为美国前总统巴拉克·奥巴马（Barack Obama）发起非营利性的"行动组织"（OFA）筹款时，她发送了一封电子邮件，开头是这样写的：
>
> 每年的情人节，我都会情不自禁地回想起我和巴拉克的第一次约会。我一直不愿意和他出去，但他坚持不懈，我最终答应了。
>
> 以这个故事开头的电子邮件吸引了读者的注意力，让他们觉得自己更了解米歇尔了。

帮助营销人员讲故事的 9 种行之有效的方法

故事的形式可以多样化——写在电子邮件或社交帖子中、发布在你的网站上、拍成视频，或在电视广告、广播节目、平面广告或直接邮件中给予描述。同样地，你的故事也可以满足各种需求，例如：

- 你可以用故事来提出一个难题或引出一个微妙的话题。噗噗丽（PooPourri）是人们在上厕所前喷在马桶上的一种产品，目的是防止异味。谈论这样的话题可能会令人不适，于是他们创造了一个幽默的视频故事，讲述了一个女孩与她男友家人共进晚餐的情景，以展示对该产品的需求，并展示了使用方法。该视频在油管（YouTube）上获

第 6 章
讲故事：提高消费者的参与度

得了超过 1400 万次的点击量。

- 你也可以讲述公司是如何成立的。"好生活（Life is Good）"是一家服装公司，它最出名的产品是充满趣味的 T 恤衫。他们的网站刊登了创始人的故事，标题是"一辆货车。两个兄弟。三个字"。这个故事讲述了雅各布斯（Jacobs）两兄弟在一辆二手货车上出售他们设计的 T 恤，当他们开始在衣服上印上乐观的口号后，他们的生意就此火了起来。

- 还有一种故事叫作"颠覆者故事"，它是关于那些改变我们商业模式的公司、产品或服务的故事。想想特斯拉（Tesla）、亚马逊（Amazon）、优步（Uber）、网飞（Netflix）、柠檬水保险公司（Lemonade）和其他公司，以及它们讲述的关于在业界摸爬滚打的故事。

- 产品诞生的故事也可以成为很好的营销内容。3M 公司的便利贴就是这样一个例子。一位科学家想发明更强的黏合剂，却无意中发明了一种弱黏合剂。他与同事们分享了他的发现，并一直试图找到它的用途。有一天，一位同事很沮丧，因为他用来标记教堂合唱团赞美诗的小纸片总是掉出来。便利贴便由此诞生了。

- 一些品牌用故事来宣传他们企业的社会责任。例如，汤姆斯制鞋公司（Toms）将其利润的三分之一用于公益事业。听到这个故事，一些人可能会选择购买他们的产品，而不是其他品牌。

- 讲述关于产品使用的故事对营销有着很强的促进作用。比如介绍新产品、显示现有产品的不同使用方式，或者强调客户使用产品的故事（类似于我和防晕腕带的故事）。

- 你也可以讲述"客户是主人公"的故事，展示你的产品如何帮助客户获得成功。例如，设想你向公司销售员工健康保险。你可以跟我了解的一家公司学习，讲述一位人力资源主管的故事。她在选择了你们的保险后评论说，这是她职业生涯中唯一一次没有听到员工抱怨的新计划。比起营销人员简单地阐述他们的产品得到了客户的高度评价，讲一个这样的故事更有影响力，更令人难忘。

- 如果你身处一个竞争激烈的市场，那你的故事一定要独一无二。即便你的故事只是用来帮助促销，也一定要令你从一众对手中脱颖而出。例如，洛杉矶的魔幻城堡酒店在他们游泳池边上放了一个红色的冰棒热线电话。当客人接起电话时，一个戴着手套的服务生就会端着托盘来到这里，送上免费的冰棒。这个故事让他们与众不同，也让他们受到欢迎。

- 最后，彰显公司客户服务标准的故事也是很有用的。几年前，我听说过一个故事：一位年轻的客人把一只泰迪熊忘在了夏威夷的君悦酒店。酒店不仅找到了它，并把它寄回，还一同附上了它在度假村享受"续住"时光的照片。这种"分外事"的努力传达了很多信息，使故事既有感染力，又令人难忘。

要点

1. 故事引人入胜，是在文字出现之前人与人之间传递信息的方式。
2. 人类的大脑天生就喜欢听故事，并以此来理解世界。
3. 故事比事实更令人难忘。
4. 故事让人们得出自己的结论。虽然人们可能会反驳别人告诉他们的事，但通常不会质疑自己。所以在说服多疑的潜在客户时，讲故事无疑是一个明智的策略。
5. 大脑处理故事的方式与处理数据和统计数字不同。当人们听到或读到一个故事时，更多的大脑区域被激活了。因此，人们对信息理解得更好，并且记得更久。
6. 故事会影响人们的信念和行为，有助于建立品牌和激发潜在客户反应。
7. 根据神经科学家乌里·哈森的说法，"要想激活大脑的部分区域，让听众能把故事变成他们自己的想法和经历，讲故事是唯一的方法。"作为一名营销人员，你可以用一个故事把你的想法植入目标客户的大脑中。

8. 当讲故事的人和听者的脑电波同步时，故事可以促进神经耦合。
9. 故事也会产生叙事运输，将读者运送到故事世界，让他们与角色感同身受，从而产生同理心，并与之创造情感联系。
10. 当人们沉浸在一个故事中时，大脑会释放多巴胺、催产素和皮质醇等激素，这些激素有助于做出购买决定。
11. 研究证明，故事可以为物品增值。
12. 故事利用了蔡格尼克效应，即人类对尚未完成的事情印象更加深刻，并想要完成它们。
13. 好故事能抓住人们的注意力，具有说服力和亲和力。它包括具体的细节和有力的动词，并通常遵循戏剧结构。
14. 你可以讲述各种各样的故事，包括创始人的故事、产品诞生的故事、客户作为主人公的故事、你的独特故事，以及客户服务的故事。

小结

故事是强大的。它们比事实更能吸引人。因此，故事更令人难忘，也更有说服力。通过给客户讲故事，你可以给他们灌输想法，影响他们的情绪，增加他们对你的信任。

不夸张地讲，当人们被你的故事所吸引时，他们就在你的控制之下。而这使你处于一个极其理想的位置。因为正如你将在下一章看到的，人类不会轻易交出控制权。

第 7 章

自主偏好：利用人类的控制欲

第 7 章

自主偏好：利用人类的控制欲

人类天生就想控制自己和周围环境。营销人员如果能给客户一些控制感（包括给他们提供参与或选择的机会），就能事半功倍。然而，提供过多的选择，或者提供难以区分的选择，可能会让客户感到厌烦，反而事与愿违。

在写这一章时，我被一首歌洗脑了，就像有一台 20 世纪 80 年代的老式电唱机在我脑子里循环播放，你应该懂我的意思吧。

这首歌就是经典的《我的路》(*My Way*)。由大名鼎鼎的弗兰克·辛纳屈（Frank Sinatra）演唱。特别是副歌那句"走自己的路"，在我脑海中挥之不去。

我反复琢磨着这句话。在我看来，辛纳屈似乎是在传递一种营销人员的专属信息，这与吹响一种只有犬类才能听到的高频哨声，有异曲同工之妙，但前者只有调到"营销频率"才能接收到。

作为营销人员，我们确实倾向于"走自己的路"。我们专注于关键绩效指标、紧盯各种打开率、点击率、响应率等数据。你们中的一些人可能已经煞费苦心地开发客户角色和绘制客户生命周期[①]，用以全面了解目标客户的心态和典型行为。也有些人从客户角度出发，通过持续提供优惠、增强营销创意和介绍商品详情等方法，旨在达到超出控制、基准和预期的效果。

无论哪种方式，你都知道你想要你的客户和潜在客户做什么。你进行周密地计划，设计路径，无论复杂还是简单，最终的目的都是一样的。不管你是想让他们采取一系列指定行动后最终选择购买，还是即刻购买，都意在完

---

① 客户生命周期：客户生命周期是指客户首次接触直至下单，并享受产品或服务期间与企业互动的全过程。

成销售。你已经弄清楚了人们会做什么，以及如何去做……总之，这就是你的营销方式。

然而，这有一个问题。因为尽管你迫切地希望这些人按照你规划的路径走，希望他们跟你一样确信这么走是对的，是深入研究过的，但有时还是会事与愿违。原因何在呢？他们内心也有一个弗兰克·辛纳屈，他们也想按自己的意愿行事。

想想看，谁愿意听人指挥？几乎没有。除非某人真的茫然无措，需要得到指引，否则很少愿意被命令。此外，针对自身和周围环境，人们通常有自己的一套行事方法。你会发现你的目标受众有很多理由按照自己的方式做事情。这意味着，你对目标客户行为的规划必须考虑到他们的自主需求。

> 人们受到一种强烈欲望的驱使，希望能控制自己和周围环境。

自主偏好是人类行为最强大的驱动力之一

人类天生渴望自主权——能自己做主，并且有一定的独立性。当人们拥有它时，会感到更快乐，压力更小，也会更满足。研究表明，通常来说，能行使一定程度自主权的人更健康，工作效率也更高。

研究人员观察了纽约市人行横道上的行人，发现了一个关于自主偏好的有趣例子。该市已将十字路口的标志换成一个自动系统，可以交替显示行人可以穿行或禁止穿行的信号。然而，由于拆除成本过高，旧的手动按钮仍然保留下来。研究人员发现，虽然按钮并不能促使穿行标志更快出现，但过马路的人更愿意按下按钮后等待。之所以出现这种行为，是因为人们认为自己有一定的控制力。

在另一项研究中，研究人员发现，受到鼓励而参加锻炼的人们，如果可以自主选择锻炼方案，而不是被随机分配特定运动，积极性会更高。让人们对锻炼计划有一些控制感，而不是强加给他们，会加强他们的锻炼意愿。

第三个研究结果最令人吃惊。养老院的居民被分为两组。测试组可以做几个简单的选择。他们可以选择在房间里种什么植物，也可以选择看什么电影。对照组则不能做出这些选择。

18个月后，研究人员注意到，对照组的死亡人数是测试组的两倍。这样的研究让一些科学家相信：人类对自主权的需求是有生物学依据的。换言之，人们控制自己和环境的欲望不是后天习得的，而是与生俱来的。

在这三项研究中，选择起到了关键作用。正如丹·拉塞尔（Dan Russell）于2020年在Vivid Labs[①]上发表的文章《自主偏好》（*Autonomy Bias*）中指出的那样，"选择的存在意味着一个人拥有自主权，而自主权的存在给人带来了控制感。"当人们有选择权的时候，他们会觉得一切尽在掌控中。这种控制感满足了人们对自主权根深蒂固的需求。

即使过马路时的穿行信号按钮只是摆设，人们仍然会觉得有控制感——他们认为当下正在采取一些行动，来帮助改变自己的境况。研究人员艾伦·兰格（Ellen Langer）如是说："采取一些行动，而不是作为被动的旁观者，会让人们有种对局面的控制感，这感觉很好。"

> **❗错误** 一个常见错误是只提供一个选项。如果可能的话，提供两到三个。这将促使人们把注意力从"要不要"转移到"选哪个"上面。

营销人员可以利用单一选项厌恶来增加销量

营销人员想要激发自主偏好，可以通过向客户和潜在客户提供选择来实现。但当你只把一个选项摆在他们面前时，如一个产品、一个建议，或一个服务水平，他们无法进行比较，也无法在当下对其进行评估。

因此，人们经常推迟自己的决策。他们会对自己说：自己会做一些研究、会仔细考虑，或者会与伴侣、朋友或商业伙伴商量。但是最终呢？大都

---

① Vivid Labs 是一家提供全方位服务的数字藏品技术和策略提供商。——译者注

不了了之。因为生活的原因，购买决定会被推迟，甚至会被搁置。

杜兰大学（Tulane University）的研究人员丹尼尔·莫肯（Daniel Mochon）研究了单一选项厌恶。他做了一个让人们购买 DVD 播放器的实验。在某些情况下，展示给他们的只有索尼产品。在另一些情况下，展示的是索尼以及另一个品牌的产品。莫肯发现，当索尼播放机是唯一的选择时，只有 9% 的参与者表示会购买它。但是，当同时有两个选项时，32% 的参与者表示会购买它，购买意向几乎翻了两番。其他研究也表明，当选项单一时，人们甚至也不会买他们本来会选择的产品。

只提供一个选项的做法也叫"霍布森的选择（Hobson's Choice）"。当遇到这种情况时，人们会专注于是否想要这件物品。然而，当同时有两个或三个选项时，他们的决定就会从"买不买？"转为"买哪个？"。虽然都不买也可以，但人们可能想不到这一点，因为人们的精力都集中在比较这两三个选项上了。

同样，稍加提醒人们他们是有选择的，也能促使他们做出你希望的决定。比起将整个营销信息集中在产品或服务上，你可以尝试罗杰·杜利（Roger Dooley）描述的"四个能让说服力加倍的字"。他所指的是"BYAF"方法，其中的字母代表着"任您挑选"。

在你展示了营销信息，并进行了强烈的行动呼吁后，用这句话作为结束，提醒顾客他们掌控着局面。西伊利诺伊大学（Western Illinois University）的克里斯托弗·卡彭特（Christopher Carpenter）对 42 项涉及 22000 名参与者的研究进行了回顾，发现"BYAF"技巧可以使你的成交成功率翻倍。

此外，你并不是必须要使用这些确切的词语。其他短语，如"选择权在您"或"由您决定"也一样有效。关键是要指出——客户拥有控制权。如果他们同意你的请求，那是因为他们选择这样做。

自主偏好和疫情

2021 年夏天，我在写这一章时，新冠疫情仍然是一个威胁。本次疫情给行为科学家提供了大量机会，既可以观察人类行为，又可以测试影响人类行为的方法。

损失规避（第 2 章）和社会认同（第 5 章）是与当前情况相关的两个行为科学原理。毫无疑问，新冠疫情威胁了人们的生命、收入、日常生活等方方面面，导致人们感到需要保护自己免受损失。而疫情带来的不确定感让许多人无所适从，这使他们从囤积卫生纸到囤积药品等，都选择随大流。自主偏好是另一个必定会起作用的行为科学原则。

疫情的影响可能会持续一段时间。即使生活已经开始接近一个新的常态，你的客户和潜在客户仍然会受到他们所经之事的影响。

作为一个营销人员，你可以利用这一点，思考如何让自主偏好、选择和控制在你的营销信息中发挥作用。虽然给人们提供选择通常是一个明智的营销策略，但在当前情况下，这种策略可能会变得更加重要。此外，无论是在你的潜在客户和客户要做的决定中，还是做决定的方式中，你都希望找到新的方式让他们感受到掌控感。这可能会影响用户体验、售后服务、信息透明度，以及营销的其他方面。

同时要注意，一些客户的期望和行为可能永远不会回归到疫情前的状态。麦肯锡公司（McKinsey）于 2020 年 10 月进行的一项调查发现，"对新冠疫情的反应使数字技术的使用率提前了数年"。公司的一个关键反应是"通过数字渠道与客户互动"。

在疫情期间，有些客户获得了更多的控制权。路边取货和无接触送货等创新方式让他们念念不忘，并且还想继续享有这种控制权。营销人员不仅需要向客户提供与疫情时同等的控制感，还需要意识到他们将受到与其他公司的比较和评判，这些公司可能提供给客户更多的控制权。

强调自主权的相关方面对于营销信息的传达至关重要，因为这将有助于你与目标客户产生共鸣。

触发：
驱动客户本能购买和追随

🔍 案例分析

激发人们的控制欲

在一期经典的《周六夜现场》(*Vintage Saturday*) 喜剧节目中，由喜剧演员莉莉·汤姆林（Lily Tomlin）扮演的电话接线员说了一句话："我们不在乎，我们也无须在乎，因为我们是电话公司。"在这个喜剧节目播出时，美国只有一家电话公司——美国电话电报公司。但在1984年，哈罗德·H. 格林（Judge Harold H. Greene）法官主持的一项法院判决，打破了美国电话电报公司的垄断。在此项判决所产生的众多影响中，最重要的影响是真正打开了长途电话市场竞争的大门。

当时，我是一名营销机构的新晋文案员，负责留住美国电话电报公司的长途电话客户。虽然你会认为惯性和人类对现状的偏见（详见第11章）可以成为公司的营销着手点，但有几个因素不容小觑。首先，消费者和企业现在可以选择使用哪家电信公司。选择和新奇感（详见第9章）都有强大的吸引力。

此外，这些新的长途电话竞争者的定价比美国电话电报公司要低，他们可以打价格战。正如我们所知，人们厌恶损失，不想错过任何省钱的机会（详见第2章）。

而且，也许最重要的是，仅靠惯性是不够的。因为那些希望继续使用美国电话电报公司服务的人需要表明这个意愿。他们需要主动选择一家长途电话公司，即便他们已经是这家公司的老客户了。

当然，我所在的营销机构发起了一场又一场活动，来说服客户继续使用美国电话电报公司的服务。但随着指定长途电话公司活动的最后期限临近，机构的创意总监弗兰克·帕里什（Frank Parrish）正在努力撰写最后一封尝试信。由于当时该公司没有按照行业、地域等对邮件列表进行划分（真是不可思议），他知道这条信息"必须能吸引到所有企业家，从比萨店老板到身价数百万美元的企业老总，概莫能外"。

一天早上，他来到我们机构，我记得他说他终于想到如何写好这封信的

第 7 章
自主偏好：利用人类的控制欲

开头。信的第一句话是："您面临着一个重要决定，如果您不赶紧行动，别人将会代替您做出决定。"

他触发了自主偏好。众所周知，人们天生想要掌控自己和周围的环境。哪个企业主不会关注这样开头的一封信呢？没有人希望自己的权力被剥夺，把事关生计的决定权交到别人手中。而"赶紧行动"这句话又恰到好处地增加了紧迫感（详见第3章）。

这条信息引起了共鸣。该邮件回复率达到了38.6%，为美国电话电报公司保留了大量的业务，并展示了精心运用行为科学原则的力量。

在这一章中，读到信的开头，你也许会认为这是一个触发自主偏好的简单案例。现在，根据你所学到的知识，可能会发现类似例子在市场营销中随处可见。弗兰克回忆说，对于这次的营销任务，他在一天内就写出了信的主体，但花了两周时间才想出开头。我希望阅读这一章能为你节省一些时间和精力！

想办法为客户提供选择和控制感来激发反应

在美国电话电报公司的例子中，强烈的自主性信息是"不要剥夺我的控制权"。然而，营销人员还可以通过其他方式在营销信息中利用自主偏好。

让我们再看看几十年前，我曾担任创意总监的另一家机构为不同客户工作的情况吧。当时我的创意团队以另一种方式运用自主偏见，为一家卫星电视公司创造了一次极为成功的营销活动。

该公司正试图在"掐线"的大环境下扩大其客户群，许多观众取消了对有线电视的订阅，转而选择流媒体服务。研究表明，人们取消订阅的最大原因之一，是他们认为自己花了冤枉钱，买了很多不看的频道，或者找不到自己想看的节目。我们的客户正在推出一些新的节目包——基础频道变少，但费率更低。客户可以通过添加主题频道包来自定义他们的电视频道。

创意团队认为这是一次利用自主偏好的好机会。人们可以控制并选择自己真正想要的频道，不用再为从不会看的频道付费。此外，观众还可以随时增加或更换频道。

该方案与他们长期使用的控制组相比，使销售额增长了52%。这是多年来在创意方面出现的最大增幅。此次活动成功的关键是利用了自主偏好，即通过提供自主选择，将控制权交到客户手中。

虽然提供选择在卫星电视公司的营销策略中起到了关键作用，但有时它也可以起到辅助作用。例如，我为一家报税公司策划的营销点主要集中在选择该公司的好处上——他们非常专业，能给客户带来安心感。

然而，我们也强调，客户可以自主选择如何完成他们的税务申报。他们可以与报税员面谈、可以提交纸质文件，也可以提交电子文件。虽然这不是双方沟通的主要信息，但也给客户提供了选择该公司的另一个理由。

充分利用选择

另一种运用自主偏好的方法是强调你的目标客户说了算。就这一点而言，儿童腭裂慈善机构"微笑列车"（Smile Train）在一个募捐活动中做得非常出色。

如果你向慈善机构捐过款，你就会知道，捐一次款就像打开了闸门，顷刻间，其他捐款请求会如潮水般向你涌来。因此，有些人可能宁愿一开始就不捐款。"微笑列车"解决了这一问题。他们发送了一个募捐包裹，信封上写着："现在捐赠一次，我们就不再请求另一笔捐款了。"

该慈善机构的首席执行官表示，这个信息与慈善机构的工作相呼应。因为该慈善机构提供的手术会改变孩子的一生，同样，一次捐助行为也会影响捐款人的一生。

在试点项目中，新的营销策略下收到的捐款额比控制组多出了72%。同时，只有39%的捐赠者表示他们不希望再被联系。其余61%的人则愿意接受一些沟通，或者接收慈善机构的定期消息。结果证明，这种营销策略既可以增加捐款，还能重新引起大多数捐赠者的捐赠意愿，从而使"微笑列车"将这种方法应用到整个募捐请求名单中。我相信，呼吁的力量在于让捐赠者掌握控制权。

当然，有些公司销售的产品和服务确实把客户放在了首位。例如，我曾为几所网络教育学院和大学做过一些营销工作。

我建议学校的营销点是——让学生有更多的控制权。他们可以选择学习的时间和地点，并且可以在工作或照顾孩子之余安排课业。传统大学要求学生在规定时间到校上课，但在这里，学生说了算。

这种对人类自主性需求的呼吁极具激励性，并有助于销售。有一点需要注意，虽然其他同类大学也可能提供这种灵活性和控制权，但如果他们不加以强调，就会错过引发自主偏好，并获得相应回报的机会。

把选择作为竞争优势

一些营销人员有幸将选择作为竞争优势。由于他们的业务方式或业务结构的原因，客户选择是他们提供的不可或缺的一部分，并使他们在竞争对手中脱颖而出。

资邦集团（Zillion Group）就是这样一家公司。它是一家以"让公司和个人做出更好的健康选择"为宗旨的健康科技公司。他们往往通过某个公司或机构向其员工提供健康恢复项目，帮助人们管理甚至预防慢性疾病，尤其是糖尿病和高血压。在对抗这些疾病时，他们的核心建议之一是：选择健康的食物，并合理控制体重，这对人们来说知易行难。

在与这家公司合作时，让我印象深刻的是他们改变人们行为的方式。例如，为了帮助你减肥，你可能认为他们会要求人们计算卡路里或控制膳食分量。或者他们会有一份严格的清单，上面列出了该做的事和该吃的食物，有些食物甚至会被明令禁止。换句话说，就像这个领域的一些公司一样，有一个相当严格的制度，人们需要遵守才能达到预期效果。

资邦公司没这样做。他们的计划很大程度上取决于客户的选择。客户被邀请与公司的教练合作，优先考虑客户关心的事，并选择他们计划实现的目标。

因此，他们不会被要求戒掉甜点，而是可以选择两天吃一次，因为他们可以定制自己的减肥方案。同理，减肥者可能选择先提高夜间睡眠质量，再改变自己的饮食习惯。

触发：
驱动客户本能购买和追随

正如资邦集团的首席执行官兼总裁谢丽尔·莫里森·多伊奇（Cheryl Morrison Deutsch）所说，该公司"专注于支持个人选择和偏好，推动用户养成持久的健康习惯"。她指出，公司"既强调个人生活方式的选择，又迎合了数字化社会"，从而改善人们的健康状况和激发真正的行为改变。

对于资邦公司在营销中如何使用行为科学，我在了解这些后的首要建议是利用自主偏好。我建议他们多强调客户会拥有的选择和控制权，因为这将吸引人类的内在欲望。此外，这样做有助于资邦公司从众多刻板的公司中脱颖而出。就像他们的减肥项目受益于行为科学一样，他们的营销也可以（图 7-1）。

在我的客户中，资邦并不是唯一一个把可选择性作为卖点的公司。如果你是 65 岁以上的美国居民，则可能熟知联邦医疗保险计划，那么你就会知道，医疗保险只能覆盖个人医疗费用的 80% 左右，剩余的费用要由个人承担。

图 7-1 呼吁自主权

注：Zillion.com 的主页突出了各种选择，这些选择满足了人们对自主权的渴望。图片转载承蒙资邦集团许可，2021 年。

因此，大多数人为了支付其他费用，要么购买医保补充计划，要么购买医保优势计划。这两种选项之间的一个重要区别是，选择前者，人们可以选择任何医保系统内的医师看病；而选择后者，人们对于医生的选择就会受到限制。

我曾帮客户推销过上述两种保险。对于前者，我总是把选择医生的权力作为最大卖点，这是后者所不具备的。人们的控制欲在事关医疗保健问题时会更加强烈。

自主偏好可以促使人们消费更多

在医疗保险的例子中，医保补充计划给予客户自主选择医生的权利，而医保优势计划仅限客户在医保系统内选医生，前者价格要高于后者，但人们愿意花费更多钱来获得控制感，这不是个例，还有很多情况也是如此，例如：

- 人们乘飞机愿意花更多的钱自主选座，无法自主选座的机票价格会便宜些。
- 人们愿意为了能更改酒店预订信息而支付更多的钱。如果你想随时取消预订并退款，房间价格可能会更高。
- 人们愿意多花点钱买100卡路里包装的零食，这样就可以控制摄入量。买一大包饼干或糖果更实惠，但这需要更多的注意力及更高的自制力。
- 人们为了避免听歌时受到广告干扰而宁愿支付更多。
- 人们愿意花更多的钱买一张有三种倾斜角度可选的沙滩椅。
- 人们愿意为固定利率的房屋抵押贷款支付更多，以获得"浮动下调"选项，该选项允许他们在利率被锁定后更改利率。

警惕选择过多

虽然有一些选择是好事，但太多的选择未必给营销人员带来好结果。一开始，人们可能喜欢有多种选择，但随后却很难做出决定。有些人即使做出了选择，也会后悔，怀疑自己是否错过了更好的选择。

在一个著名的实验中，心理学家希娜·艾扬格（Sheena

触发：
驱动客户本能购买和追随

> Iyengar）和马克·莱珀（Mark lepper）在超市里放了一张桌子，上面摆放了人们可以品尝的果酱。有时候，桌子上会摆上24种不同的果酱罐。有时候，只有6种。
>
> 虽然当桌子上有24种果酱时，停下来品尝的人会更多，但真正购买的人却很少。事实上，如果桌子上摆放的果酱较少，人们购买的可能性能提高9倍。
>
> 作为一名营销人员，要确保你提供了足够多的选择来促使客户做出决定，但也不要太多，导致他们不知所措。

营销人员利用自主偏好的其他明智做法

- 使用赋予消费者掌控感的语言，如"掌控一切""让您掌控"和"重新获得掌控"。
- 邀请客户选择他们想要的东西，例如免费礼物、服务水平、奖励类型或产品功能。
- 提出一个强调掌控感的口号（例如：汉堡王著名的"我选我味"）。
- 让客户定制产品的某些方面，如颜色或设计。这种共同创造行为可以激活自主偏好和所有权效应（详见第2章）。
- 提供两到三种产品或服务级别的选择，而不是只有一个。
- 确保你提供的选项清晰，易于分辨。如果人们不能轻易区分不同的选择，就会妨碍他们做出决定。
- 当你提供选择时，使用颜色、位置和大小来促使人们做出你想要的决定。
- 将相似的物品分成不同的组或类别，以减少出现选择过多的情况。
- 突出显示最重要的功能或选项，并为其他功能或选项提供下拉菜单或链接。
- 运用选择错觉，提供两个都能带来积极销售结果的选择。（例如：您想买蓝色的还是绿色的外套？您想在周四还是周五提货？）
- 在适用的情况下，显示进度条，以消除对某件事情需要多少时间或某人需要完成多少信息的不确定性，这样做会给客户一种控制感。
- 避免给客户设置不必要的阻力和"黑暗模式"（例如：故意让取消订阅变得困难），这可能会让人们觉得没有控制权。
- 通过设置后退按钮、撤销按钮和购买前确认按钮等给客户控制权。
- 提供便捷的援助和指导（例如：电话、短信、电子邮件、常见问题解答、评估工具、代表不同角色的使用示例），让客户在做出购买决定时感到一切尽在掌握。

要点

1. 人们天生就想要控制和决定能影响他们的事情。
2. 给顾客提供选择，让他们有控制感。
3. 提出一个单一的选项可能会延迟甚至妨碍顾客做出购买决定。
4. 研究表明，有第二个选择会增加人们即刻购买的可能性。
5. 要求顾客采取行动，但同时提醒他们是有选择的（BYAF 技巧），这更有可能促成交易。
6. 随着世界逐渐走出疫情阴霾，触发消费者自主偏好可能会成为一种重要的营销策略。
7. 你可以通过以下方式引发自主偏好：让客户和潜在客户产生控制感、告知他们将失去自主决策的能力、为人们提供选择以及强调在你的产品或服务中，客户可以做主的部分（尤其是在你的竞争对手不能提出相同承诺的情况下）。
8. 营销人员可以对赋予人们更多控制权的产品和服务收取更高的费用。
9. 虽然选择可以促使人们做出决定，但太多的选择（选择过载）会导致人们犹豫不决。

触发：
驱动客户本能购买和追随

10. 当营销人员使用诸如"重新获得掌控"和"选择"这样的授权性语言、提供多个选项而不是一个、允许消费者进行个性化定制决策，并消除障碍让人们能够轻松完成任务时，都能激发自主偏好。

小结

人们渴望自主权。你的客户和潜在客户想要控制权，或者至少能产生控制感。向他们提供明确的选择，为他们提供机会参与商品定制，为你销售的产品和服务提供意见，都让他们产生控制感。

正如你在下一章中所看到的，后一种策略可以获得触发承诺和一致性原则的额外好处。

第 8 章

通过一致性原则和蔡格尼克效应提升销售额与客户忠诚度

第 8 章
通过一致性原则和蔡格尼克效应提升销售额与客户忠诚度

通常来说,为了节省精力,人们一旦做出决定,就不会轻易改变。这意味着,如果营销人员得到了顾客一次肯定的答复,那么大概率来说,接下来的事情会好办多了。尤其是你的初始请求比较小时,更是如此。营销人员可以利用承诺和一致性原则逐步提出符合最终期望的要求,使之更容易获得消费者同意。

如果你是一名营销人员,你需要了解一些事情。

你要了解的不只是那些传统的知识,如怎么增强你的产品竞争力,谁是你的理想客户,以及如何计算你的营销投资回报率。你还应掌握其他更微妙更细致的信息,例如潜在客户何时准备购买、哪些客户最有可能回购,以及如何促使顾客多多消费等。

也就是说,你要懂些读心术。这并不容易。也许就像百货公司传奇创始人约翰·沃纳梅克(John Wanamaker)所说的:"我花在广告上的钱有一半是浪费的,问题是我不知道哪一半浪费了。"

预测买家行为并不是一门精确的科学。诚然,与沃纳梅克的时代相比,如今的营销人员可以得到更多帮助。比如,你的市场研究部门可能已经制订了一个"客户之声"计划,或者定期进行焦点小组讨论,了解消费者的偏好。你的客户关系管理系统(CRM)可以追踪客户与售后服务团队的每一次互动,因此你对顾客的常见问题、抱怨和赞美了然于心。你也可以利用社交媒体进行倾听和情绪分析,寻找有关目标客户的感受或行为的线索。

此外,你的预测分析法或数据科学团队可能已经开发了复杂的模型和算法,帮助你了解客户,并预测他们的行为。从客户的净推荐值评分到他们的"数字足迹",都尽在你的掌握中。你甚至可能得益于不断进步的人工智能和

触发：
驱动客户本能购买和追随

机器学习，以便更快、更准确地向正确的人发送正确的信息。

但还有一件事你应该知道。

对于以上技巧，不管你是部分使用、全部使用或者是不使用，都应了解一个简单的行为科学原则。这个原则会帮你预测人们何时会购买、复购或买得更多，甚至引导人们做出以上行为。社会科学家将这一原则称为承诺与一致性偏好。你马上就会发现这对你的营销事业会有多大的促进作用了。

> 社会科学家发现，一旦人们采取了行动或表明了立场，他们习惯保持一致。

承诺和一致性偏好对个人行为有深刻影响

一个常见的决策捷径就是与之前行动保持一致，这有助于节省心理能量。罗伯特·西奥迪尼将承诺和一致性列为七个影响力原则之一。他说，"一旦我们对一个问题下定决心，一致性原则会让我们奢望：我们不必再为这个问题费脑筋了。"

保持这种一致性很简单，不需要任何后续的思考和进一步的分析。这感觉很不错，因为重复的行为或过程会让人感到安心。而且会让我们避免陷入生活或工作上前后不一的尴尬境地。人们想要表现得言行一致，始终如一。

两个经典的行为科学实验证明了承诺和一致性的强大。心理学家乔纳森·弗里德曼（Jonathan Freedman）和斯科特·弗雷泽（Scott Fraser）在加州的一个社区展开了一项研究。在实验中，一名研究人员假扮成倡导交通安全的社区成员，去挨家挨户拜访。研究人员问房主，作为公共服务活动的一部分，他们是否愿意在自家前院草坪上放置一块标语牌，提醒人们小心驾驶。当研究人员提出这个要求后，给对方看了一张照片。照片上是一栋漂亮的房子，房子前面有一块很大的、字迹不清的标语牌。从照片中可以看出，标语牌占据了大部分草坪，并把房屋的门口遮得严严实实。

第 8 章
通过一致性原则和蔡格尼克效应提升销售额与客户忠诚度

可以想象,绝大多数人都拒绝了这个请求。也许他们认为这会遮挡视野,降低他们的房产价值,或者在放置标语牌的一两周内就会引发邻居不悦。又或许他们单纯觉得这是个无理的请求。不管出于什么原因,只有 17% 的人同意放置标语牌。

然而,故事还没结束。有一组房主却很愿意在院子里竖起这样的牌子。确切点说,这些人中超过四分之三的人愿意这样做。这又是为什么呢?

大约两周前,一名研究人员联系了这组人,当时他们同意在窗户或汽车里展示一个 3 英寸见方的小牌子,用来提醒大家安全驾驶。当研究人员再次登门并提出新的要求时,76% 的人接受了新请求。为什么?正是一致性在起作用。

这与他们之前的行为、立场和遇到这种事时需保持言行一致是有关系的。简而言之,这些人依赖于决策捷径,做决定时干脆化繁为简。与其他房主不同,他们没有花时间思考,去客观地权衡这件事的利弊。相反,他们只是做出了一个下意识的决定——一个让人安心的、与之前相似的决定。

正如你所看到的,想要激发承诺和一致性原则,可以先让人们同意一个小的请求,进而提出更大的要求。在接下来的实验中,研究人员发现,当人们同意一个小的要求后,即使后来的要求要大得多,他们也会信守承诺。

人们坚持自己的决定和计划

本实验的发起者是托马斯·莫里亚提(Thomas Moriarty),实验地点位于纽约的一个海滩上。一名研究人员假扮成海滩游客,在离实验对象 5 英尺的地方铺了一条毯子。然后,研究人员拿出一台收音机,高声播放摇滚音乐电台的乐曲。

几分钟后,研究人员走到他们邻居的毯子旁,分别问了以下两件事:在对照组中,研究人员说:"打扰一下……我一个人在这里,没有火柴。能借个火吗?"在实验组中,研究人员说:"不好意思,我要去木栈道待几分钟……您能帮我看一下东西吗?"邻居同意了。

在这个简短的交流之后,研究人员朝木栈道走去,收音机还在毯子上大声播放着。几分钟后，另一个扮演小偷的研究人员走到毯子旁边，拿起收音机，然后迅速朝着与"收音机主人"不同的方向走了。

你认为会发生什么？如果你在场的话，你会怎么做？研究人员发现，在对照组中，那些没有被要求看管东西的人，20人中只有4人干涉了盗窃行为，他们要么高声呵斥，试图阻止小偷，要么起身追赶小偷。然而，在实验组中，被研究人员托付看管物品的人，20人中有19人做出了反应。因为这些人都做出过承诺。

当然，他们在做出承诺的时候，可能也不知道需要阻止小偷，认为最多就是赶走一些海鸥。但实验表明，一旦人们做出承诺，就会觉得有必要兑现它。

事实上，研究表明，如果某人承诺了一件事，还明确了实现过程，更会如此。根据苏普利亚·塞尔（Supriya Syal）和丹·艾瑞里发表在《科学美国人》上的一篇文章，行为科学家大卫·尼科尔森（David Nickerson）和托德·罗杰斯（Todd Rogers）发现，通过帮助人们制订具体的投票计划，可以提高选民的投票率。

科学家们证明，比起简单地询问人们的投票意愿，制订一个有具体时间、地点、方式的完整投票计划，会大大提高投票率。文章作者指明，"选民记录显示，制定计划的效果比简单询问人们意愿的效果好两倍。"

同时，作者提到，科学研究表明："制订具体的计划可以帮助人们在许多领域将目标转化为行动。"所以，如果你想让客户或潜在客户做些什么，就鼓励他们去制订一个计划，并详细描述他们该如何执行计划。

一个看似无关的承诺如何能刺激行动

有时，营销人员可以通过让人们承诺一些与自己的要求看似无关的事情来引导他们采取行动。

2017年，我在得克萨斯州的奥斯汀市，第二次受邀出席著名的西南偏南大会。当时天气温暖，阳光明媚，我感觉初春已然到来。会场气氛充满了活力和创新力。我的演讲也很成功，吸引了满屋与会者的注意力。我感觉好极了。

当我走在三一大街时，看到一个穿着"绿色和平组织"T恤的年轻人，她正拿着一个写字板朝我走来。我的第一反应是："哦，不，她想让我在请愿书上签字。"

我并非反对"绿色和平组织"或是他们的工作，只是不想被打扰，我正急着赶往下一个会议。然而，为了避开她而选择过马路似乎很不礼貌。于是，我硬着头皮继续往前走，暗下决心不卷入冗长的谈话。

当她走到我面前，她向我微笑了一下。

"天气真好，不是吗？"她说道。

"是啊。"我表示赞同。

她看了一眼我脖子上的SXSW徽章，问道："会议进行得顺利吗？"

"很顺利。"我回应道。

"你愿意花一分钟时间签署一份请愿书，帮助拯救海龟吗？"她继续说。在那一刻，我觉得我无法拒绝。

"好吧……"我说。她把写字板递给我后，指着被垃圾缠住的海洋生物的照片，向我讲述海洋中塑料垃圾的可怕。这令人心碎的画面给了我更直观的感受。

"你愿意每月捐10美元来帮助我们吗？"她最后说道。"你可以用信用卡。"我很自然地答应了。

所以，你可能会想，我刚才的决心去哪了？从想要冲到街对面去躲避筹款人，到交出我的信用卡账号每月都捐款，甚至直到今天我还在捐款，我经历了什么？

行为科学家会告诉你，这一切都始于那些最初的问题。那位年轻的女士让我承认今天的天气很好，并且我的心情也不错。虽然这两个答案都与海龟的困境无关，但这两个问题为她想要问我的问题做好了铺垫。

正如西奥迪尼解释的那样，"这种策略背后的理论是：（即使只是日常社交中的寒暄）那些声称自己诸事顺利或感觉很好的人会发现，一旦表明自己正人生得意，马上做出一副小气样就会显得很尴尬。"他接着引用了一项研究，该研究发现，在市场测试中，这种技巧居然使客户反应增加了一倍。

换句话说，筹款人从我那里得到了一系列肯定的答案（公开承诺），这让我更有可能继续做出肯定回答。

当然，除了承诺和一致性，还有其他因素在起作用。首先，当天的天气很不错，据"博根项目"[①]（Borgen Project）报告说，人们在好天气时捐款的可能性更大。其次，我可以用信用卡，这减轻了付款的痛苦。最后，因为这是我的信用卡，所以我可以随时取消捐赠（详见第7章）。当然，这钱也花在正途上了。如果我不相信这一点，别的因素很可能不会产生如此大的影响。

案例分析

承诺、一致性和汽车保险

当人们过去不中意你的产品时，你如何说服他们回心转意呢？一家财产和意外保险公司向我所在的代理机构提出了这个有趣的挑战。他们向一些社会亲和团体（如校友会、专业协会等）成员推销有特别折扣的汽车保险。

尽管这家保险公司在其他团体那儿已是战果累累，但是对于一个特殊团体，他们虽然使出浑身解数还是折戟沉沙，这就是LGBT——一个支持女同性恋者、男同性恋者、双性恋者和变性人权利的亲和团体。

显然，无论这家保险公司怎么变着法儿地推销产品，这个群体中就是没有几个人愿意购买。因此，我们的新客户已将该团体视为鸡肋，久攻不下却又不忍放弃。于是他们找到我们，希望能助他们扭转局面。我们当然乐意一试。

在深入研究这项任务的过程中，我们不断提出方案，又不断否决。我们想以"省钱"为切入点打动目标客户，毕竟人们不愿意在同一件物品上比别人花更多的钱（详见第2章）。团体折扣意味着客户的花费更少。然而，客户提醒我们，他们的折扣力度不会很大，如果司机们想购买低成本保险，可

[①] 博根计划是一个非营利组织，致力于解决贫困和饥饿问题。——译者注

以选择其他公司。

我们没有就此放弃，又提出了将卓越的客户服务承诺与团体折扣相结合的方案。这家保险公司的客户满意度非常高，如果再加上折扣价格会极具吸引力。

但问题是，除非司机遭遇了车祸，并向目前购险的保险公司申请索赔，否则他们不会知道已购买的保险服务是否存在缺陷，或者我们的委托人将要提供的服务是否更好。毕竟，在签约时，他们被告知的都是保险公司许下的各种美好的承诺，如果没有经历实际索赔来戳破这些彩虹泡泡，他们会选择安于现状（详见第 11 章），不会更换保险公司。

下一个合乎逻辑的探索领域是团体关系。虽然此方案使亲和团体成员有权享受独家折扣（详见第 3 章），但我们已经了解到折扣力度并不大，所以效果不会很显著。但我们还是确信，与该团体合作就意味着对他们的支持，这一点肯定是有意义的。但遗憾的是，我们了解到其他保险公司在该团体投了更多的广告，因此在那里获得了更多的市场份额。

至此，我们应该明白，客户针对该社团的营销为何屡屡受挫了。

然后，我们找到了一种我们认为非常有力的方法——基于承诺和一致性原则。营销文案的开头是这样说的：如果你和大多数阅读这条信息的人一样，认为拥护支持团体权利的公司是很重要的，这就为一致性奠定了基础。阅读这条信息的人之所以收到这条信息，正是因为他们属于一个支持该群体权利的亲和团体（出于隐私考虑，我们的客户没有在营销中具体提及该团体的名称）。

接着，文案又表明，许多公司瞄准该团体只是为了营销。这样说是为了减少竞争对手。我们想要在目标客户心中播下这样的"种子"，即从其他公司购买保险实际上可能与他们自己的价值观、意图和先前的行动背道而驰。

接下来，我们找出了客户公司支持该团体事业的模范记录，包括获得的社区认可，用来表明公司的价值观与目标客户是一致的。之后，我们详细介绍了从客户公司那里购买车险的好处。

这种方法奏效了。客户的营销文案很成功。与之前的努力相比，销售额

> **触发：**
> 驱动客户本能购买和追随

增长了56%，有了显著提升。他们不仅将这个亲和团体保留在他们的计划中，还增加了针对它的广告活动预算。承诺和一致性信息帮公司与目标客户建立了联系。

用承诺和一致性原则来引导目标客户行为的另外三家公司

基于承诺和一致性原则，我们的汽车保险公司客户发现，他们的目标客户在生活中的其他选择与对保险公司的选择是一致的。我们认为目标客户的这一选择与他们的价值观和信念是相互一致的。

营销人员还可以通过其他方式引发对承诺和一致性的偏好。我的三个客户成功地利用了这一原则，在不同的购买阶段对客户和潜在客户施加影响。

医生伤残保险

一家直接向医疗专业人员销售伤残保险的公司发现，尽管经过多次尝试，他们的目标人群中仍有一部分人从未购买过保险。我们并没有放弃这部分市场，而是决定在与他们的沟通中注入一些承诺和一致性，用较小的回复请求取代以往的购买请求。

我们给医生们发了一份调查问卷，告诉他们，他们被选中代表同行填写一项关于在他们领域做出保险决策的简短调查。该调查问卷所包含的一系列问题，都旨在让医生关注伤残保险的重要性。

例如，其中一个问题是问他们是否知道，有哪位医生因为颈部或背部疼痛而不得不暂时或永久地停止执业，要知道，这在他们的专业领域很常见。另一个问题是，如果他们患有残疾，可以在不出现经济困难的情况下执业多久。

只有不到10%的医生回复了调查，也是这些专业人士第一次回复我们的客户。此后，他们继续收到了保险公司的常规营销信息。我们的思路是，一旦他们回答了调查问题，认可购买伤残保险是有必要的，那么拒绝购买则有违一致性原则。

到了年底，客户的年度销售目标已经超出了25%，部分原因是一些过去从未回复过他们的医生购买了保险。

社区银行支票账户

一家小社区银行的客户想要增加某部分客户的业务量。然而，他们无法与大银行的庞大网点数量和广告预算竞争。

该银行认为，他们是当地满足顾客日常存贷款需求的便利选择，但是对于其他金融需求，顾客们似乎不会选择他们。该银行想让顾客在他们那里开办支票账户，从而扩大与该银行的业务往来。

我们发送给这些客户的信息，以触发承诺和一致性原则为起点，提醒他们已经是该银行的客户了。这么说是为了暗示人们选择一条节约精神能量的捷径，促使他们不加思考地做出下意识决定。但同时我们也列出了通过开设支票账户扩大与银行业务往来的三个好处，这也具有吸引力。事实证明，此次活动是该银行开展过的最成功的营销活动之一。

在线新闻订阅服务

一家出版公司在将其电子新闻服务的免费试用用户转换为付费用户时遇到了困难。一方面是因为人们不习惯在线支付新闻费用。另一方面，人们即便不订阅，也可以找到其他免费新闻资源。

我们与客户合作发起了一个电子邮件活动，为目标客户提供优惠和信息，这将触发承诺和一致性原则。一个标题写道："因为您接受了我们的免费试用，您现在有权享受 25% 的独家折扣。"我们的想法是要得到下一个肯定答复。人们已经同意免费试用，现在我们想让他们同意打折订阅。之后，我们可以争取让他们全价订阅。广告文案还鼓励读者继续阅读他们最喜欢的专栏作家和体育记者的文章，并继续浏览他们一直信赖的获奖报道。

该方法通过逐步增加请求，实现了两位数的回复率。它说服了很大一部分免费试用读者采取下一步行动——成为付费客户。

触发：
驱动客户本能购买和追随

> **错误** 一个常见错误是，总是要求销售要立竿见影。在某些情况下，你最好先获得小的承诺或肯定的回答，再提出最终要求。

营销人员可以通过更多方式触发承诺和一致性偏好

营销人员触发承诺和一致性的方式可以很简单，也可以很复杂。你可以跟客户进行一次或多次交流，争取让他们立即同意购买、逐步同意购买或给出将来会买的承诺。

当我首次访问致力于企业社会责任的在线零售商汤姆斯网站时，网页上跳出一个弹窗，上面写着"我喜欢回馈社会的公司"，还有两个按钮，一个说："我同意"，另一个说："我不同意"。点击"我同意"后，随后出现的页面简单介绍了他们网站的使命，并鼓励我成为他们的客户。既然我刚才说过我喜欢回馈社会的公司，现在转身去别的地方购物会让人感觉前后不一。

节日前后，我都会通过哈利·戴维公司（Harry & David）给我的客户送礼物。每年，该公司都会向我发送一份清单，列出我去年送过礼物的名单以及礼物类型。这给我带来很多便利，让我更有可能再次选择哈利·戴维公司，并向同样的人发送礼物，即便其中有些人对我而言已经不那么重要了。

一年秋天，美国铁路公司（Amtrak）给我发邮件，声称他们很快将推出一项双倍积分促销活动。邮件要求我提前注册，这样在促销期间我乘坐任何火车都能获得双倍积分。这是他们的第一个小请求。我不需要买票，甚至不需要计划旅行。我不得不承认，我希望到时候有资格获得额外积分。

当双倍积分活动开始时，他们又给我发了一封邮件，说双倍积分日到了，鉴于我已经注册过，我所要做的就是旅行了。他们认为这是合乎逻辑的下一步。因为我已经注册过了，所以我想当然地就应该去旅行。

在波士顿郊区的一个炎热的夏夜，我正和朋友金·博尔曼（Kim Borman）共进晚餐。金是波士顿妇女劳动力委员会（Boston Women's Workforce Council）的执行董事。该委员会是一个富有创新性的公私合营组织，致力于消除该市的性别或种族工资差距。这是一项意义重大的事业，不可能一蹴而就。

在我们的谈话中，她提到了委员会要求大波士顿地区雇主签署《100%人才契约》（100% Talent Compact）这件事。她解释说，"让高管签署这份承诺，可以让公司更加坚定地执行实现性别和工资平等的承诺，"接着她补充道，"我们真的希望把承诺以书面的形式记录下来。"一旦雇主签署了协议，他们就可以展示协议标志，这既认可和强化了他们的承诺，也可以作为一种社会认同的标志（详见第5章，图8-1）。

图 8-1 触发一致性行为的契约印章

当雇主签署波士顿女性劳动力委员会的承诺书时，他们可以展示一个标志，这个标志认可和强化了他们对薪酬平等的承诺。

认知失调的力量

人们倾向于言行一致，尤其是在公开场合说过的话更是如此。当言行不一致时，人们就会出现认知失调（Cognitive Dissonance）。这种不愉快的感觉不仅表现在心理上，也表现在生理上。所有，人们会经常调整自己的行为，确保自己在公众面前能言行一致。

或者，正如罗伯特·西奥迪尼所说，"当人们亲自把承诺白纸黑字地写下来时，会发生一些特别的事情。他们不会辜负所

触发：
驱动客户本能购买和追随

> 写下的承诺。"
>
> 营销人员可以利用人们对认知失调的厌恶。比如，一个葡萄酒组织在推特（Twitter）① 上举办了一场比赛，只要人们在推特上发布他们最喜欢的葡萄酒和搭配的食物，就有机会赢得礼袋。想象一下，有人在推特上说，无论什么时候吃意式烤面包，他们都会配一杯该公司的红酒。这个人也许会赢得一个礼袋，也许不会。但他们下次点意式烤面包时，会认为自己也应该来一杯红酒，因为他们这样说过。
>
> 无独有偶，一家软件公司举办了一场比赛，请商务人士评论他们的产品，并让他们有机会赢得一套办公软件。那些希望被选中的人可能会写，当同事询问时，他们总是会推荐该公司的软件。无论他们是否赢得了这场比赛，他们现在都公开表示过自己会推荐这家公司。所以如果下次有同事提出这个话题，你觉得他们会推荐哪家软件公司？

蔡格尼克效应：营销人员如何利用"完成需求"的心理

行为学家发现，人们对未完成的事情，比对已完成的事情印象更加深刻。并且这些任务在被完成之前会不断萦绕在人们心头。这一原理被称为蔡格尼克效应（Zeigarnik Effect），以心理学家布尔玛·蔡格尼克（Bluma Zeigarnik）的名字命名。她观察到，在上菜之前，服务员能够记住顾客的订单，一旦菜被端上来，他们就记不住谁点了什么了。蔡格尼克是第一位注意到这一现象的心理学家。

当人们在观看一部有悬念的电视连续剧时，蔡格尼克效应也在发挥作用。他们会一直想知道事情会如何得到解决（详见第6章）。蔡格尼克效应

---

① 推特（Twitter）现改名为 X。——编者注

可以和奥夫相基娜效应（Ovsiankina Effect）一起发挥作用，后者是指人们天生渴望完成他们所开始着手的事情，不想虎头蛇尾。南加州大学（USC）和沃顿商学院（Wharton）的研究人员做了一项实验。给两组顾客分发两种不同的集点卡。一种集点卡上有 10 个格子，其中有两格已被打孔，顾客只要再进行八次消费就能把点数集满；另一种卡只有八个格子，没有预先赠送点数。实验结果表明，虽然两组人数需要完成的消费都是八次，一开始就得到两个点数的顾客更愿意完成消费次数。

除了集点卡和讲故事，营销人员还可以通过其他方式触发蔡格尼克效应。例如，我访问了设计网站，并设计了一张商务名片，但我没有买。几天后，我收到一封电子邮件，里面有一张我所设计的名片的照片，并提醒我买一盒。

艾伦·罗森斯潘（Alan Rosenspan）在《一个控制狂的自白》（Consessions of a Centrol Freak）一书中，讲述了美商美联信集团（CIT Group）发起的一个成功的 B2B 直销邮件活动。在两次邮寄中，他们寄了一个威利·梅斯[1]（Willie Mays）签名的棒球，一个米奇·曼特尔[2]（Mickey Mantle）签名的棒球，以及一个能放三个棒球的架子，每个位置下面都有一个识别标签。

为了获得由汉克·亚伦[3]（Hank Aaron）签名的第三个球，受赠者需要安排与美商美联信集团的会议。假设邮件发送名单是有针对性的，那么这强有力地触发了人们内心的完成需求，实现了销售拜访的目标。

营销人员使用承诺、一致性以及蔡格尼克和奥夫相基娜效应的其他有效方法

- 邀请人们在购买之前接受民意测试或调查。

---

[1] 威利·梅斯（Willie Mays）是前美国职棒大联盟的著名球手。他被誉为棒球史上最优秀的球手之一，也常被称为最好的仍然健在的球手。他被选入棒球名人堂。——译者注

[2] 米奇·曼特尔（Mickey Mantle）指米基·查尔斯·曼特尔，绰号"商业彗星"和"米克"，是美国职业棒球运动员。——译者注

[3] 汉克·亚伦（Hank Aaron），是一名美国职业棒球右外野手，从 1954 年到 1976 年在美国职业棒球大联盟打了 23 个赛季。——译者注

触发：
驱动客户本能购买和追随

- 鼓励人们关注、点赞、转发和观看，这些都是让人们给予肯定回答的简单方法。
- 先要求其他一些简单的低级承诺——如下载一份白皮书或指南，看一段短视频，或者注册一个电子通信。
- 鼓励潜在客户在你的产品上市或活动注册开放之前预先注册，取得他们的权益。
- 提供试用会员资格、产品入门套件，以及免费的有限功能版本的服务。这不仅可以激活所有权效应（详见第 2 章），还可以触发承诺和一致性原则，为你的下一个请求打下基础。
- 让人们在购买前"试驾"或试用。
- 提供令人满意的保修服务或退货政策，鼓励人们购买。
- 提醒人们他们之前答应过你或者做过要从你这里购买的明智的决定。一旦他们做出了承诺，就更倾向于信守承诺。
- 指出潜在客户的价值观与你的非常一致，或者你的产品支持他们所关心的事。
- 让你的目标客户签署一份请愿书，或公开表达他们的兴趣或支持。
- 给潜在客户发邮件提醒他们购物车中还有未付款的货品，希望他们继续完成交易，或者提醒他们某些产品正在销售、库存不足、刚刚添加了新功能、新颜色或新尺寸。
- 向客户推销他们最近所购产品的附加产品，并升级你提供的服务。
- 对在你的网站上花了时间但没有购买的潜在客户推荐新产品。
- 使用更柔和的语言，而不是听上去很专断的语言（这可能会吓跑顾客），比如用"尝试"替代"订阅"、"开始"替代"购买"，或"采取下一步"替代"注册"。

要点

1. 一旦你的客户做出了决定或表明了立场，他们则更倾向于保持一致。
2. 默认做出与先前一致的决定可以节省精力，也可以避免表现得反复无常。
3. 客户的一个小承诺可以为更大的承诺打下基础。
4. 让人们制订实施计划，增加了他们坚持到底的可能性。
5. 在要求某人捐款时，先引导他们说今天感觉不错。
6. 指出客户的价值观与公司的价值观在哪些方面是一致的，引导承诺和一致性原则。
7. 从小要求开始入手。得到小小的肯定，然后逐步提高你的要求。
8. 用语言提醒别人，他们过去已经答应过你了。
9. 让你的客户回答一个问题或签署一份承诺，以获得初始承诺。
10. 一旦人们公开说过某件事，他们就会调整自己的行为来践行承诺，避免认知失调。人们喜欢言行一致。
11. 利用蔡格尼克效应的力量，提醒顾客没有完成支付、购物车尚有商品，以及还需继续完成他们已经开始的事情。
12. 让顾客试用你的产品或服务会提高他们购买的可能性。一旦他们购买，就提供附加功能和升级服务。

小结

人们的言行一致性令人惊讶。一旦他们做了决定，就不愿意再思考了。营销人员可以先鼓励人们答应一些小要求，因为这些人在面对更大的要求时，更有可能再次说"可以"——而不需要认真思考。

此外，一旦人们开始做一件事，就会有完成它的强烈冲动。人们喜欢做事有始有终，喜欢对某事追根究底，两者都可以成为行为的强大驱动力，关于"追根究底"的心理，我们下一章会展开讨论。

第 9 章

信息差理论：通过好奇心和求知欲促使消费者采取行动

第 9 章

信息差理论：通过好奇心和求知欲促使消费者采取行动

人们对求知的渴望极具激励性。行为科学家发现，如果在"已知的信息"和"想要知道的信息"之间存在差距，人们就会采取行动缩小差距。营销人员可以利用人的这种天性，极大地提高目标客户的参与度。

哪个词能让人们在听到你接下来要说的话之前，就同意你的说法？你如何劝说那些声称对产品不感兴趣的人回心转意？当产品的价值无法在当下立刻显现时，你能做些什么让人们即刻购买？

如果你想知道这些问题的答案，说明你有好奇心，这是营销人员应该具备的优良品质。现在提醒你"好奇害死猫"可能不是时候，但也许这句话并不会吓到你。

说到这儿，你有没有体会到"好奇害死猫"这句俗语还另有深意？你是否听说过有人给这句话又添了一句，从而大大改变这句话的意义？

如果你不知道，我这就告诉你谚语的下半句。不仅如此，你还会同时得知前三个问题的答案。

这两句话给你继续阅读的动力了吗？是否足以支撑你浏览下一页，反复琢磨接下来的几句话，试图找到满足你好奇心的答案？

如果是这样，你刚刚就是受到了信息差理论的影响。如果你和大多数人一样，会发现它的影响力相当强。信息差理论（Information Gap Theory）由神经经济学家乔治·勒文施泰因（George Loewenstein）提出，指的是如果在"已知的信息"和"想要知道的信息"之间存在差距，人们会采取行动来弥补这种差距。

最后一句话"采取行动来弥补这个差距"很重要。因为作为营销人员，你希望人们采取行动。你希望他们打开、点击、购买或再次购买。任何能帮

> **触发：**
> 驱动客户本能购买和追随

助你激励客户采取行动的东西，都是你可以运用的有力工具。

信息差理论就是一个这样工具。我用它引出了这一章的内容，提出了一些营销人员肯定会感兴趣的问题。然后我又加了一点"调味料"，进一步提到了一句关于好奇心的名言，还有一句鲜为人知的"后半句"。我的目的是通过提出一些你感兴趣的话题，指出你目前知识的空白，并促使你继续阅读，追寻缺失的答案。

Copyhackers[①]的创始人乔安娜·维贝（Joanna Wiebe）在她的博客文章中解释了这种方法，"你应该使用'好奇心差距（Curiosity Gap）'来说服你的访问者继续点击吗？"她说："作为一名广告文字撰稿人或营销人员，你的工作就是在不引起访问者反感的情况下，尽可能地推迟填补信息差的时间，以保持他们的阅读兴趣……让他们流连忘返。"

如果你一直在等待"好奇害死猫"的后半句，那么现在是时候奖励你的坚持了。因为虽然"好奇害死猫"，但据说"满足感能让猫起死回生"。

所以，如果你想知道能让人们在你没说完之前就同意你的观点的那个词，请参阅第 13 章。如果你想知道怎样劝说那些声称对产品不感兴趣的人回心转意，请参阅第 15 章。如果你想促使人们购买看不到当下好处的产品，请参阅第 17 章。

但是先别急着走。因为本章将揭示一些经科学证实的有效方法，即利用信息差理论去增加你的潜在客户和销售额。难道你不好奇吗？

> 当好奇心得到满足时，人们会感觉很好。实际上，这是因为大脑的奖励中心被激活了。

---

① Copyhackers 是一个数字营销领域的品牌，专注于帮助企业提高其网站和广告文案的转化率。该品牌提供了一系列工具、课程和咨询服务，旨在教授用户如何编写更有效的营销文案。——译者注

信息差理论是行为的自然驱动力

勒文斯泰因说:"好奇心有强大的驱动力。"如果人们想知道某件事,就会对此念念不忘,直到找出答案。如果你的目标客户对你所掌握的信息感到好奇,他们大概率会去弄清它。这最终会把他们带到你理想的目的地——你的收银机前。

正如勒文斯泰因所解释的那样,"好奇心就像是一种对知识的渴望。"少量的信息"引爆剂"会增加这种渴望,而过多的信息则起相反的效果。在信息差理论中,好奇心的对象是一种无条件的奖励刺激——预期会获得奖励的未知信息。就像老鼠会为了食物而辛劳一样,人类(以及其他物种,如猫和猴子)也会费心费神地去了解他们感到好奇的信息。

换句话说,人们会努力满足自己的好奇心。他们越好奇,就越有可能付出行动。一旦他们得偿所愿,便会觉得一切都值了。

2008年,康敏琼(Min Jeong Kang)主持了一项实验(勒文斯泰因也参与其中)。研究对象躺在功能性核磁共振仪中,需回答一些琐碎问题。他们被要求在心里猜测答案,并说明他们对这些答案多有把握,以及他们有多好奇想知道自己的答案是否正确。研究人员发现,好奇心是由不确定性推动的(当人们对一个话题略有了解,但不是太多时产生),并与大脑的奖励区域相关联。

《英国心理学会研究文摘》(*The British Psychological Society Research Digest*)在2021年发表了一项涉及幼儿的研究,也发现了类似的结果。该研究表明,"当幼儿在某个主题上存在想要填补的知识差距时,他们就会有动力去进行相关的学习。研究结果表明,当孩子们有能力找到自己的兴趣所在,但还没有因为做得太多而厌倦时,是一个学习的黄金期。"

毫无疑问,这种探求未知的渴望是人类的天性。对营销人员而言,关键是要利用它适当激起客户的好奇心。如果顾客对一个他们感兴趣的话题略有耳闻,但是还没有进行深入了解,那么这个话题正是营销人员应该强调的。

如果你能提出一个他们琢磨不透的问题,或者提供一些他们感兴趣的信

触发：
驱动客户本能购买和追随

息，加深他们的理解，你就能激励他们迅速行动。与人们感到必须要完成的故事类似（详见第6章），信息差理论可以促使目标客户迅速做出反应。一旦你让人们意识到信息差的存在，他们就会想迅速填补它。

有趣的是，研究人员在一项关于"猴子"和"用水做奖励"的实验中，也有类似的发现。科学家发现"猴子表现出强烈的行为偏好，比起没有奖励信息，他们更喜欢收到信息，并且越快越好"。研究人员强调，有没有信息都不会影响猴子最终获得奖励的多少，他们得出结论称，"猴子将关于奖励的信息视为奖励本身"。显然，不只是人类想要一探究竟，灵长类动物也有这种本能需求。确定性的感觉真是很好。

精心设计的问题是触发信息差理论效应的明智方法

2008年12月，在公司假日派对结束后的一个早晨，我成了美国经济低迷的受害者。聘用我的广告公司需要裁员削减开支，而我就是其中之一。

那天下午，我花了几分钟哀悼我热爱却失去的工作，开始寻找下一家公司。但由于经济不景气，找工作并不顺利。几个月后，我很高兴收到了丽昂妮（Lianne）的来信，她是我在市场营销领域早期的一位同事。她问我是否有兴趣面试一份合同制的兼职工作——她所在公司的创意总监职位。他们公司也受到了经济重创，创意总监职位出现了空缺。

由于当时没有哪个公司能提供给我一份全职工作，我对面试非常有兴趣。特别是当该公司的总裁尼尔（Neal）亲自打电话录用我时，我既高兴又感激地接受了这个职位。

接手工作的几周后，我接到了一个销售主管打来的电话，他在该机构的母公司工作，那是一家印刷公司。他想和我约个时间，讨论一下"如何让你成为全职员工"。这种清晰而简洁的问题立即吸引了我的注意。这个话题我很感兴趣，同时也困扰着我。简而言之，他很好地利用了信息差理论。

当我们见面后，我才知道，原来他是想让我把我以前公司的一些客户介绍给他，然后他会试着去拜访这些客户。他的理由是：如果他能销售更多，提高了公司利润，公司就会有能力雇佣一个全职的创意总监。虽然这种想法有一定逻辑，但却不是我想听到的。

但说实话，如果他打电话说要见我，是因为想要一份我以前客户的名单，我不会有同样的反应。他绝对是一位精明的推销员。不管他知道与否，他对信息差理论的运作方式都有着深刻的理解。至少在某种程度上是这样的。但是他没有考虑到，我可能不会对他的计划抱有同样的热情，而且我离开时的心情和来时也有了天壤之别。

这就提醒我们，作为一个营销人员，在使用好奇心和制造信息差时需要注意。一定要言而有信。虽然不负责任的承诺很诱人，但不要误导客户。不要成为"标题党"[①]。不要冒险激怒你的客户和潜在客户，或者让他们失望。

因为如果你这样做，反而会事与愿违。而且一旦你这样做，就会使信息差这种方法对未来的受众失效。此外，你会削弱目标客户对你的信任，这可能是不可挽回的。

案例分析

询问钱的问题

不是每个人都能轻松地做出个人财务决定。对许多人来说，钱是一个令人生畏的话题。当一位客户来到我工作的机构，让我们帮助推销固定指数年金时，我们知道这需要一些严肃的策略。

固定指数年金是一种保险产品，通常在客户退休以后为他们提供定期收入。它的回报率与市场指数（比如标准普尔500指数[②]）挂钩。客户投入的年金不会损失，但他们可能获得的利息收益是有上限的。此次营销活动的目的是联系一名代理商。

创意团队探索了几种概念，寻找理想的营销信息——通俗易懂，且让人无法拒绝。一种选项是围绕"人们退休后，固定指数年金如何实现自动提现"的问题。这是一个与人们息息相关并且有吸引力的好处。然而，我们担

---

① 标题党是指用夸张的或与事实严重不符的标题，吸引人们点击查看。——译者注
② 标准普尔500指数是一个由标准普尔公司创建并维护，记录美国股市的指数。——译者注

触发：
驱动客户本能购买和追随

心目标客户可能不熟悉固定指数年金这个术语，因此无法理解这一营销信息对他们意味着什么。

另一种方法是以"你是否忽略了这个久经考验的退休储蓄选择"为主题。这迎合了人们的损失规避（详见第 2 章）心理，也有一定的吸引力。然而，鉴于目标客户的财务经验较少，我们担心，即使他们认为自己可能确实错过了一些理财机会，但由于他们不是有钱人，便也觉得无关紧要了。

最后，我们认为信息差理论能堪当大任。我们策划的营销活动围绕"你能在保障退休金的同时，获得比存款单利息更多的收益吗？"这个问题提到了一个目标客户熟悉的银行产品——存款单，同时指出了他们可能考虑的两个未来目标——退休后的赚钱和存钱问题。这则信息强调了目标客户知识上的重要差距。更重要的是，这个活动取得了成功，客户报告说他们的市场投资获得了 85 倍的回报率。

> **错误** 一个常见错误是提一些你的潜在客户已经知道问题的答案。你要用一个他们有一定了解，但不熟知的话题来引起他们的好奇心。

另外两个利用信息差理论的例子

展会参展商如何利用好奇心来吸引观众

假设你在一场面向牙医的贸易展览会上有一个展位，周围的参展商出售的都是最新的工具和设备，以及牙科诊所建筑服务。再看看你，你销售的是人寿和伤残保险，一种公认的低利润产品。你如何吸引牙医到你的展位呢？

你可以寄希望于一个很棒的免费赠品。这可能会带来客源，但也可能会导致"拿了就走"的场面。或者你可以像我们这位客户一样，利用信息差理论策略。

该机构的创意团队并没有专注于拥有保险的好处，而是去寻找一些可用的产品信息——一些有趣且能激起牙医们好奇心的东西。他们在经验法则①中找到了，即人们应该有足够的人寿保险，价值应达到他们目前 5～7 年的收入总和。

这个数据点引出了"找到你的 5～7"这个主题，这显然比"了解保险"更吸引人。通过标题，牙医们得知，虽然每个人的评分都在 5～7，但牙医评分通常比一般人的高。然后鼓励牙医们接受"IQ"挑战，测试出他们目前的"5～7"（这里的 IQ 代表保险商数）。

计划很顺利。牙医们来到摊位前，因为他们想知道"5～7"是什么，为什么他们的职业评分更高，以及他们个人的数字是多少。最妙的是什么？当所有牙医都在摊位前，接受 5～7 的智商挑战，满足好奇心时，这就为推销员提供了一个理想的机会，和他们讨论如何拓展承保范围。此外，当保险公司在展会后跟进时，这种需要更多保险的想法会成为牙医们优先考虑的事情（详见第 15 章）。

美国海军如何促使他们的目标受众寻求答案和就业

现在想象一下，你为美国海军的密码部门工作，负责编写和破译密码。你的工作就是寻找并雇佣适合这种特殊工作的潜在员工。理想的候选人应该聪明且立场坚定。因为人才的特殊性，所以这个任务并不容易。

康艾广告公司（Campbell Ewald）接受了挑战，并出色地解决了这个问题。由于海军密码学家是密码制造者和破译者，而且他们正在寻找志同道合的人，也许他们开展的活动也都是为了填补信息差——这正是密码学家的工作，不足为奇。

康艾广告公司的解决方案是开发一款名为"乌贼计划（Project Architeuthis）"的另类实境游戏。故事大致讲述了"神秘敌人绑架了一种绝密武器的首席设计师"。他们还为虚构的角色创建了脸书（Facebook）页面

---

① 经验法则，是指人们从生活经验中归纳获得的关于事物因果关系或属性状态的法则或知识。——译者注

和 X（推特）账户，其中一个主角名叫玛丽亚（Maria），她是一位海军密码学家潜入了敌舰。

在 18 天的时间里，玛丽亚将从她在船上的位置通过社交媒体发送"编码信息、复杂的谜题、密码、速记文字等"。玩家们可以单兵作战，或以多人协同作战方式接受这些挑战，寻找线索，赢得游戏。

这一活动示范了一种信息差理论的使用策略，其过程虽然复杂，但却新颖、恰切。它似乎是为解谜者和密码破译者量身定做的，因为他们可能比其他人更有动力去填补缺失的信息。活动完美收官。坎贝尔·埃瓦尔德报告说，这款游戏帮海军招聘的密码学家人数甚至超出了既定目标。我看到它在市场营销行业的国际回声颁奖典礼上赢得了"钻石回声奖"，该奖项旨在表彰卓越的策略、创意和结果。

新奇性是对信息差理论的补充

人们会被新事物所吸引。他们尝试新餐馆、去新地方旅行、排队购买新款苹果手机、买新款衣服，以及观看新上映的电影。孩子们沉迷于新玩具，成年人喜欢炫耀他们新买的东西。

人们似乎无法抗拒新奇事物的诱惑。诚然，人们也有自己钟爱的产品和服务，他们会反复回购。因为这些熟悉的东西让他们感到放心、舒服，甚至轻松。人们对此有心理预期，不会感到惊喜或失望。尽管如此，新事物还是有一种不容置辩的吸引力。

这不是因为人们朝三暮四或是见异思迁，甚至是贪得无厌。究其原因，人就是人，人们喜欢猎奇，这是天性。当人们发现新事物时，会激活大脑中的奖励中心，从而释放多巴胺，一种让人感觉良好的化学物质。因此，人们会不断地寻找下一个新事物，想再次体验多巴胺的冲击。科学家已经证明，这能培养好奇心，促使我们寻找信息。

事实上，在发表于《神经元》（*Neuron*）的一篇论文中，研究人员表明，"新奇的东西会激励大脑进行探索，寻求奖励"。在他们进行的实验中，研

第9章
信息差理论：通过好奇心和求知欲促使消费者采取行动

究人员向受试者展示了不同的图片，并监测他们的大脑反应。大多数图片都很常见，如人脸和户外场景。然而，有的时候，研究人员故意塞进一张新奇的、意想不到的图片。

在这种情形下，他们观测到受试者大脑的奖励中心被激活，释放出了多巴胺。研究人员发现，大脑的特定区域确实"会对新奇事物做出反应，而反应的大小取决于图像的新奇程度"。

根据神经科学家罗素·波尔德拉克（Russell Poldrack）的说法，"大脑天生就会忽略旧事物，关注新事物。新奇性可能是决定我们在这个世界上关注什么的最强信号之一。"他继续解释说："从进化的角度来看，这很有意义，因为我们不想把所有的时间和精力都花在关注一成不变的事物上。"

当你想到我们最早的祖先时，就会明白新奇性在他们生活中的重要性。对他们而言，尝试新食物、新工具和新环境，以及许多其他经验，都是不可避免的。这种寻求新信息的渴望让早期人类得以存活。在今天，它也推动了我们这代人的进步。

这就是为什么"新"这一概念，对营销人员来说意义非凡。这个字直接暗示出一个人存在着信息差。如果某样事物是新的，这就意味着人们还没有了解或体验过它。仅凭这一点，就可以让产品或服务令人向往。

当人们看到"新"这个词时，就会提高期望值，期待一种愉快的体验。普拉迪普（A.K. Pradeep）博士在他的《购买的大脑：潜意识营销之谜》（*The Buying Brain: Secrets for Selling to the Subconscious Mind*）一书中说道："新奇的东西有助于提高兴趣、带来惊喜和增加吸引力，甚至可以促成购买决定。"也许这就是为什么 Copyblogger 公司将"新（new）"列为英语文案写作中最具说服力的五个词之一。这也是为什么《脑控术》（*Brainfluence*）的作者罗杰·杜利（Roger Dooley）称它为"有魔力的词"，并指出它对人脑具有天然的吸引力。

新奇性如何推动销售

人们对新事物会做出反应。这些东西不必是全新的。它们可以是人们

145

没接触过的，也可以是现有产品或服务的新变化，下面两个例子便是生动的体现。

旧产品的新版本如何推动销售

第一个例子是一家公司向住院医师推出了一种新的残疾保险产品。多年来，该医院对待医生和住院医师的政策别无二致，用同样的资格标准为他们提供同样的保险。虽然两者都需要伤残保险，但他们的情况却非常不同。医生的薪水更高，因此有资格获得更多的保障。

相反，住院医师的工资较低。因此，他们没有资格获得太多的保障——如果他们在职业生涯的早期阶段就身患残疾，无法执业，肯定是无法养活自己的。

该公司对现有保险产品进行了改进，为住院医师推出受益更多的月度保险，而不受他们当前收入的限制。这一转变意味着目标客户能获得与之前不同的东西。

多渠道、多触点的宣传活动让这一保险深入人心。宣传文案在阅读量高的板块，比如标题、主题行和引导句中，突出了诸如"直到现在""隆重推出""最后"和"新"这样的字眼。为了强调这个新险种，一封电子邮件甚至在结尾处提醒说，该公司以前从未提供过该产品。

尽管住院医师非常忙碌，而且保险也不是他们时时刻刻想到的话题，但此次营销活动还是帮助保险公司突破了层层阻碍，与受众建立了联系。与之前针对同一群体的活动相比，此次活动使销售量提升了614%，这再次证明人们会被新事物吸引（图9-1）。

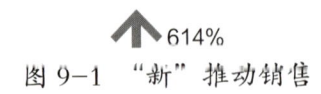

↑ 614%

图9-1 "新"推动销售

注：新奇性推动了一种保险产品销售额达到三位数的增长。

第 9 章
信息差理论：通过好奇心和求知欲促使消费者采取行动

一个软件即服务[①]公司如何利用新事物来吸引目标客户

第二个例子是关于一个软件即服务公司的。这家公司向小企业销售订阅式营销服务。公司的产品能帮助客户改进在线营销工作，使他们在当地更能吸引到潜在客户。

他们通过以下四个步骤实现了这一点：为客户建立一个优化移动设备和搜索引擎营销的网站、将客户的业务注册到不同的目录中、提供在线声誉管理，并处理客户的社交媒体形象问题。

然而，许多小企业主认为他们可以依靠转诊来发展业务，不需要通过网络营销。也有小企业主在潜在客户开发方面受挫——因为这种服务需要他们与三四个竞争对手共享渠道，无论他们是否达到了销售目的都需要付费。虽然这项服务有自己的特色，但这些企业主可能会把营销订阅服务与他们所熟悉的潜在客户开发服务相混淆，最终导致一些小企业主认为网络营销不值得他们付出时间和金钱。

该公司需要进行一场营销活动来打消目标客户的这些疑虑。活动必须快速抓住目标客户的眼球，然后为正在销售的订阅产品提供有力且简明的购买理由。

活动的一个关键组成部分是向目标客户发送个性化的市场评估。评估的信息对目标客户来说应该是全新的。例如，评估公司提供所服务的谷歌平均搜索次数、谷歌排名，以及网站有效性得分，同时还显示了目标公司业务的可用增长潜力。小企业主收到了一份打印副本，以及一个在线查看数据实时更新的链接，能即时提供最新信息。

你可以想象，这可能会激起小企业主的好奇心。他们没见到过类似的信息。这种强调新信息的策略取得了成效。与之前的活动相比，该公司的潜在客户增加了40%。此外，个人统一资源定位地址（URL）达到了37%的转

[①] 软件即服务（Software-as-a-service，简称 SaaS）是随着互联网技术的发展和应用软件的成熟，在 21 世纪开始兴起的一种完全创新的软件应用模式。客户按使用时间或使用量付费。——译者注

换率，每个独立访客平均访问网站 3.3 次。新消息的诱惑力让人无法抗拒。

营销人员利用信息差理论和新奇性的强大方式

- 标题、主题行、预告文案和要点用这样的词开头："谁""什么""何地""何时""为什么"或"如何"（5W+1H 技巧）。新闻撰稿人用这种方法吸引读者，这也适用于营销人员。《如何用一半的成本让你的回复率翻倍》（*How to Double Your Response Rates at Half the Cost*）一书的作者罗伯特·布莱（Robert Bly）称这些词为"魔力词汇"——超具体的项目符号，让您的目标客户继续阅读并下单。

- 当使用 5W+1H 技巧时，要确保你的文案能吸引目标读者。例如，"为什么我们提供优质服务"就没有"您如何得到优厚待遇"那么吸引人。

- 用最高级（如"最好的""最坏的""最多的""最后的""最大的""唯一的"等）来强调信息差距。记住，Outbrain[①] 网站的一项研究发现，消极的最高级词汇比积极的最高级词汇更有效。

- 开始讲一个故事，但推迟结尾，会促使人们继续阅读。

- 在主题行中使用省略号（例如："获胜者是……"）。世界数据公司 2021 年 5 月的一项研究发现，这种策略可以使 B2B 营销人员的电子邮件打开率提高 31%，B2C 营销人员的电子邮件打开率提高 28%。

- 通过提出问题或挑战人们的假设来激起好奇心。考虑提出相反的观点。

- 邀请你的目标客户和应用程序或游戏互动，以此来了解客户喜好，找到一个他们感兴趣的主题。

- 做一个小测验，测试目标客户对他们感兴趣的话题有多了解。

- 使用编号列表（例如：排名前 10 的软件即服务提供商）提供信息。

- 在新闻提要、标题、主题行和片头中使用"新"字。当然也可以使用

---

① Outbrain 是一个个性化的网络内容推荐引擎，能够为用户提供个性化的内容推荐服务。——译者注

"新"字"家族"中的其他词汇，比如"介绍""宣布""现在""最终""很快""创新""首次亮相""最新""新兴""从未见过"和"终于"等。对动词来说，用"探索"代替"学习"，因为后者听起来任务艰巨，前者则意味着趣味十足。

- 用新鲜的事物开启对话。不要埋没新消息。
- 使用突破元素、标签和其他视觉线索来标记新产品、新功能和扩展功能，以便人们可以很容易地发现它们。
- 在你的网站或营销宣传中创建一个专门的区域来突出你的新产品。
- 发现并推广现有产品的新用途。

要点

1. 如果人们存在信息差，他们就会采取行动来弥补。
2. 人们有动力去满足自己的好奇心，因为大脑会给予他们奖励。
3. 当人们即将发现新事物时，大脑会释放多巴胺，令人产生愉悦的感觉。人类天生就渴望获取信息。
4. 在沟通中制造信息差的营销人员应该负责到底。不要误导顾客或沦为标题党，因为结果可能适得其反。
5. 当强调信息差时，选择一个你的目标受众有些了解却不精通的话题。
6. 以一种能激起听众好奇心的方式来表达你想要展示的信息。
7. 你的客户和潜在客户会被新奇的东西所吸引。
8. 新奇事物可以激发兴趣、吸引注意力和引发购买决定。
9. 通过使用 5W+1H 技巧、最高级、编号列表、问题、测验、挑战性陈述和延迟回报来触发信息差。
10. 使用"新的""宣布""最后""很快""前所未见"和"发现"等词语来表明新颖性。标记新产品和产品的新用途，突出新产品或新功能。

小结

好奇心具有强大的驱动力,因为发现新事物会促使大脑释放多巴胺,让人感觉良好。因此,人们便有动力去寻找新事物和新信息。通过突出信息差,营销人员可以与他们的客户和潜在客户建立联系。这些人会自动地去寻找答案来满足他们天生的求知欲。

人们也会感到有必要服从外部权威,这是另一种营销人员可以利用的天生行为,我们将在下一章中讨论这点。

第 10 章

利用权威原则脱颖而出并提升回应率

第10章

第10章
利用权威原则脱颖而出并提升回应率

行为科学家认为,人们习惯性地尊重权威并回应权威。所以,权威原则是激发客户做出这种下意识行为的简单方法,同时也能将你的营销信息与竞争对手的区分开来。

他们说,多渠道购物者比单渠道购物者更有价值;他们说,跟进电子邮件或直邮件,即使只更改主题行或外部信封的预告文案,也将产生增量效应;他们说,客户的过去行为是预测他们未来行为的最好指标。

当然,作为营销人员,我们相信他们。可是"他们"是谁?他们是我们仰仗的人,我们信赖他们的知识,他们提供我们毫不怀疑的信息来源。他们提供的营销智慧指导着我们决策,节省了我们的时间和精力。他们让我们感到安心,认为我们在采取正确的行动——这个行动已经过他人的实验、试错或几个月的刻苦研究。

作为营销人员,我们不仅喜欢借鉴别人的经验,甚至早就习以为常。我们依靠"他们"的话做出营销决策、解释营销策略、开展营销活动。如果受到质疑,我们便会脱口而出:"你说的有道理,但是他们说这是行之有效的方法。"或者"实际上,他们说这会降低客户回应率。"说实话,营销人员早就将这种方法运用得炉火纯青了。在你的职业生涯中,你可能会借鉴他人的经验做成百上千个决定。其中有些决定可能较小,比如如何写邮件主题行,或者如何构思一篇博客文章。有些决定可能更大些。但它们都有一个共同点:你听说过它们是做某事的不二法门。至于你从谁那里听到或在哪里读到过它,这才是关键。

为什么这样说?因为你认为这些人是权威。你获得信息的来源很重要,这会决定你是心存怀疑、全然放弃,还是欣然接收它。你认为的权威人士可能是最初发现信息的人，也可能只是策划它并将其传递给你的人。但你信赖他们。有时候你有机会亲自接触到这些人，但通常来说不会。有时你只是听说过他们，或者熟悉他们所属的组织，或是了解他们的头衔或职业，并认为这就足够了。这就是权威的运作方式。

基于有些人释放的特定信号，我们便会视他们为权威人士或专家。我们通常会信任他们，倾向于对他们言听计从。这种反应是人类与生俱来的。

在我们还是孩子的时候，就被教导着要承认并尊重权威。周围的人都是我们应该服从的人，从我们的父母到我们的老师、教练、交通指挥员、救生员、校车司机、营地辅导员、家庭医生，以及孩子生活中无数的其他成年人，概莫能外。因此，当我们长大成人后，适当回应权威的观念便已经根深蒂固。权威提供的指导经常为我们提供决策捷径。当信息或指导的来源是权威人士时，我们更有可能接受并照办，而非质疑或否决。出于这些原因，你希望在营销中使用权威原则，甚至想让自己成为目标市场所引用的"他们"。

> 行为科学家证实：人类有回应权威的强烈需求，营销人员可以利用这一点。

人们可能感到不得不尊重并回应权威

大量的科学研究表明，人类会对权威做出反应。科学家也认为这是人类的天性。当然，这也因人而异。但一般来说，人们倾向于对权威言听计从。事实上，2016年4月的《经济行为与组织杂志》(*Journal of Economic Behavior and Organization*)上报道了一项有趣的实验，支持在最后一句中使用"请求"一词。拥有权力或处于权威地位的人，并不总是需要用命令来驱使行动。

在这个特定的实验中，两个人用名为"盾"的假币设计了一个游戏（Karakostas and Zizzo，2016）。在游戏过程中，每个玩家都必须决定是否销毁其他玩家的一些盾。研究人员发现，当权威人物（实验的领导者）明确但礼貌地请求玩家减少其伙伴的收入，只告诉他这是"有用的"，但不做解释时，破坏率会增加一倍以上。研究表明，"如果要求被表述成命令，增加的幅度不会那么大。"

此外，当研究人员在礼貌的请求后加上一个理由——减少对方的收入"将有助于实现我们实验的科学目标"时，服从率高达70%。（在第13章中可以了解更多有关提供理由，让人更顺从的内容。）研究人员得出结论："遵从来自权威的提示是一种强大的激励机制。"换句话说，当权威人士建议一个人采取具体行动时，这个人通常会照办。

当然，这个实验是在游戏的背景下进行的，参与者使用的是虚假的货币。你可能认为，实验策划者要求你以某种方式进行游戏，服从说明不了什么。然而，早先一个旨在衡量权威的实验，也发现人类似乎有一种天生的服从倾向。而这个实验并不是在游戏中进行的。在该实验中，人们既服从权威的温和要求，也服从更有力的敦促行为的要求。而且参与者不认为他们只是在减少另一个参与者的虚假货币。相反，他们是被引导着去相信自己在给另一个人施加痛苦。

斯坦利·米尔格拉姆电击实验

这个实验项目是在20世纪60年代开展的，由耶鲁大学的斯坦利·米尔格拉姆（Stanley Milgram）主持。来应征的参与者被告知该实验是测试记忆、学习和惩罚之间的关系。在实验中，参与者和研究员同处一个房间，面前是一台用来产生电击的大型机器。机器有30个开关，电流强度可以从15伏逐步增加到450伏。在分组开关下有一些标签，注明从"轻微电击"开始，逐步升级为"危险：严重电击"，然后简单地标记为"×××"。

参与者们相信自己被随机分配了教师的角色，朗读一系列能被"学习者"听到的词组。"学习者"被绑在隔壁房间的椅子上，手腕连着电极。事实上，"学习者"并不是实验参与者，而是研究团队的成员。

在参与者读出词组后，他们会接着把第一个单词和其他四个单词一起触发：
驱动客户本能购买和追随

读出来，然后"学习者"应该指出这四个单词中哪个是正确答案。参与者被要求在"学习者"回答错误时进行电击，每多犯一次错，便依次增加电压强度。"学习者"已被私下指示，在预定的时间提供错误的答案。此外，当电击达到300伏时，他们不仅要痛苦地大叫，还要捶打墙壁。最后，他们将彻底沉默。

可以想象，当参与者听到隔壁房间传出砰砰声和尖叫声时，他们会向实验负责人寻求指导。负责人让他们继续，并且还指示他们把"学习者"的默不作声也视为错误答案，继续电击。研究人员用来鼓励参与者继续的语言从开始的"请继续"，到"实验要求你继续"，然后是"你必须继续下去"，最后是"你没有其他选择——你必须继续"。

米尔格拉姆报告说，在40名参与者中，有26人完全服从研究人员的要求，并一直实施电击，直到加码到发电机上标有450伏-×××的最高电压。他指出，没有一个参与者拒绝实施电击，而此时电击已经达到了300伏，"学习者"开始撞墙。在此之前，参与者已经实施了20次电击，从15伏开始，每一次电击都增加15伏。

虽然参与者们确实服从了房间里的权威，但对他们中的许多人来说，这并不容易。米尔格拉姆报告说，他们被观察到出现"出汗、颤抖、结巴、咬嘴唇、呻吟、把指甲抠进肉里"的反应。他将这些反应描述为"典型而非例外"。然而，正如他所观察到的，"他们服从了"。这表明，对许多人来说，服从可能是一种根深蒂固的行为倾向。

米尔格拉姆发现，65%的研究对象会继续施加标记为"450伏×××"的最大电击量（图10-1）。

图10-1 权威的力量

新的实验发现了与米尔格拉姆研究相似的结果

其他研究人员随后进行了类似的研究，调查人们受权威人物的影响有多大。据2009年3月《美国心理学会》（*American Psychological Association*）的一篇文章报道称，社会心理学家杰瑞·伯格（Jerry Burger）博士做了一个改良版的米尔格拉姆实验，结果显示服从率"只比米尔格拉姆发现的稍低"。2018年7月《行为科学家》（*Behavioral Scientist*）的一篇文章报道说，在达留什·道林斯基（Dariusz Dolinski）主持的另一项类似研究中，服从率甚至更高。同一篇文章还提到了2012年《欧洲应用心理学评论》（*European Review of Applied Psychology*）的一篇报告，内容是关于法国的一个电视游戏节目，也进行了类似的实验。他们也得到了同样高的顺从水平。

后者之所以引人注目，是因为电视游戏节目主持人在那种情境下被视为权威人物。职位和头衔是权威的两个可能标志，但也有其他情况：在"服从行为研究"中，米尔格拉姆在他的实验中指出了其他几个权威的标志。第一个是耶鲁大学，以及它"无可置疑的声誉"。第二个是研究人员本人，他外表"严肃"，穿着一件"灰色技术员大褂"。第三个是研究本身是为了推动科学探究领域的发展，参与者可能认为这是一个"有价值的目的"。显然，权威可以通过多种方式传达。作为一名营销人员，你不是要吓唬你的客户去购买，但适当地利用权威原则，可以触发人性本能的顺从反应。

用"实力之墙"彰显权威

我从波士顿大学毕业后的第一份工作是在马伦广告公司担任公共关系助理兼撰稿人。大约9个月后，因为一些客户削减了公司的业务量，我被解雇了。但我怀念那9个月的时光（这也是我甘愿在13年后再次回到该公司，负责他们的直销创意产品的原因之一）。当时，该公司两次尝试进入直销领域，但随后都放弃了。他们本质上是一家综合广告公司，并且非常出色。但出于业务原因，他们决定再次提供直接营销服务。

他们找到了我，于是我兴冲冲地回到这家很棒的广告公司。只是这次，我的身份是一个局外人。广告公司的人知晓如何建立品牌、做有趣的电视广告、写诙谐的标题。但直销人员的工作方式有所不同，或者更准确地说，这是两个截然不同的领域。我在直销领域度过了十多个年头。但现在，我已经全然置身于一家综合广告公司的环境中。

我能感觉到新同事对我心存疑虑，这无可厚非。负责管理客户关系的客户经理非常重视客户，不想建议客户尝试类似于直销活动的新东西，除非他们确信这个活动的确很好。那些从事创意活动的人，只有在该领域崭露头角，才能在公司获得一席之地，因为他们也不知道直销创意的评判标准是什么。

有段时间，我手足无措。当他们没有一个参考标准时，我如何说服他们信任我呢？甚至是我们共同使用的词汇，也有不同的含义。当我谈到一个活动的响应时，我指的是电话呼叫、优惠券兑换、潜在客户生成，或一些类似的指标。当他们使用这个短语时，通常是指客户或市场反应。

然后有一天，我突然找到了我们的共同语言。该公司在业务上的成就有目共睹。每年的广告颁奖典礼上，公司为表彰员工在不同客户和不同类别中获得的业绩，授予他们几十个奖杯和证书。我在以前的广告公司就职时，也积累了自己的奖牌和证书。因此，我拖来了几箱，把它们挂在我办公桌后面的墙上。每一个到我办公室来找我的人都能看到它们。

我的朋友们开玩笑说，这是我的"实力之墙"。它确实传达了权威。直到今天，我都认为，它用一种对我同事而言浅显易懂的方式，帮我证实了自己的能力。这些奖项体现了专业知识，得到了独立第三方的认可。即使它们的颁奖典礼与该机构的不同，它们也是奖项。而奖项就是对卓越的认可，是对我本人权威的客观衡量。

案例分析

利用权威的外表和语气

马歇尔·麦克卢汉（Marshall Mcluhan）有句名言——媒介即信息。有一位客户的情况就是这样，他因为遇到了特别棘手的B2B问题，来到了我工作

第10章
利用权威原则脱颖而出并提升回应率

的机构。客户是一家共同基金[①]供应商，他们通过财务顾问把共同基金卖给个人投资者。

而可供顾问选择的共同基金数不胜数，竞争非常激烈。通常来说，这些顾问对基金的选择不仅基于基金本身，还基于他们对其公司的看法、对公司产品的理解，以及与公司合作时的信任感和舒适度。

问题是，顾问一般通过晨星机构（Morningstar）这样的第三方供应商来获得产品信息及产品研究。在这种情况下，他们没有与我们客户的品牌建立任何联系，也没有给我们客户机会把最新的产品和服务介绍给他们。事实上，他们难以接近。因为财务顾问是一群非常忙碌的专业人士，他们更喜欢通过公司的经销商与我们客户的公司沟通。但实际上，经销商只能与有限的顾问联系。

因此，我们的客户在他们公司的网站上创建了一个有密码保护的顾问专用板块，让财务顾问可以随时获取最新的产品信息和性能信息，以及销售方法和领导力的内容。但是，很少有顾问选择这样做。因此我们的任务是找到一种方法，使该板块的月注册顾问人数增加一倍。这是一个艰巨的挑战。

于是，创意团队探讨了多种方案。第一种方案强调注册能为财务顾问的工作带来实际帮助。因为该板块提供了即时的基金信息和领导力内容，注册实际上可以带来竞争优势。虽然如此，但财务顾问已经从其他来源获得了基金信息和领导力内容。我们认为这种方法似乎不足以说服他们改变习惯。

第二种方案强调了损失规避（详见第2章）。具体想法是：列出六种信息，然后提醒财务顾问，只有注册才能获得这些信息。然而，由于客户早先就尝试宣传过上述信息，并没有见什么成效，我们担心即使利用了损失规避策略，这一营销信息可能也不够有力。

第三种方案利用了稀缺性原则中的排他性（详见第3章）。创意团队提出，发送一个邀请，告诉财务顾问他们已获得了访问网站的机会，仅需要注册一下。这可能会让他们珍惜这个机会，从而提高访问网站的积极性。这

---

① 共同基金：向社会投资者公开募集资金以投资于证券市场的营利性的公司型证券投资基金。

种方法具有可行性，但财务顾问可能会把邀请视为推销说辞，这对双方关系不利。

最后，创意团队找到了一种可以触发权威原则的方法。由于财务顾问们时间宝贵，团队决定尽可能让信息言简意赅。他们选择简要介绍所有可提供的便捷信息和有价值的内容，只把注意力放在财务顾问需要采取的行动上——注册网站受密码保护的部分。

他们选择用snap pack[①]邮件来传递营销信息，这种邮件通常用来发送税务报表、个人身份证号码、工资单或其他官方通知。一个权威性包装的邮件会看上去与众不同，格外吸引接收者的眼球。团队使用了黑白搭配的精简外观，显得十分庄重，看上去不像普通的广告邮件。文案也简洁直白，以自然的口吻告知财务顾问，截至某个特定日期，共同基金公司还没有收到他们的注册信息。同时还提醒他们，要想阅读顾问专属内容，就得通过注册获得网站的完全访问权。

整个信息只有短短的六句，其中还包括致谢。但这严肃的六句话，通过这个看起来非常正式的快递包装，带来了相当大的冲击力。它们不仅让网站的月注册人数翻了一番，甚至还呈现出了爆炸式增长——注册率提高了673%。

反响之强烈甚至导致客户端的运营团队无法跟上所需的后端处理。客户公司不得不推迟下一波的邮件发放，直到跟上进度。这就是权威方法的力量。邮件正式的外观引起了人们的注意并打开了它。严肃的信息和相应的口吻得到了回应。当财务顾问们看到snap pack邮件送达时，会觉得有必要打开它，并遵循指示去做。

车辆保护方案提供者如何利用权威原则

在传递营销信息时，营销人员需要从战略角度出发，想想如何利用权威

[①] snap pack 也称为压力密封邮件或打孔邮件，是一种直邮广告产品，可以帮助客户快速吸引邮件接收者的注意力。这些邮件包装风格显示紧迫性和重要性，往往使接收者想立即撕开包装一探究竟。——译者注

原则。通常来说，同样的信息来自不同的人，会产生不同的效果。当顾客评价信息时，会同时考虑到它的内容和背景，其中包括信息的来源。

"服务支付计划（SPP）"是一家汽车保护行业的公司，它便是巧妙利用权威原则的一个典例。他们找到我们 HBT 营销咨询公司，要求我们开发一个大型电子邮件活动，帮助他们推销车辆保护方案。司机通常会购买这些方案，补贴车辆维修费用，特别是在汽车保修期已过的情况下。SPP 公司打算让车辆经销商向其客户发送邮件。SPP 公司总裁查理·海门（Charlie Hymen）说："我们相信，司机认为向他们出售车辆的人或经销商是该车辆的权威，因此，司机应该更有可能听从他们的建议。"

经销商知道他们的目标客户是谁，并且也许会继续为目标客户的车辆服务，因此，经销商实际上就是权威。我们能够利用这种权威地位来为 SPP 的营销活动提供支持。电子邮件内容涵盖可以帮助客户省钱和避免某些失误的内幕消息、提及经销商经常看到的维修情况及其相关成本、建议获取车辆保护计划的最佳时间，并提供其他强化经销商权威的相关信息。

想象一下，你是那个被要求购买车辆保护计划的司机。你收到一封来自一家陌生公司的电子邮件——这家公司从未见过你或你的车，却告诉你应该购买保护计划。或者你收到了来自经销商的电子邮件——提醒你来保养车辆，或在他们搞促销活动时提醒你购买车辆保护计划。你更可能听谁的建议呢？正如《影响力》作者罗伯特·西奥迪尼曾指出的，"来自公认权威的信息能为我们判断如何行动提供宝贵的捷径"。

> ❗**错误** 一个常见错误是只利用情境性权威。你的权威不必是一个家喻户晓的名字。一个人可以通过他的工作背景或经历被认为是权威。

权威有多种形式，下面是你可以利用的四种形式

- 当营销人员最初考虑使用权威原则时，自然会想到权威人物，这是一个很好的起点。在营销中适当地利用权威人物可以促进销售。研究一

下公认的权威人物，如医生（也许你还记得一家烟草公司曾经在他们的营销中使用医生，或者一家口香糖公司引用了牙医的话）、法官、大学学者、行业领袖、智库、大型研究公司、畅销书作家和诺贝尔奖得主等。也要像 SPP 公司那样，还要考虑信息背景下的权威人士。不要忘了，有时人们会把权威光环赋予名人，即使该名人的专业知识与他们代言的产品或服务没有直接联系。

- 主题专家是另一种权威形式，他们可以是个人也可以是组织。例如，寻求葡萄酒信息的人可能会求助于罗伯特·帕克（Robert Parker）或《葡萄酒观察家》（Wine Spectator）的百强名单。考虑《好管家》（Good Housekeeping）认证标志、A.M.Best[①] 评级公司、《消费者报告》（Consumer Reports）和其他知名媒体的作用。他们都是主题专家，凭借专业知识成为权威。你的目标客户会认为这些人是有独立见解的专家，其工作使他通晓自己的特定领域。

- 穿制服的人通常也被认为是权威人士，从警察到飞行员，再到保安都是如此。事实上，根据《俄勒冈新闻报》（Oregon News）2019 年 3 月的一篇报道，两名男子打扮成保安，在富国银行的夜间存款口挂了一个"故障"的标志，从毫无戒心的客户那里收取了数百美元，然后带着现金离开。我们讨论的不仅是保安制服。例如，有一天，我的朋友莎伦和科琳在参观纽约市时，与另一名司机发生了停车纠纷。我的朋友们试图为他们的朋友林（Lyn）占一个绝佳的停车位，因为她需要从附近的车库移走她的车。当他们站在车位上时，另一名司机驶来，并准备倒车进入车位。我的朋友们正准备解释这个位置已经被占用时，林开来了车，也要准备停车。双方陷入了僵局，那个司机似乎不打算离开，莎伦便动身去街上找一个有权威的人来协助调解。她带着附近一家酒店的行李员回来了。当我问她为什么选择这个人时，她说她一直找不到警察，她认为至少行李员穿着制服。

---

① A.M.Best 评级公司是美国比较有资质的一家保险公司。——译者注

第 10 章
利用权威原则脱颖而出并提升回应率

- 某些道具也可以传达权威。一堆皮革装订的法律书籍、镶框的文凭、救生员的哨子都是例子。信封或信件上的压花图章也可以暗示权威。同理，一封纯文本的电子邮件也可以显示严肃性和权威性。此外，一个人的衣着打扮同样能彰显权威。英国融资咨询公司 Bright Spot 报告说，得克萨斯州的研究人员对一个闯红灯的人进行了观察。有时他穿西装打领带，有时穿得比较休闲。研究人员发现，当这名男子穿着正式时，跟随他横穿马路的行人数量是穿着休闲时的三倍。

在营销中利用权威原则的多种有效方法

- 使用重要的头衔，如医生、律师、总裁、董事、院长等。将这些头衔用在直邮信件的一角（信封的左上角，通常写有回信地址）、电子邮件的发件人行，或通信签名的落款处，可能会特别有效。你还可以独具匠心，例如，如果你公司的总裁不希望在直邮信件或电子邮件上签名，那就由总裁办公室出面。几年前，我曾经参与过一份健康通告的营销工作，这份通告面向企业市场，以便他们可以将其分发给员工。这份通告是由一位医生所写。在通告的长期订阅管理中，一直以他的名义寄送给订阅者，角卡[1]上印有他的名字，并特意注明医学博士头衔。
- 一定要提到你的产品、服务或公司是否在商业出版物或专业期刊上有过报道，或者在流行杂志、博客或电视新闻节目中亮相过。
- 列出你的公司、公司创始人或产品获得的任何奖项或证书，以及他们获得的任何荣誉。例如：Ted[2]演讲者、《福布斯》撰稿人、门萨会员[3]、《纽约时报》畅销书作者、诺贝尔奖获得者、国际消费类电子产

---

[1] 角卡（corner card）指的是邮政信封左上角印好的文字（有时带有图案）。它的目的是写明发件人及其返回地址，以方便退回无法投递的邮件。——译者注

[2] Ted 演讲是 Ted 技术、娱乐和设计全球会议的著名宣传活动，这个会议的宗旨是"值得传播的创意"。——译者注

[3] 门萨会员是高智商俱乐部的会员，参加门萨的唯一途径便是参加考试并脱颖而出，每一百个通过门萨考试的人中，有两个最拔尖者将会被吸纳为正式会员。——译者注

品博览会创新奖得主等。例如，我的朋友艾米·斯洛博（Amy Schrob）是视觉设计工作室 ONE80 Visual 的合伙人。每当我向别人推荐他们时，我总是提到他们是艾美奖[1]得主，以此来展示他们的专业水平有多高。

- 在你的登录页面和网站上添加信任徽章，例如安全支付和接受付款方式徽章。这些徽章将有助于增强你的权威感。
- 强调你的公司被列入的名单，如 Inc.500 强[2]、亚马逊畅销书榜单，或任何你的客户和潜在客户认可的贸易或行业名单。
- 如果你还没有广泛的知名度，那就和知名品牌合作吧。潜在客户会推断出这个品牌为你背书（例如：共同出席、由××赞助、与××合作等）。
- 展示你收到的认可（例如：穆迪评级，米其林星级），或你所属的协会[例如：商业改善局（Better Business Bureau）]。
- 指明你公司的营业年限、公司拥有的专利数、你服务的客户数量、你创办的其他成功的公司或产品的数量。
- 为了树立你的个人权威，可以提到你的教育背景或从业背景。例如：在哪家公司工作过，从事过多少研究，师从过什么专家，上过哪所常春藤盟校，获得过什么学位等。
- 利用服装、强者姿态和道具来传达权威。例如：转换科学家（conversion scientist）布莱恩·梅西（Brian Massey）在他的网站上穿着白大褂的照片；我在 HBT 营销咨询公司的商业伙伴约翰·西森（John Sisson）经常在客户会议上佩戴"我是非理性的"的徽章，以展示他在行为科学方面的专长。

---

[1] 艾美奖是美国电视界最高奖项。——译者注
[2] Inc.500 强旨在评出全美发展速度最快的 500 强企业。——译者注

第 10 章
利用权威原则脱颖而出并提升回应率

- 创建一些能让你成为专家的内容。例如：Orbit Media Studios[①] 的安迪·克雷斯通狄那发表了一篇题为《如何设计博客：前 100+ 营销博客的 13 个最佳实践》(*How to Design A Blog: The 13 Best Practices of the Top 100+ Marketing Blogs*) 的文章。
- 使用"世界知名的""公认的专家""最权威的""经过验证的""经过时间考验的""最佳品种""成熟的""参考品牌""经常被引用""获奖"等说法。
- 展示你所获得的积极的星级评价。
- 如果你从事的是专业服务行业，突出你为哪些知名客户提供过服务。
- 在适当的情况下附上权威人物或道具的图片（例如：一家销售员工健康计划的公司可以在营销中展示医生或听诊器的照片）。

要点

1. 人们天生认可和尊重权威。
2. 你的客户更倾向于对权威人士言听计从。
3. 科学研究表明，许多人都有服从权威的强烈需求。
4. 营销人员可以在沟通中利用权威人物或权威的象征来提高顾客回应率。
5. 看起来和听起来权威的营销传播可以促使顾客顺从。
6. 一些权威人物是得到广泛认可的，而另一些则是因情境而异。在制定营销信息时，不要忽视情境性权威人物。关键是要选择一个受公众认可的权威人物。
7. 你的顾客会将权威的信息作为决策的捷径。

[①] Orbit Media Studios 是一个专家团队，他们在行业内具有丰富的经验。该团队在各种项目上有丰富的经验，其中包括线索生成、整合、网页设计和电子商务项目。该团队专门从事网站开发、内容管理、网络营销和移动网页设计服务。此外，该团队还致力于管理和规划项目的无缝连接。——译者注

> 触发：
> 驱动客户本能购买和追随

> 8. 营销人员可以在营销活动中利用权威人物、主题专家、制服和其他权威道具，以显示他们的专业知识和传达他们的权威性。
> 9. 在营销信息中提及重要头衔、媒体报道、曾获奖励、信任徽章、被提名的名单，以及所获认可，以体现权威性。
> 10. 在创建有利营销的条件时，服装和符号也能传达权威。
> 11. 通过发布内容来展示你对某一主题或领域的掌握，将你自己或你的公司定位为权威。

小结

默认权威人士和主题专家的观点是一种常见的决策捷径。你的客户或潜在客户会认为这些人已经为他们完成了工作，节省了他们的时间和精力。人们通常认为权威人士知识渊博，应该听取他们的意见。

此外，营销人员还可以利用权威符号来提高目标客户的服从性和信任度。专家和权威标志着一种更简单的决策方式，这也是人们经常寻求的一种方式。

让你的客户和潜在客户更容易做出决定的另一个方法，是引导他们做出决定。在下一章中，你将看到如何使用选择架构（Choice Architecture）来做到这一点。

第 11 章

选择架构和现状偏见：如何利用惯性推动事情发展

第 11 章
选择架构和现状偏见：如何利用惯性推动事情发展

人们往往乐于维持现状而不愿费力做出改变。这让营销人员听了可能很受打击，但是，营销人员可以利用现状偏见①（*Status Quo Bias*），将期望客户做出的行为呈现为默认选项或抵触最小的选项。通过一番深思熟虑地选项设计，营销人员可以推动人们从"懒作为"到"有所作为"。

到目前为止，如果你已经依次阅读过前面的章节，你肯定发现了许多影响客户和潜在客户的方法。你已见识到感性因素在人们做出 B2B 或 B2C 购买决定时所起的重要作用。你也了解到，某些情感可以激发人们行动，如对损失的恐惧感、特殊感、无法回馈别人的内疚感，以及从众带来的安全感。

你还发现，故事是激发情感的理想工具。此外，你还明白，人们喜欢自主权、始终如一的行动让他们感到安心，好奇心又让他们难以抵制诱惑。就在上一章，你了解到人们会去服从那些看似权威的人。

如果你继续阅读，就会发现另一种影响行为的方法，社会科学家称为选择架构。研究人员发现，选择的呈现方式实际上会影响一个人的决定。我选择在本书中以特定的顺序介绍行为科学原理，并对各章进行相应的编号。如果你已经连续阅读了每一章，你就受到了我的选择架构的影响。当然，你不必按照这种方式阅读，我完全理解有些读者可能会选择不这么读。这没问题。你可以自由地阅读任何章节，并且在整本书中，在你想读的章节之前或之后都有引言，以便你轻松找到相关信息。

---

① 现状偏见（Status Quo Bias）又叫安于现状偏见，指的是个体在做出决定时，倾向于不作为、维持现有或以前决策的一种现象。——译者注

但如果你是按顺序阅读，就会受到我的选择架构的影响。同理，作为一名营销人员，你呈现信息和选择的方式，也会影响客户和目标客户的行为。从登录页上构建字段的方式到设计产品的方式，都是周密部署选择架构的机会。

正如《助推》（Nudge）一书的作者理查德·塞勒（Richard Thaler）和卡斯·桑斯坦（Cass Sunstein）所言，"不存在'中立'的设计"。

你如何展示信息，如何提供选项，都会影响客户和潜在客户的最终决定。这包括选项的数量、排列的顺序、设计和视觉提示引起注意的信息、选项所用措辞、客户在填写订单时的难易程度等。

虽然乍一看，你觉得这些无足轻重，但现在你该重新审视它们了。因为科学将向你证明，选择架构对你的业绩会产生显著影响。正如你所提到的，人们确实会根据他们的偏好和过去的经验做出选择，但也存在其他因素。其中一个关键因素就是选择架构。

> 研究表明，人们的决定会受到选择呈现方式的影响。因此如何安排你的选项很重要。

选择架构能对人们如何做决定产生很大的影响

在他们的书中，塞勒和桑斯坦解释说："选择架构师有责任设计出影响人们决定的情境。"他们继续解释道："看似无关紧要的小细节，会对人们的行为产生重大影响。"许多研究已经证明了这点。其中一项是埃里克·约翰森（Eric Johnson）和丹·戈德斯坦（Dan Goldstein）所做的关于器官捐献率的研究。研究人员通过一项在线调查发现，当问人们是否想成为器官捐赠者时，79%的人表示愿意。然而，当他们得知刚搬来的这个州，默认该州居民为非器官捐献者，如果想捐献器官，需要改变这一默认选项。只有42%的人仍表示愿意捐献器官。

另一种情况是，他们被告知，新州默认人们愿意成为器官捐献者，如果人们不愿意，需要主动申请取消。82%的人选择默认成为器官捐献者——甚至超过了中立（无默认）版本的79%，也超过了选择加入版本的42%。正如塞勒和桑斯坦所指出的，"许多公共和私营部门的组织，都发现了默认选项的巨大力量。"

德国研究人员进行的一项在线研究，也支持了默认选项对人们做出决策的影响。在 2014 年 12 月出版的《行为决策杂志》(*Journal of Behavioral Decision Making*)（Szaszi, 2014）上的一篇文章《对选择架构的系统范围回顾：理解"助推"何时以及为什么起作用》("*A systematic scoping review of the choice architecture movement: Toward understanding when and why nudges work*")引用了这项研究。这项研究评估了德国家庭是否"会以略高的价格购买可再生能源"。

研究发现，当设置默认为"不购买"时，只有 7%的调查参与者选择购买更贵的可再生能源。而设置默认为"购买"时，购买率高达 70%。这项研究表明，作为一名营销人员，如果你想让人们朝着特定的方向前进，你应该仔细考虑你提供的默认选项。

描述、顺序、新颖性、形象化和选择难易度都可以影响一个人的选择

当然，提供默认选项并不是选择架构的唯一方法。描述性话语加上一定的选项顺序也可以影响决定。在北威尔士的学校自助餐厅进行的一项实验发现，选择架构可以用来激励孩子们吃更多的水果，方法包括将水果摆放在甜点之前，并使用能吸引孩子们的描述性名称，如"超级柑橘"。

第二项实验表明，人们可能受到激励选择走楼梯——比自动扶梯更健康的选择。这项有趣的研究在瑞典斯德哥尔摩进行，由大众汽车公司赞助。公司将通往地铁站的楼梯变成了一个超大的钢琴键盘。每踩一个台阶就会演奏出一个音符。实验的组织者发现，"悦耳的步伐"促使走楼梯的人数比平时多了 66%。

第三项实验证明，电子商务网站的主页背景可能会影响购物者首选的产品。在这项研究中，人们看到的是带有云朵的蓝色背景，或带有硬币的绿色

背景。看到云朵会让购买者倾向于选择更舒适、更昂贵的沙发；看到美元符号会让他们想到成本，因此，更有可能选择不太舒适但价格较低的沙发。

最后，行为经济学家证实，给人们提供一个简单的选择，让他们在以后做出决策，然后把这个行动设置为默认选项，可以激励更多人坚持这个行动。2004 年，理查德·塞勒和什洛莫·贝纳茨（Shlomo Benartzi）进行了一项实验，内容与员工为退休储蓄所做的决定有关。

一些员工从未参与过公司的退休计划，而另一些员工虽然参与了，但却没改变过缴纳金额。这两种情况都不是最佳的储蓄方式。

塞勒和贝纳茨创建了"明天储蓄更多"（SMarT）计划，试图改变现状。在这个计划中，员工"预先承诺将未来加薪的一部分用于退休储蓄"。参加该计划的员工同意，在下次加薪后，存入公司退休储蓄计划的金额将按固定比例增加，并随着之后的加薪再次按一定比例增加，直到达到预设的最高限额。

在他们的论文《使用行为经济学来增加员工储蓄》（"*Using behavioral economics to increase employee saving*"）中，作者报告说，在测试的三个方案中，第一个方案（也是实施最久的方案，包含四次加薪）让 78% 的相关员工签署了该计划，其中的"绝大多数员工"还在继续参与该计划，"SMarT 计划参与者的平均储蓄率在 40 个月的时间里，从 3.5% 增加到了 13.6%。"塞勒和贝纳茨观察到，"SMarT 计划采用的恰恰是诱导人们无限期推迟储蓄的行为倾向（即拖延和惯性）。"

选择架构为何有效

这些研究表明，一个人的决定在很大程度上受到选择架构的影响。许多研究也支持这一发现。这对营销人员来说是把利器。正如我们所看到的，使用默认选项的效果显著。一个原因是人们倾向于维持现状。举个例子：想想你认识的人里面，有多少人使用笔记本电脑和手机时，从未更改过其初始设置。塞勒和桑斯坦写道，"在许多情况下，默认选项有一些额外的推动力，因为消费者可能会觉得，无论是对是错，默认选项都暗含着设置者对这一选择的认可。"这表明，消费者可能会因为同样的原因接受营销人员为其设置

第 11 章
选择架构和现状偏见：如何利用惯性推动事情发展

的默认选项。

通过让一个选项看起来更有趣或更新颖来完成选择架构，这是营销人员可以采用的另一种策略。它既能吸引注意力，又能迎合人们对新奇事物的需求（详见第 9 章）。

另一个有效的选择架构策略是：营销人员将期望消费者做出的选择设置为简单、有益、无须劳心劳力的选项。所有这些因素很大概率会吸引到消费者。至于原因？正如塞勒和桑斯坦所指出的，这些客户通常是"忙碌的人"，他们需要应对一个复杂的世界，没精力深入思考每个要做出的选择。因此，他们的决策通常是由选择架构驱动的。

但是要注意，选择架构并不是要强人所难。人们应该总是能够做出不同的决定，例如，选择退出器官捐赠计划、选择更便宜的燃料源、选择乘坐自动扶梯、购买不同的沙发、不参加退休储蓄计划等。

选择架构如何影响了作者对三个不同慈善机构的捐款

我的锻炼方式是"拖着脚慢跑"（shog）[1]，这是我个人将拖着脚走和慢跑结合起来的方式，其实前者占的比重更大，尽管我不想承认。因此，当我的同事梅根，一位身材娇小的客户主管，宣布要去参加波士顿马拉松比赛时，我感到震惊和钦佩，因为这是最著名的 26.2 英里长的跑步比赛之一。梅根不仅要参加这项比赛（赛程中著名的"心碎坡"[2] 离我家仅一步之遥），而且作为志愿者为一个慈善机构募集资金。这家慈善机构以"跑步回家"（Back on My Feet）命名自己，其使命是帮助全国的无家可归者，这可是一项意义重大的事业。我非常乐意通过捐款来支持她的奔跑。

几个月后，我收到莱斯利的电子邮件，她是我以前在另一家机构工作的同事。邮件里说，她的丈夫正在参加一项艰苦的自行车马拉松比赛——"泛

---

[1] 作者自造词，将 shuffle（拖着脚走）和 jog（慢跑）两词进行剪切拼贴。——译者注
[2] 波士顿马拉松著名的"心碎坡"（Heartbreak Hill），位于赛道 20 英里（32.19 千米）到 21 英里（33.80 千米）处的一个 0.4 英里（600 米）左右的上坡道，也恰好位于 30～35 千米、选手最容易疲劳的阶段，当精疲力竭遇上大上坡，无疑是让人心碎的。——译者注

大众挑战赛"（Pan Mass Challenge），需要在两天的时间里骑行 168 英里，风雨无阻。莱斯利是一位乳腺癌治愈者。而"泛大众挑战赛"活动旨在帮助达纳－法伯癌症研究所（Dana-Farber Cancer Institute）筹集资金，她也曾是该研究所的一名患者。在电子邮件中，她讲述了自己如何确诊癌症，又如何进行后续治疗的经历。毫无疑问，我也想通过捐款来支持她丈夫参加比赛。

虽然我的两位同事都是营销人员，但他们并没有将选择架构应用于筹款请求中。他们只是简单地提到了自己正在做的事情，是我想要支持他们的事业。鉴于我明显缺乏运动能力，这种支持显然只能是经济上的。这就是选择架构起作用的地方。我决定给他们每人捐赠 100 美元。

当我进入"跑步回家"慈善机构的捐款确认页面时，他们显示了我的 100 美元捐款，紧跟着的是 4.5 美元的费用，我想这可能是捐款管理费，总共是 104.50 美元。其实，4.5 美元的费用旁边有一个小小的橙色"编辑"链接，我可以点击它来取消这个费用，只捐赠我最初承诺的 100 美元。但是，下面有一个大大的橙色"立即捐赠"按钮，非常容易点击，所以我选择了这个选项。眨眼间，我的信用卡被收取了 104.50 美元的费用，我实现了对梅根的捐款承诺。

当我进入"泛大众挑战"捐款确认页面时，页面信息却有所不同。它显示了我 100 美元的捐款承诺，后面总额也是 100 美元。在这条信息下面，有一个未选定的小勾选框。它旁边的副本邀请我通过勾选，来增加信用卡捐款费用。然而，我没有这样做。现在我想强调的是，我认为这两项事业都意义重大。我也没有偏袒任何一个同事。我只是迅速行动，没有花费太多的精力思考。结果，我做了行为科学家发现许多人都会做的事。我没有选择取消，也没有选择添加，而是选择了眼前现有的选项——默认选项（图 11-1）。

在第一种情况下，我多花了一点钱支付了处理捐赠的费用，因为我认为这样做最快捷、最容易，也最省力。在第二种情况下，我没有支付额外费用也是出于同样的原因。我当时并没有真正思考。结果就是，提供给我的选择影响了我对它们的反应。直到后来，当我在为一个"营销中的行为科学"的报告收集登录界面样本时，才真正搞明白当时的行为。

如今，每当我捐款时，都尽量记得检查一下确认页面用的是哪种选择架

第 11 章
选择架构和现状偏见：如何利用惯性推动事情发展

构。无论"泛大众挑战赛"是否看过我的营销报告，我注意到他们已经改变了策略。我最近一次捐款确认显示了我的捐款承诺、信用卡手续费，以及我的捐款总额，其中包括那笔手续费。在页面的底部有一个空白勾选框提示我：如果我想让达纳－法伯癌症研究所为我的捐赠支付信用卡手续费，我可以勾选。我现在就告诉你——我还是没有勾选。

几年前，当一位好朋友的母亲去世时，我在一个捐赠页面上碰到了另一种对选择架构的巧妙应用。我朋友的母亲死于阿尔茨海默病，所以我决定为阿尔茨海默病协会捐款。如果在祭奠时献上一束花，我将花费 100 美元，所以我认为捐 100 美元是合理的。但当我进入网站时，我看到的捐款选项从 60 美元直接跳到了 120 美元，没有 100 美元的选项，但有一个地方可以让我输入自定义金额。你可能已经猜到了，我没有输入。这就意味着我需要比原计划捐得多。120 美元似乎是最接近 100 美元的，所以我点击了那个选项。如果很多人不约而同地这样做，我也不会惊讶。实际上，上次我查看时，看到同样的捐赠选项，页面上没有列出 100 美元的选择。

> 你的免税捐款额将是 102.45 美元（为达纳－法伯癌症研究所捐款 100 美元，信用卡手续费为 2.45 美元）
>
> ☐ 勾选此框，让达纳－法伯癌症研究所为你支付信用卡费用，即捐款数额的 2.45%（2.45 美元）。

图 11-1 筹款中的选择架构

注：除非我选择让慈善机构支付，否则信用卡手续费用将自动添加到我的捐款中。

🔍 案例分析

使用选择架构来提高销售会议的出席率

第 5 章中的一个案例分析，探究了关于难以销售的保险，以及社会认同在成功的多渠道营销活动中所起的作用。然而，这只是市场营销所利用的行为科学原理之一。你可能还记得，客户公司向员工推销自愿购买的工作福利——一种涵盖残疾、意外事故和重大疾病的保险。销售过程的重要一步是在工作场所举行会议，保险公司代表与员工交谈，介绍各种可用的保险覆盖范围，以及它们能为员工提供什么帮助。

通常情况下，人力资源部门会通过电子邮件给员工发会议通知。电子邮件会写明会议召开时间，并邀请员工报名与保险公司代表会面，了解更多信息，如果感兴趣，便可以购买保险。我们客户的一个目标是吸引尽可能多的员工来参加会议。对此，公司团队开始着手策划。

当然，一种方法是利用权威原则，强制员工参会。但雇主们可能不想强求自己的员工参加自愿购买保险的会议。另一种方法是提供零食和饮料，把会议营造成一个社交场合。大多数员工都会欣然接受工作之余的片刻休息。据我的经验，人们通常会被工作场所中的免费食物所吸引。然而，这种方法感觉与会议的目的不符。这可能会导致一部分员工为了吃零食才去参会，这意味着他们不会处于正确的思维状态来接收信息。

由于会议讨论的是特定种类的保险，利用损失规避原则可能是一个合乎逻辑的途径。但这似乎更适于销售保险，而不是增加与会人数。考虑到这一点，研究团队打消了这一念头，随后又探讨了使用信息差理论，来指出人们可能不了解的潜在风险，以及如何保护自己免受这些风险。虽然人们不愿预想自己会受伤或生病，但如果使用得当，信息差理论的概念可能会卓有成效。

然而，客户和营销机构另辟蹊径，最终选择了一个更接近于利用权威原则的想法。但这一概念是运用了选择架构。员工们收到公司人力资源部发来的电子邮件，通知他们，由于保险事关重大，已经为他们预留了时间，让他们与保险公司的代表会面。邮件中包括了会议的日期、时间和地点，甚至还有一个"添加到日历"的按钮。如果员工因某种原因不能按时参会，还可以通过一个链接重新预约会议。

突然间，参加会议变得方便起来，成为阻力最小的方案：员工什么都不用做，只要人到了就行。一切都已安排妥帖。事实上，重新预约参会更麻

第 11 章
选择架构和现状偏见：如何利用惯性推动事情发展

烦。结果，出席会议的人数激增了418%。这一切都归功于对选择架构的巧妙应用。

专业期刊如何使用选择架构增加订阅

关于选择架构，营销人员需要记住一个关键的事实：选项的呈现方式会影响客户的决定。下一个例子很好地印证了这点。一份专业期刊在长期订阅管理上表现卓越，无出其右。出版商来到我工作的机构寻求帮助。我们的计划是确定并保留在消息传递中表现最好的部分，并在此基础上寻找可以改进的地方。

首先引起我们注意的有两件事。第一件涉及价格的显示方式。信息管理处显示了三个方框，从上到下依次注明了：初始价格、节省的差价、最终支付金额。我们去掉了中间的那个方框，使初始价格和销售价格之间的对比更加明显，也使定价信息更加清晰。我们注意到的另一件事是付款。在管理信息中，订阅者有两个选择，一个是信用卡支付价格，另一个是非信用卡支付价格，比信用卡支付价格贵20美元。这两个选项并排显示。我们决定将信用卡支付作为默认的订购方式。我们在一个方框中突出显示它，并将非信用卡选项降为主选项下面的一个小勾选框。这一举动能引导人们使用信用卡支付，我们还开放了订购区，使浏览更加方便。

当客户检验成果时，看到订阅率增加了18%～21%，并还在持续增加。另外值得一提的是，更多用户采用信用卡付款，会给客户带来更高的全价转换率，以及更高的用户保有率。选择架构上的些许调整，收到了事半功倍的效果。

> **❶ 错误** 一个常见错误是把最低价格放在前面。相反，应该把最高价格置于首位。最高价格可以作为评估其他价格的锚点或基准，这样其他价格会显得更有吸引力。

触发：
驱动客户本能购买和追随

一位流行歌手如何在声田（Spotify）上强调唱片专辑的选择架构

2021年秋天，声田（Spotify）的粉丝们在使用该流媒体服务播放歌曲专辑时遇到了些状况。之前，专辑默认的播放选项是自动随机播放，这意味着歌曲将以随机顺序播放。然而，声田决定将默认设置更改为按照曲目列表中的顺序播放歌曲，这意味着歌曲将顺序播放。

据美国国家公共电台（NPR）报道，声田这样做是应英国创作型歌手阿黛尔（Adele）的要求，她曾表示："我们的作品讲述了一个故事，我们希望听众按照我们的设计来欣赏这个故事。"

应阿黛尔的要求，专辑现在会按照艺术家设计的顺序自动播放。在此之前，声田的听众需要关闭随机播放图标，才能按照时间顺序听歌。现在，喜欢听随机曲目的听众必须采取额外的步骤来打开随机播放图标，它不再是默认选项了。

营销人员可以利用现状偏见来获得想要的行为

虽然人们总说"改变是好事"，但这种观点并不总是被轻易接受。事实上，人类已经证明自己是习惯的产物。尽管我们渴望新鲜事物，做事不喜欢虎头蛇尾，我们却不喜欢改变。我们喜欢保持一切照旧。正如泰勒和桑斯坦所观察到的那样，"基于很多原因，人们普遍倾向于维持现状"。

究其原因，一是因为熟悉给人带来安全感，人们害怕失去。如果一个人尝试新事物却不甚满意，会觉得自己失去了以前能让他们快乐的产品或服务。维持现状可以防止这种潜在损失。

人们不想改变的另一个原因，是因为他们在一个项目、产品或事业上，投入了大量的时间、精力或金钱，付出越多越不舍得放弃，也可能只是单纯地习惯或觉得方便。一旦做某事成为习惯，就很容易成为人的第二天性——一件不需要过多思考或关心的事情。

研究人员威廉·萨缪尔森（William Samuelson）和理查德·泽克豪斯（Richard Zeckhauser）创造了"现状偏见"这个术语来描述这种行为。通过

第 11 章
选择架构和现状偏见：如何利用惯性推动事情发展

一系列实验，他们发现"现状框架对受试者的决策有可预测的显著影响"。他们还发现，"在一系列的决策中，个体表现出明显的现状偏见"。

在其中一项实验中，给一部分实验对象设定一种情境，假设他们继承了一大笔钱，然后要求他们从四个不同的投资组合中选择一种进行投资。其他受试者也被指定同样的情境，但有一点不同。在四种投资选择中，有一种被描述为目前资金所在的投资组合，代表着"现状"。

在实验中，研究人员告诉实验对象，假设他们拥有相当可观的财务知识，而且四种投资组合都没有明显的税务问题或经纪费用。实验结束后，萨缪尔森和泽克豪斯报告说，研究参与者表现出强烈维持"现状"的偏好。

作为营销人员，你可以利用现状偏见提高客户的忠诚度和留存率。提醒客户他们使用你的产品或服务有多久了，或者提醒他们已经与你的公司打了多少年的交道。告诉他们，继续选择你是条捷径，不需要额外付出精力。或者暗示他们，转而使用竞争对手的产品，他们不仅会感到失望，还会错过原本在你这儿享有的便利。

电信领域的现状偏见

我的一个同事叫帕特·彼得逊（Pat Peterson），她利用现状偏见创造了一些行之有效的营销信息，并赢回了客户。她试图说服那些最近换了电信公司的人回心转意。她的文章标题是"改变是好事"。她告诉目标客户，他们更换公司是件好事，这样就能感受到原来的公司有多好。然后她还说，如果他们想回来，她随时欢迎，并提供一个优惠。这一信息挽回了相当一部分人，他们更喜欢自己熟悉并依赖了一段时间的公司。

触发：

驱动客户本能购买和追随

金融营销人员该如何利用现状偏见

一家金融服务公司需要向在该公司拥有 401（K）[1]账户的人发送一系列电子邮件。这些客户似乎已经离开了最初给他们开设退休储蓄账户的雇主。账户一年多来没有任何活动，客户可能已经忘记了这笔钱的存在。

当然，金融公司更希望客户把钱继续留在原先的账户上。然而，提醒他们这些资金的存在可能会冒一定风险。这些邮件会让客户记起这笔钱。一旦如此，客户可能会考虑将现金转移到另一个退休账户上，比如他们在新工作单位开设的账户。

为了促使客户把钱留下来，我们使用了触发现状偏见的表达。我们给客户发送一系列电子邮件，提醒他们这笔钱的存在，告诉他们账户仍在为他们效力，并向他们保证这仍然是管理退休金的一种好方式。

电子邮件中包含了一个登录页面的链接。如果客户选择访问该页面，会立即看到一条信息，向他们保证钱是安全的，而且无须缴税。他们还被告知，无须采取任何行动。当然，如果他们想进一步了解账户情况或讨论其他选择，也可与公司代表交谈。该电子邮件包含一个联系电话和一个安排预约的按钮。从本质上讲，客户得到的信息是：他们的钱在原地保持安全增长，把钱留在那里没错。简而言之，什么都不做就是最好的选择。

运用选择架构和现状偏见与客户进行有效互动的方法

- 把你想让客户做出的选择设定为标准选择，即通常被选择的那个。
- 将所期望的客户行动定位为受欢迎和有吸引力的行为。
- 让阻力最小的路径直接通向你希望客户和潜在客户采取的行动，无论是注册、订阅特定等级的服务，还是重新购买产品，等等。

---

[1] 401（K）指美国1978年《国内税收法》第401条K项的规定。该条款适用于私人公司，为雇主和雇员的养老金存款提供税收方面的优惠。按该计划，企业为员工设立专门的401K账户，员工每月从其工资中拿出一定比例的资金存入养老金账户，而企业一般也为员工缴纳一定比例的费用。员工自主选择证券组合进行投资，收益计入个人账户。员工退休时，可以选择一次性领取、分期领取和转为存款等方式使用。——译者注

- 让客户轻而易举地就能完成你想让他们做的事，相反，你不想让他们做的事，就要给他们设置重重障碍。例如，你可以在原有购买按钮旁边添加一键式选项，使客户更容易购买所需的额外物品。
- 清除可能会打断或阻碍客户完成你所需行动的阻力。
- 仔细考虑你的默认选项设置。因为没有设计是中立的，所以要确保你的默认选项有利于你的营销目标。
- 预先选中你想要的选项，比如把我列入你的电子邮件列表、有更新就联系我、支付信用卡费用（筹款），等等。
- 在与客户沟通时，要提醒客户公司已经为他们服务了多少年。
- 利用惯性为你服务。让客户的"不作为"转化为你想要的"有所作为"。
- 创造"粘性"产品或情境。例如，银行应该专注于吸引支票账户客户，订阅公司应该努力获得信用卡信息以实现自动续订。
- 通过提供充分的理由或有说服力的激励来克服现状偏见，促使客户采取行动。

要点

1. 营销人员向客户提供选择的方式会影响客户的决定。这就是所谓的选择架构。
2. 选择架构的例子包括你提供的选项数量、选项设置的顺序、设计和视觉提示吸引人们注意的信息，以及你描述各种选项的方式。
3. 偏好和以前的经历并不是决定人们选择购买什么的仅有因素。
4. 你设置的默认选项将对客户的决策有很大的影响。人们通常会选择顺其自然（即默认方式），而不会刻意选择退出或加入。
5. 人们倾向于坚持默认选项。研究表明，默认往往被认为是一种隐含的认可。
6. 将理想的选项定位为有趣和简单的选项，可以让它更有可能被选中。

7. 人们通常没有时间去考虑各种选择，所以他们会选择阻力最小的路径。
8. 当使用选择架构时，营销人员永远不应该强迫他们的客户。客户应该总是能够做出有悖于你预期的选择。
9. 消除阻力和简化选项，可以帮助人们做出你希望他们做的选择。
10. 你的客户会对现状有强烈的偏好。这可能是由于熟悉、损失规避、已经投入的时间和精力，或者习惯所致。
11. 营销人员可以利用现状偏见来提高客户忠诚度和留存率。
12. 克服现状偏见可能需要一个强有力的理由或激励。

小结

选择的呈现方式会对人们的选择产生相当大的影响。选择加入、退出和默认都会影响选择。考虑到人类倾向于保持现状，而不是积极地做出改变，这一点尤其正确。你的客户和潜在客户会自然倾向于顺应潮流，或者选择建议的或更容易的选项。作为一名营销人员，你应该将这一点纳入你提供的选项，以及这些选项的呈现方式中。

促使人们做出你想要的决定的另一种方式，是给你的客户和潜在客户贴上标签，将他们归为一个可能会做出某种积极决定的群体。正如你在下一章所看到的，当某人认为自己属于某个特定群体时，他们就会开始采取相应的行为。

第12章

标签和框架：让人们以你的方式看待事物

第 12 章
标签和框架：让人们以你的方式看待事物

营销人员用来描述客户和产品的措辞会影响购买决定。当人们被贴上属于某个群体的标签后，他们的行为就会与其保持一致。为了增加销量，把你的目标客户标记为会必然购买这种产品或服务的群体。在描述产品或服务时，要使用的语言更具吸引力，或者能促使你的潜在客户从新的角度来看待它。

如果人们只做你想让他们做的事，营销就容易得多了。不是吗？这可以不费吹灰之力。你是卖家，他们是买家，按照相应的角色行事，一切水到渠成。所以，请把你的信用卡递给我！

不幸的是，这没那么容易。（不然你为什么要读这本书呢？）事实是，即使你的产品或服务非常好，还是会有很多因素阻碍你的销售。通常来说，你需要让人们相信，你的产品是他们需要的，而且需要现在就购买。如果你的商品正好是人们想要的，你还需要说服他们从你这儿购买。还有很多公司正处心积虑地想从你这儿挖走客户，你肯定经历过这种情况。

作为一个有竞争力的营销人员，你也会尽最大努力将你的产品和服务定位为人们的理想选择。但有时也会事与愿违。比如，人们经常被提醒不要轻信他人。建议虽好，却不利于你的营销。它会让潜在客户怀疑你的产品是否言过其实。在这种情况下，行为科学可以助你一臂之力，如添加一些社会认同、利用权威原则，或借助故事的力量。

关键是，潜在客户在面对你的营销信息时会怎么想？你要揣摩他们的想法，这点很重要。但精明的营销人员会更进一步，利用行为科学将想法植入目标客户的大脑。通过使用特定的行为科学策略，你可以影响人们对你的营销信息做出即时反应，让他们购买自己以前根本不会买的东西。行为科学家将之称为"标签化"。

> 营销人员可以使用标签来激励行为。一旦人们被告知自己属于某一特定群体，他们就会开始像其他群体成员那样行事。

标签化可以帮助营销人员引导潜在客户做出预期的行动

人们被贴上某一群体的标签时，就会开始表现出那个群体的特征，行为也在某种程度上与其他成员保持一致。即使一个人最初并不认为自己属于那个群体，上述情况也会发生。换句话说，即使你的潜在客户并不认同自己的某个群体身份，一旦你将某个"标签"植入他们的大脑，他们的行为就会相应地发生变化。

在要求某人购买前，暗示他们就是购买产品或服务的最佳人选。这会让他们也这样认为，尤其是你在过程中应用了标签策略，效果会更好。标签是一个非常强大的工具，能让人们以你希望的方式看待自己。根据唐娜·L.罗伯特（Donna L. Roberts）博士的说法，"如果我们相信某件事的真实性，我们就可以用态度和行为让它变成真的。没人能不受标签的影响。标签理论（Labeling Theory）表明，自己或他人用来描述我们的措辞，会影响我们的身份和行为。"

经证实，标签化可以增加投票、慈善捐赠和政治偏好

研究人员爱丽丝·泰布特（Alice Tybout）和理查德·亚勒奇（Richard Yalch）在他们在芝加哥进行的一项研究中证明了这一点。在一次地方选举之前，他们与一组选民谈论了他们的"政治态度、与即将到来的选举相关的问题知识、过去的政治行为、即将到来的选举的投票意向、关于投票的自我认知，以及人口统计特征"。之后，他们随机将与之交谈的每个人分配到两个组中的一个。其中一个组被告知是"普通公民，有普通的投票可能性"，

第 12 章
标签和框架：让人们以你的方式看待事物

另一个组被告知是"高于平均水平的公民，有高于平均水平的投票可能性"。同样，这些标签是随意给定的。

然而，当选举在一周后举行时，被标记为高于平均水平的人参与实际投票的人数比普通组高出15%。研究人员得出结论："被标记为高于平均水平的个人比被标记为普通公民的个人将自己视为选民的可能性更高。"

罗伯特·西奥迪尼描述了一项实验证明了标签化的效果。这项实验是与两组人共同进行的，要求受试者为癌症慈善事业捐款。在要求捐款的一周前，其中一组人被赠送了一个"防癌意识"徽章佩戴了一周。随后，当研究人员要求捐款时，这组人捐赠的金额更多。这个徽章可以被视为一个标签化工具，能让这些人认为自己是支持该事业的。

标签化还可以影响某人是否会同意所述观点。在德国进行的一项实验中，研究人员发现，如果某个言论带有"受某特定政党支持"的标记，那么支持该政党的人赞同该言论的概率更高，而不带标记的时候支持率会降低。不支持该政党的人赞同该言论的概率比未标记的时候还要低。研究人员得出结论："对同一政治言论进行标记会改变选民对该言论的支持程度。"人们可能会根据标记来赞同或不赞同同一个想法。

在美国，也有类似的观察结论。当有人继承了去世者的财产时，如果遗产价值超过一定金额，继承人必须为此纳税。这种税收传统上被称为遗产税。

然而，不支持该税种的共和党开始将其称为"死亡税"。根据《商业内幕》（*Business Insider*）的一份报告称，该政党的一位信息顾问进行了焦点小组调查，发现"68%的人反对遗产税，但当他称其为'死亡税'时，这个数字飙升到了78%"。显然，这一标签影响了人们对这项税收的反应。该文章还指出："对这个词的使用很快就成为政治立场的标志。"

给某人贴标签可以影响他们对自己的看法，以及随后的行为。此外，给信息"贴标签"，可以影响一个人对它的接受程度。作为一个营销人员，你可以利用这些发现，激励客户采取你想要的行动。给这些客户贴上标签，使之符合你提出的要求。但要注意，确保你提供的任何支持销售的论据，都来自他们不反感的人或组织。

触发：
驱动客户本能购买和追随

你描述产品或标注产品的方式也会影响买家的行为

在得克萨斯州达拉斯市外有一家"科林街面包店（Collin Street Bakery）"。他们的招牌是水果蛋糕。吃过他们水果蛋糕的人无一不称赞，这让他们赢得了很多回头客。正如你所猜到的，他们面临的挑战是如何吸引更多的顾客。毕竟，水果蛋糕（fruitcake）[①]是一种经常成为笑柄的甜点。

加里·亨纳伯格（Gary Hennerberg）是这家面包店的营销顾问。他做了一些调查，发现人们喜欢店里甜点的味道，但对"水果蛋糕"这个词却嗤之以鼻。通过与客人交谈，他发现，这家店的水果蛋糕采用的原料是一种非常特殊的山核桃。这启发了亨纳伯格，他建议不要把这种甜点称为"水果蛋糕"，而是给它们贴上得克萨斯州本土山核桃蛋糕的标签。当面包店测试新名称时发现，邮购订单激增了60%。蛋糕配方和价格没有丝毫改变，变化源于产品的标签和促销方式。

其他研究也证实，产品描述会影响人们对它们的态度。在一项涉及菜品描述的研究中，研究人员发现，"奶奶的西葫芦饼干"和"多汁的意大利海鲜菲力"等标签使销售额增加了27%，并改善了人们对食物和餐馆的态度，激发了他们再次光顾的意愿。

普罗文斯敦的Lobster Pot餐厅在描述他们的"血腥玛丽"时利用了标签优势（图12-1）。

看到这一描述，我去了我最喜欢的科德角餐厅——马萨诸塞州普罗旺斯镇的Lobster Pot餐厅。我想知道这个家族式的餐饮场所，是否认为他们菜单上的"肖恩的著名特制血腥玛丽"比单纯的"血腥玛丽"更好卖。与她哥哥肖恩一起在前台工作的朱莉告诉我，她"有把握"会卖得更好。她解释说："人们看到肖恩的名字，就肯定想要试一试。"她补充说："蒂姆获奖蛤蜊汤"也有同样的效果，她指的是以她兄弟（也是餐厅厨师）的名字命名的汤。

---

① fruitcake在英语俚语里有"疯子"的意思。——译者注

第12章
标签和框架：让人们以你的方式看待事物

> "肖恩的著名特制血腥玛丽"鸡尾酒⋯12美元
> 黑胡椒粉、柠檬皮和希腊金椒注入伏特加，调成我们特制的"血腥玛丽"鸡尾酒

图 12-1　描述很重要

一个意想不到的标签如何影响我的购买决定

在夏天，我有很多周末都是在海滩度过的。一个周六下午，我和几位朋友约好在赫林湾海滩游泳，并享受日光浴。海滩很漂亮，是新英格兰公认的最美海滩之一。

有一次我回到岸边裹上毯子后，我的朋友安妮特告诉我，我有一双适合跑步的腿。你可能还记得前一章的内容，我从来不认为自己有运动细胞。事实上，我把自己的锻炼方式称为"拖步跑"。在天气允许的情况下，我大多数的早晨都会进行这种运动。安妮特是一名运动员。确切地说，她是一名赛跑运动员。如果她说我适合跑步，我只能假设她在做理智的评价。那天我从海滩回到家后，对着镜子审视我的腿就想："所以呢，我猜擅长跑步的人腿就长这样。"

但从那天起，我变了。我开始不再认为自己是一个"运动混混"，而更像一个……初学跑步者。我开始计时每天五千米的训练，并努力提高速度。我开始在社交媒体页面上发布我刚跑完步的状态。我付了报名费，参加了我的第一次五千米趣味跑。

从市场营销的角度来看，也许最值得注意的是，我的购买决策发生了变化。在过去，我买运动鞋的标准是外观好看、价格合理。而现在，我突然发现自己在研究"最适合女性的跑鞋"。我去了一家跑鞋专卖店，试穿了一双。在花了比以前更多的钱买鞋子之后，我还额外购买了一条跑步短裤。

我的这些变化，包括我的身体行为和购买行为，都是因为安妮特给我贴的"跑步者"标签所致。虽然我以前没有这样想过自己，但因为这个标签，我改变了。因为有人告诉我属于某个群体，我开始以更符合这个群体成员的方式行事。这个标签影响了我对自己的看法和之后的行为。

触发：
驱动客户本能购买和追随

案例分析

第三方信贷提供者使用标签来有效地销售他们的产品

当你的产品对买方的终端客户比对买方本身更有利时，营销应该怎么进行？这是我在波士顿地区工作时接到的任务。该客户销售一种可由牙科专业人员向他们的病人提供的付款计划，如果病人选择种植牙之类的医疗，这些贷款可以帮助他们支付昂贵的费用，因为他们的保险可能不涵盖此类项目。

客户所瞄准的大多数牙科诊所已为患者提供了某种形式的筹资方案。他们一旦做了决定，就不会轻易更改。而且诊所经理们认为此类付款计划都差不多，没有什么质的差别。

在这种情形下，我们需要部署一些有效的营销信息。为此，创意团队探讨了几种不同的方案。一种方案是提供优惠，只要牙科诊所注册付款计划服务，就可以享受免费午餐。以优惠作为切入口通常是个好主意，因为人们会受到优惠的激励，尤其是可以免费获得某些东西。然而，我们知道牙科诊所的经理和医生都很忙。而且，由于他们很可能已经有了合适的筹资方案，对我们客户的服务并没有很迫切的需求。因此，我们认为这种方案可能不足以克服惯性，说服诊所去注册。

团队还探讨了另一种方案，即强调我们客户提供的付款计划可能比牙科诊所的现有解决方案更好。对病人来说，它的贷款通过率高；对牙科诊所来说，它收取的诊所服务费要低于同行。虽然这些理由很有说服力，但似乎太过理性，无法获得很高的回复率。因为人们通常出于感性因素做出决定，然后用理性来证明决策的合理性。我们认为，用这些理性原因展开营销还不够吸引人。

最终，创意团队提出了一个绝妙的想法，即利用免费午餐优惠和注册该服务的理性原因作为营销的主要支撑点，将标签化方法作为切入点。其理念就是：给诊所经理或牙医贴上"一切以病人为中心"的标签。一旦他们被贴上这样的标签，后面的事就好办了。他们很难再声称对一个可能非常有利于病人的付款计划不感兴趣——这个计划为那些病人提供了很高的贷款批准率和有吸引力的条件，从而使他们更快得到治疗。这个饱含情感的标签旨在促使目标客户的行为与之保持一致。结果达成了预期效果。此次营销信息的表现比客户之前的推销要好64%。

公司战略性地使用标签的其他方式

作为一名营销人员，你希望选择的标签能让目标客户按照你的信息行事。你希望他们将自己视为该群体的成员，自然而然地购买你的产品或服务。例如，我在与几种不同类型的客户沟通时使用了标签：

- 一家商业服务提供商给目标客户标记为城镇中有前途的企业。
- 一家人寿保险公司将他们的目标客户标记为"对所爱之人负责"的人。
- 一家金融服务公司将目标客户标记为退休时因有足够储蓄而信心满满的人。

一旦目标客户接受了标签并认同了它，他们接下来的行为便不言而喻了。例如，如果你是一个对家庭负责的人，只有购买人寿保险才合情理，因为你要确保在你去世后，你的亲人不会陷入经济困境。

尽管标签功能强大，但有时营销人员会需要使用与之相关的行为科学原理来触发客户行动。这种触发器就是框架理论（Framing）。

框架理论可以改变人们的感知和行为

行为科学家发现，对事物的描述或者界定的方式会影响人们的决定。《思考，快与慢》（*Thinking, Fast and Slow*）一书的作者丹尼尔·卡尼曼（Daniel Kahneman）解释说："相同的信息以不同的方式呈现，往往会引发不同的情感。"《助推》一书的作者塞勒和桑斯坦指出："这种观点认为，选择在一定程度上取决于问题的表述方式。"

作为一名营销人员，你应该知道，你对营销信息的描述，会极大影响你的客户和潜在客户对它的反应。你要挑选那些对目标客户而言浅显易懂、

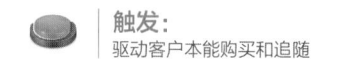

意义重大、能促使他们以新的方式看待事物的词语——或至少是以你希望的方式。

心理学家伊丽莎白·洛夫特斯（Elizabeth Loftus）做了一个实验，证明词语选择的重要性。在这个实验中，她播放了一段车祸的视频，然后让观者估计视频中的车速。她在提问时选择了不同的动词，最后得到的答案说明了问题所在。

当要求一些人估计撞击时车辆的速度时，这些人估计为 40.8 英里/小时。然而，当要求另一些人估计车辆接触时的速度时，估计的速度下降到了每小时 31.8 英里[①]。两者差异超过 28%。每个人都看了同样的视频，也都被问到了同样的问题。唯一的区别是使用的动词不同。这个实验表明，问题的表述方式非常关键。

加拿大软件公司 Unbounce 的研究人员也测试了框架效应。在描述一次在线抽奖时，他们发现，将其描述为赠品的效果比描述为促销的效果好 50%。测试使用了两个相似的单词，但产生了两种相差甚远的结果。

最后，在另一项实验中，研究人员发现，正在节食的人在糖果被冠以更健康的名字时吃得更多。同样的糖果可以叫作水果软糖，或者叫作糖果软糖。当把它们描述为前者时，节食者会吃得更多，即使他们已经阅读了成分表，并清楚地知道自己正在吃什么也会这样。

作为一名营销人员，你有一个绝佳的机会将一些框架策略应用于你的在线营销活动中。当使用"是"或"否"按钮时，机会就来了。关键是要用一种方式来表达"否"，并指出不说"是"是多么愚蠢。例如，一个按钮可以显示"是的，我现在就想要白皮书[②]。"而另一个按钮会说，"不，我不需要知道我的竞争对手在做什么。"当你设计出这种选择框架时，潜在客户就很难拒绝了。据《新神经营销》（*New Neuromarketing*）博客上的研究报告称，适当设计"是"或"否"按钮，可以将转化率提高 40% 至 125%。通过设计

---

① 1 英里：1 英里 ≈ 1.6 千米。——编者注
② 白皮书是政府或议会正式发表的以白色封面装帧的重要文件或报告书的别称。——译者注

第 12 章
标签和框架：让人们以你的方式看待事物

选项来强调人们可能会错过的东西，可以引发损失规避心理（详见第 2 章），从而促使积极的回应。

框架理论可以帮助营销人员改变人们对价格的看法

营销人员应该注意，框架不仅是指你在营销文案中使用的描述性词汇。在处理百分比和价格问题时，这也是一个重要策略。你一定去过超市，见过 95% 的脱脂酸奶、冰激凌或碎牛肉。想象一下，如果产品上标明含有 5% 的脂肪，消费者的反应会如何呢？类似地，你可能看到过价格以月为单位而不是以年为单位的金额。当然，营销人员更希望一次性结清。但是，对于潜在客户而言，每月花费 10 美元，似乎比一次性花费 120 美元更能负担得起。

此外，行为科学研究表明，即使东西本身不贵，也需要遵循框架原则——尤其是对某些客户而言。在一个实验中，人们被告知他们可以支付加急运输费，从而更快地收到商品。这笔费用可以描述为"5 美元的开支"，或者"5 美元的小笔开支"。当采用后者说法时，有 20% 的人选择了支付。研究人员指出，这些人被归类为"守财奴"，而不是"败家子"。这种区别是很重要的，因为"总的来说，'守财奴'与'败家子'的人数比例是 3 比 2"，这意味着，你可能会在你的客户和潜在客户中发现更多对价格敏感的人。

然而，斯坦福大学的研究人员发现，在许多情况下，根据人们的使用体验来推销产品，比根据价格或可负担性来推销更有效。他们说："因为对产品的体验往往会培养出个人对该产品的情感，"而且"提及时间通常更能获得顾客的青睐，从而提高购买率。"

研究人员在进行了五个实验后得出了这一发现。其中最不寻常的一个实验是在旧金山的一家公园里进行的，涉及两个六岁的孩子、一个柠檬水摊和三块不同的标语牌。每隔十分钟，柠檬水摊上的标语牌就会更换，因此不同的路人会看到不同的信息。其中一块标语牌写着："花点时间，享受 C&D 公司的柠檬水。"另一个标语牌说："花点钱，享受 C&D 公司的柠檬水。"第三块标语牌则简单地写着："享受 C&D 公司的柠檬水。"当顾客停下来买饮料时，他们得知可以"随意支付一美元到三美元"，而且这个价格还包括一个印有 C&D 商标的塑料杯。购买柠檬水后，工作人员要求他们填写一个简短的客户满意度调查问卷。

研究人员发现，当摊位上挂着邀请顾客花一点时间驻足的标志牌时，更多的人会停下来购买柠檬水，并且也愿意付更多的钱，在客户满意度调查中，对柠檬水的好评也更多。这让研究人员得出结论："在一个真实的商业环境中，针对不同消费者所做的实验表明，在产品的营销材料中提到时间而不是金钱，就可以使同一产品更具吸引力，更受欢迎。"

> **❶ 错误** 错过重新塑造信息的机会是一个常见错误。如果目标客户认为你和其他营销人员一样，或者他们不需要你的产品，又或者觉得它太贵，这时你需要调整他们的参考框架。这会改变他们的想法和行为。

有时候你需要重新构思或重新定位一个产品，来吸引你的潜在客户

当你需要改变人们对你产品或服务的看法时，框架理论可以是一个明智的战略工具。当人们认为他们知道你在卖什么，并因此声称对此不感兴趣时，框架理论尤其有效。

在我职业生涯的早期，目睹过一个通过重构框架克服这种阻力的极好例子。当时我在一家小型直销公司工作。创始人是一位有魅力、有野心，且聪明过人的年轻人。他想与一些知名的公司合作。然而，这些公司受到许多机构的追捧，而且每家公司都已拥有大规模的资深直销机构。因此，他们有完美的借口拒绝他的合作请求。

据我回忆，当与这些公司交谈时，他没把自己的公司称作直销机构，而是描述为一家跨行业营销公司。这点不假。该机构确实建立了成功的合作营销计划。接着，我们创建了所有需要的直销材料来进行推广。他对公司的描述引发了潜在客户的初步兴趣。他让客户看到，这家公司不同于他们已经雇佣的其他机构。他们现有名单上很可能没有一家公司能提供他所描述的服务。正因如此，他们才愿意与他进一步交谈。

后来他的公司蒸蒸日上，客户中包括了众多的一流公司。虽然这不是他成功的唯一原因，但我相信他最初对公司的描述方式发挥了关键作用。其实，早在我发现行为科学在市场营销中的影响力之前，就认识到这种做法的精妙之处了。

案例分析

一家金融素养组织如何使用框架理论改观客户的看法

孩子们上了大学后，会花很多时间学习和社交，但却不关注学生贷款的到期偿还问题。这是我在营销中应对过的一个有趣的挑战。客户是一个强调大学生金融素养的美国组织，其宗旨是帮助大学生按时偿还学生贷款。

该组织之前一直努力让大学生准备偿还学生贷款，但效果差强人意。所以，当他们来到我工作的机构时，我们决定以不同的方式来构思如何向学生传递信息。我们没有谈论欠款，而是把其描述为一个帮助学生赚钱的项目。通过使用一个对他们目前处境更感同身受的框架，我们吸引了学生注意力，并讨论了该计划的其他内容，包括奖学金、实习、求职援助，以及帮助他们按时偿还学生贷款。结果，校园还款激活率翻了一番，学生参与度激增。

利用框架策略增加啤酒消费量，引导消费者思考时间概念

几年后，在大约 8000 英里之外，一家啤酒酿造商采用了与金融素养组织相同的框架方法，但他们面临的挑战截然不同。人们对新西兰酿造的拉格啤酒——DB Export 的消费量不高。新西兰媒体广告公司（Colenso BBDO）用框架效应解决这个问题。他们把喝啤酒设定为有助于拯救世界的行为。

DB 啤酒厂创造了啤酒燃油（Brewtroleum）——一种由酿造啤酒后剩下的酵母制成的生物燃料。他们鼓励人们喝啤酒，因为喝得越多，这种更清洁的汽油替代品就越多，从而为更多的车辆提供燃料。据澳大利亚《营销》（*Marketing*）杂志 2018 年的一份报告称，"前两批啤酒燃油将 DB Export 酿造

过程中的 116000 吨酵母浆转化为 330000 升的啤酒燃油，防止了 75000 千克的碳进入大气层。"这篇文章总结说，"DB Export 的啤酒燃油改变了人们对喝啤酒的看法——从一种自私的放纵行为变为一种无私的环境英雄主义行为。"此外，据报道，在不景气的市场背景下，该啤酒的销量还增加了 10%。现在，这已成为一个框架营销人员可以为之干一杯的好案例。

塔姆森·韦伯斯特为我们提供了另一个框架使用范例。在她职业生涯的早期，这位作家和独立营销顾问兼职当起了一个减肥中心的教练。她指导的一些人认为自己是"夜间进食者"。他们可以控制自己白天的进食量，谨慎对待体重管理计划所允许的食物摄入量，但在晚餐后，他们开始失控，食物摄入量远远超出计划。

于是塔姆森重新定义了"一天"。她告诉减肥中心的成员，从晚上开始他们的一天——以 24 小时为周期。她解释说，"减肥计划中没有任何地方说过食物摄入量必须从早上开始计算，我们都同意任何 24 小时的时间段都是'一天'。"这个有创意的框架起了作用，允许成员在晚上有需要的时候自由进食，从而促使他们在自控力更强的白天，对自己更加严格要求。

在为一家大型长途电话公司工作时，我听到同事巧妙地以不同的方式重新定义时间。如果客户打电话来取消服务，接受过培训的呼叫中心代表会向他们提供 60 分钟的免费长途电话来挽留他们。然而，如果客户拒绝了这一提议，他们就会转而采取一种后来被称为"横向弹性"（horizontal flex）的回应策略。他们会问来电者，如果公司赠送给他们一整小时的免费长途电话，他们是否会选择继续成为公司的客户。虽然 60 分钟和 1 小时并无二致，但以这种方式提供优惠，成功地留住了一些客户。

营销人员使用标签和框架策略的战略举措

- 给你的潜在客户贴上一个与你寻求的行为相一致的标签。例如，如果你在销售高端厨具，就称你的潜在客户为"吃货"或"美食家"。同样，给你最好的客户贴上标签。正如市场策略师格雷戈里·乔迪（Gregory Ciotti）所指出的那样，"那些被贴上'高级'标签的消费者倾向于消费更多，而那些'普通'阶层的人则不受影响"。
- 选择标签时，确保你的目标客户不会被冒犯到。把民主党人称为"忠诚的共和党人"，或者把素食者称为"挑剔的食肉动物"，都是错误的做法。
- 赞美性质的标签效果很好。同样，你也可以给潜在客户贴上某个相关特征的标签。例如，一个慈善机构可能会把他们的潜在客户称为"慷慨之人"。服装品牌可能会把他们的目标客户定位为"潮流引领者"。商业会议可能会把潜在的与会者称为"有影响力的高管"。
- 在为产品和服务命名时，请考虑使用标签技巧，帮助它们与市场上的其他产品区分开来，并使之对受众更具吸引力。想象一下，人们收到"申请表"和"快速决策表"之间的区别。
- 使用框架策略来改变人们对产品、服务或需求的看法。我见过的一个比较有趣的例子是一家销售空气清新剂的公司的文案。当你想到空气清新剂时，你可能会想到用它来掩盖难闻的气味。然而，他们将使用过这种产品后的体验描述为"就像经历了一次说走就走的旅行"，因为人们可以让家里不同的房间闻起来像不同的地方。
- 如果客户已经选择了你的公司，那就着重描述他们一旦放弃你们公司，可能需要面对变化带来的风险及损失。如果你还未赢得客户，你的营销信息需要描述对潜在客户的担忧，因为如果他们继续无动于衷，便不会有机会得到你能提供的一切。
- 重新思考潜在的缺点，以更积极的方式看待它们。例如，一个狭窄的餐厅可以被描述为一个拉近距离的餐厅。一个产品的基础版本可以被描述为：拥有所有必要的功能，没有任何令人分心的附加功能。
- 使用框架策略来影响客户和潜在客户对事物的看法。例如，把你的服务成本称为投资而不是费用。或者，如果你筹办一个会议，请不起大牌的演讲人，你可以如此设计推荐语：与会者不会从名人嘴里听到千篇一律的故事，相反，他们将听到真正的从业者讲述他们奋斗和成功的日常细节。

> **触发：**
> 驱动客户本能购买和追随

要点

1. 当你给客户贴上属于某个群体的标签时，他们的行事方式就会与这个群体趋向一致。
2. 人们会接受以前他们认为不适用于自己的标签，只要这些标签不是他们厌恶的就可以。
3. 标签可以改变人们对自己的看法以及随后的行为。
4. 你如何标记信息来源会影响人们对它的接受程度。
5. 你提到产品的方式会影响顾客对产品的看法。
6. 在给潜在客户贴标签时，确保这些标签与你要求他们采取的行动保持一致。
7. 以不同方式构思相同的信息，可能会引发不同的反应。例如，人们可能会选择 95% 的脱脂产品，而不是含 5% 脂肪的产品。便宜的产品可以被描述成优惠产品。旧的风格可以被描述为经典。一家只能提供有限服务的公司，可以被描述为专业服务公司。
8. 仔细选择你的描述词，因为它们会影响目标客户的看法和行动。
9. 当使用"是"和"否"按钮时，使用"否"按钮上的文本来描述不选"是"的后果。
10. 试着从客户的产品体验而不是省钱的角度来构思你的产品，因为体验可以激发情感反应。
11. 使用框架策略，让人们以一种新的方式或营销人员喜欢的方式看待事物。

小结

你可以通过使用标签和框架策略来增加目标客户的购买可能性。前者影响他们对自己的看法，后者影响他们对你所售商品的看法。两者都能触发自动购买决策。人们的行为方式会与他们被告知所属的群体相一致。他们会对那些引导他们看待和思考产品或服务的营销信息做出回应。

例如，他们可能会购买一件新上市的商品，因为营销人员给他们贴上了"潮流引领者"的标签。或者他们可能会购买一款经久不衰的产品，因为营销人员将其定位为永不过时的经典。在这些例子中，"因为"这个词在解释中占据了显著位置。在下一章中，你将看到提供原因为何可以触发自动同意心理，以及"因为"这个词如何发挥关键作用。

第13章

通过自动顺从诱因和理由激发客户采取行动

第13章
通过自动顺从诱因和理由激发客户采取行动

行为科学家已经证实，人们更有可能遵从一个有理由的请求。因此，营销人员应该给客户一个回应营销信息的理由，即使这个理由并没什么意义。营销人员还可以利用语言和图像等诱因，自动引发人们的特定反应。

你知道为什么焦点小组并不总是可信吗？因为人们会告诉你他们为什么买或不买这样的产品，他们为什么回应或不回应某一广告，但是这些信息经常出错。他们并不是想故意误导你，也不是带着欺骗的邪念走进焦点小组。但不管怎么说，错误是实实在在的。结果是，作为营销人员，你就只能依靠错误信息进行营销策划。

人们为什么要这样做？为什么就不能如实回答？他们觉得隐私受到了侵犯吗？是双向玻璃后面的营销人员让他们感到不自在吗？是因为他们屈服于同伴压力，随声附和他人吗？还是为了表达善意，说了营销人员想听的话？

以上都是合理的推测。在一定程度上，它们都能影响焦点小组提供给你的答案。不过通常来说，这些都不足为虑，因为一个优秀的研究人员或焦点小组主持人能控制好这些变量。现在又回到了我们的问题上。为什么焦点小组的参与者会对我们撒谎？他们参加焦点小组已经得到了报酬，而且他们是经过筛选后最合适的参与者。那他们为什么不能如实回答主持人的问题呢？这就是有趣之处。实际上，参与者都认为自己是诚实的，并没意识到自己的答案与事实不完全相符。他们认为自己正在恪尽职守，对每个问题或展品提供了真实的意见和反应。

这是因为人们通常也搞不清自己做某些事的原因。正如我们第一章中所述，人们受到一些无法察觉的因素的影响。即使他们确信自己知道做出某些购买决定的原因，但事实往往相反。或者，正如行为科学家苏珊·温申克

（Susan Weinschenk）报告的那样，"研究表明，我们的大多数决定，无论大小，都是在无意识的情况下做出的，并且涉及情感。"

然而，即使大多数决定是无意识做出的，也不能阻止人们认为他们确实知道自己这么做的理由。因此，当被问及原因时，他们会给出一个理由，一个他们真正相信的理由，但对营销人员来说，可能没多大用处。正如奥美广告公司（Ogilvy and Mather）的创始人大卫·奥美（David Ogilvy）观察到的那样，"人们不会想他们的感受，不会说他们的想法，也不会做他们所说的事情"。

然而，人们有一种强烈的需求感，觉得做事情一定要出于某种原因，而且想要掌控局面（详见第 7 章）。因此，人类的大脑会创造一个合适的理由来解释行为。例如，你找到了放错地方的钥匙，然后告诉自己，"哦，我把它们放在这里，一定是因为……"人的大脑会以一种合理的方式填补缺失的信息，即使最终并不属实。人们喜欢为自己的所作所为找个理由。虽然这对研究人员来说可能不是好事（这也是我更喜欢市场测试的原因之一），但对于试图实现不同目标的营销人员来说，却是个天大的好消息。

这个目标便是促使人们采取行动。为什么？因为行为科学研究表明，如果给某人一个做某事的理由，他就更有可能行动起来。这就意味着，如果营销人员给客户提供了应该购买或回复的理由，将更有可能得到他们想要寻求的回应。人们会觉得他们不是无故采取行动，因此，这就触发了人类自动的、本能的反应。

> 营销人员可以使用某些提示，让人们在不需要考虑太多的情况下，同意或遵从某个请求。

营销人员可以通过提供原因来促进回应

罗伯特·西奥迪尼在他的著作《影响力》一书中，描述了某些可以触发

第13章
通过自动顺从诱因和理由激发客户采取行动

人们"自动顺从反应"的因素——他将这种反应模式比作"机械的、像磁带播放的"反应模式。这就像按下一个按钮,这个人就会用相应的磁带脚本或机械行为来回应。

一个能触发自动顺从行为的词是"因为"。西奥迪尼指出,"一个众所周知的人类行为原则表明,我们在要别人帮忙的时候,要是能给一个理由,成功的概率会更大。"研究证明,用"因为"这个词来介绍理由,能触发想要的回应。

想象一下:你在图书馆的复印机前排队,要复印一些文件。正当你排到队伍最前面,准备把文件放在机器上时,一个陌生人走到你面前,问他是否可以插个队。你会怎么做?也许你认为你的答案很大概率上取决于今天是否有闲情逸致给别人帮个忙。很可能是这样。假设这个人非常礼貌地提出了请求,结果会有很大区别吗?

根据兰格的实验,答案是肯定的。她安排了实验人员在一个人准备使用复印机时与之交谈,并指示实验人员说:"不好意思,我只有5页纸要印,我可以先用复印机吗?"这种情况下,60%被询问的人同意了实验人员的插队请求。这可以看作是基准线。兰格还指示实验人员用另外两种方式提出请求。一种是"不好意思,我有5页纸要印。我可以先用一下复印机吗?因为我需要复印。"另一种是,"不好意思,我有5页纸要印。我可以先用复印机吗?因为我赶时间。"

当你阅读最后一个版本时,你可能会认为这种方式能获得更多的同意。确实,兰格发现,在这种情况下,同意的人数从60%上升到了94%。毕竟,实验人员说了他们赶时间,对吧?

令人惊讶的是,当实验人员用"因为我需要复印"来解释时,同意的人数确实下降了,但只从94%降到了93%。显然,在复印机前排队的人都是要复印的,而不是来买咖啡的。兰格认为"因为"这个词是一个暗示,可以让人们不假思索地同意。她指出:"这可能不是一个人权衡信息后做出的举动,而是更多地基于结构性提示进行的。"(图13-1)

触发：
驱动客户本能购买和追随

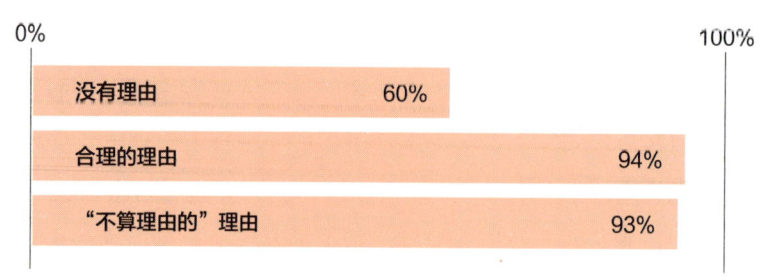

没有理由	60%
合理的理由	94%
"不算理由的"理由	93%

图 13-1 "因为的力量"

艾伦·兰格的复印机实验中，提供了原因的请求极大增加了人们的回应率。即使是一个毫无意义的原因也很有用，其回应率也很高，达到了93%，而基准线只有60%。

兰格证明，为请求提供一个理由，并用"因为"这个词提示该原因，可以有效地赢得同意。但是，在营销人员认为任何荒谬的理由都足以让人们采取预期行为之前，首先考虑一下她的后续实验。在那个实验中，页数从5页增加到20页，请求变大了。在这种情况下，合理的理由确实获得了更高的服从率（由24%提升到42%）。然而，"不算理由"的理由并没有触发更多的同意。

这表明，作为营销人员，你应该为你要求的行为提供理由——最好合情合理。另外，你应该在你的请求前面加上"因为"二字。如此，才能极大地提高客户和潜在客户自动同意的可能性。

提供理由如何推动一家营销机构实现显著增长

如果你读过第9章，应该能想起，在经济低迷时期，我在一家小公司兼职创意总监的故事。我在圣诞节期间被一家大公司解雇，所以能拥有这份工作我很感激。你可能还记得，在入职几周后，我很高兴得知，母公司的一位销售人员想和我谈全职工作的事，而他的计划行不通。但这个故事最终还是有了一个圆满的结局。

像经济衰退期间的大多数广告机构一样，这家小广告机构也一直在努力壮大自己。他们的员工很聪明，也很有天赋，给客户提供了优质的服务以及

第13章
通过自动顺从诱因和理由激发客户采取行动

有效的创意。但现在,他们的竞争环境极其恶劣。通常不会把小客户放在眼里的大型广告机构,也突然对它们感兴趣了,因为其他规模较小的公司都在打价格战吸引客户。因此,给潜在客户提供一个强有力的理由,让他们选择这家机构就显得愈加重要。

公司老板尼尔让我和他一起思考这个理由应该是什么。正如你想象的,我们考虑了几个方案。一个想法是专注于让客户"花小钱,办大事",以较低的价格提供更好的服务。因为公司几乎所有员工都曾在大型知名机构工作过,所以这是个切实可行的办法。不幸的是,我们的几个竞争对手也可以这样办。

我们探讨的另一个领域是与我们母公司的关系。这家公司提供印刷和制作服务,这意味着我们可以用出色的印刷和邮寄业务打开销路。几乎没有哪个竞争对手能做到这一点。

然而,如果潜在客户正在寻找一家能满足他们数字化需求的机构,即使我们确实可以胜任,他们也许也不会相信。如果他们确实想做线下宣传,又可能会担心我们能提出的思路有限,因为他们只能在我们母公司所拥有类型的印刷机上印刷。虽然只是一种推测,但是这种情况的确可能出现。

在接下来的讨论中,我突然灵机一动。很明显,我们都对行为科学有着浓厚的兴趣和适度的尊重。过去六年来,随着对该领域的逐步了解,我试图将我的相关发现运用到团队的创意工作中。结果是令人欣喜的。在一份报告中,我告诉尼尔,如果我在经营一家机构,我说服客户跟我们合作的原因是,我们在工作中运用了行为科学的激励作用。这份报告也预示着我后来成为 HBT 营销咨询公司的联合创始人。

尼尔决定采纳这一想法,并付诸实践。我们都相信在营销中使用行为科学是有用的,而且这是我们的竞争对手没有想到的。我们认为这是潜在客户应该考虑花钱雇我们的强有力的理由(由于举办营销活动需要花费大量的资金,我们需要一个合理的理由来支持自己的"因为"。客户不会因为"我们做营销"而雇用我们的机构)。

我们的理由奏效了吗?俗话说:"事成都来居功,事败无人关怀。"将该

> **触发：**
> 驱动客户本能购买和追随

机构的成功仅归功于这一个理由有些片面，但我要说的是，在该机构出售前的三年里，其业务量翻了一番。而且该机构也是美国三十五家最佳直销公司之一。

> **❗ 错误**
> 不要因为你的潜在客户知道为什么回应你的请求，就不提出请求。
> 不要忘了提供一个理由，这样人们才更有可能做你要求的事情。

🔍 案例分析

一家当地银行提供的开设支票账户的原因

银行希望人们开设支票账户，只有这样才能留住客户。如果客户申请了直接存款、在线支付，或使用借记卡等服务，则更是如此，因为更换银行会更麻烦。

与大型银行相比，本地小型银行吸引客户的难度更大。规模越大的银行广告和营销预算越多，有时可提供的服务也较多。因此，当一家社区银行找到我工作的机构，希望吸引更多客户在他们银行开设支票账户时，我们知道这需要一些锦囊妙计。

强调地理优势是我们的第一反应。该银行分行就位于潜在客户的"家门口"，很方便顾客登门来访。且银行工作人员都是熟悉社区的人。但我们并不认为这个理由足够吸引人们在该银行开立支票账户。大银行到处都有自动取款机（ATM）；此外，有了网上银行，分行的地理优势似乎无足轻重了。虽然对当地社区的了解可能是获得贷款或抵押贷款的一个因素，但与开立支票账户似乎不太相关。

接下来，我们把目光集中在银行提供的优惠上。该银行提出将一定数额的钱存入客户的新支票账户。这虽然具有一定的竞争力，但客户转到另一家优惠力度更大的银行办理支票账户，也是常事。

当然，我们也考虑过声明给客户提供优质服务。但是，哪家企业不声称提供优秀服务呢？的确，客户会因为一次糟糕的经历更换银行，但除非潜在客户自己亲身经历过，否则你给出的服务承诺无论如何诱人，人们也可能只会视为"白噪声"。

然而，在评估竞争环境时，我们了解到，几家大银行最近开始提高费用。我们的社区银行客户也收费，但不打算增收费用。这为我们创造一些有力的营销信息提供了新视角。在构建我们的"原因"时，我们认为，如果它是关于个人，而不是金融机构的，将会更加有效。因此，我们围绕着这个想法精心设计了引导信息：由于大银行正在提高费用，目标客户可能会考虑跟他们的邻居一样，重新选择一家银行办理支票账户。

提到邻居是为增加社会认同，暗示像目标客户一样的人也正在考虑更换账户。通过暗示目标客户可能已经在考虑这件事，实则将这个想法植入了他们的头脑。

信息中没有直接表示银行不会提高费用，以免人们怀疑这是银行吸引客户的权宜之计。我们不想提供一个听起来不切实际的理由。然后，营销文案继续对该银行进行定位，其持续的低费用承诺以及提供的优惠，给目标客户创造了开通支票账户的理想契机。这招奏效了。银行报告说，在他们的操作下，开通率增加了 31%。

在提供原因的同时，你可能还需要给出一个让人们相信它的理由

科学表明，给人们一个理由，他们才更有可能按照你的要求行事。而且你知道较大的要求（例如，复印 20 页而不是复印 5 页）需要合理的理由，而不仅是"因为我需要复印"那种。营销人员应该考虑的另一个因素是解释"为何要相信这个理由"。如果你的理由听起来不可信，你就无法说服潜在客户，进而阻碍你希望触发的自动反应。

设想一下这个场景：假设我有一家卖雨衣的商店，我想卖出雨衣，我给出的理由是现在打 5 折。乍一听，这挺诱人。然而，也可能适得其反。潜在客户可能会怀疑我的雨衣有什么问题，才让我以如此大的折扣出售。他们可能会怀疑这些雨衣的款式是否过时了，或者这些雨衣是不是真的防水。

然而，如果我告诉人们去买半价雨衣的原因是我需要将春季商品卖完，以便为即将到来的夏季商品腾出空间。现在我已经提供了一个原因以及相信它的理由。人们不会对我打折出售的动机产生怀疑，而是会认为他们获得的折扣是我自愿让利。他们可能会认为我的雨衣库存太多，或者是因为春天异常干燥，人们对雨衣的需求不大。不管怎样，他们都不会认为我的折扣（我提供的购买理由）有什么可疑之处。

不是每一个原因都需要可信的理由。关键是要换位思考，站在潜在客户的角度，以他们的方式评估营销信息。如果你的营销信息或优惠可能会引起"听起来不错，但是……"的反应，确保你通过提供背景信息——一个可信的理由来打消这种犹疑。一个好的原因，加上一个令人信服的理由，就能促使人们自动接受你的请求或建议，也就是你所期望的自动顺从。

另外五种吸引客户自动决策的方法

使用"因为"一词提供原因是影响人们决定的一种方式，能让他们不经过深思熟虑就同意你的说法。作为一个营销人员，你也可以利用其他诱因，让人们更有可能自动按你希望的方式行事。这就包括一些重要的行为，如阅读和相信你的营销信息。

优惠券的虚线会吸引读者关注

例如，优惠券吸引读者。广告研究公司 Roper Starch Worldwide 发现，有优惠券的广告比没有优惠券的广告读者多了 13%。这与其实际内容无关。人们已经习惯于在这些虚线内找到有价值的东西，眼神会不自主地瞟向它们。我曾经建议我的客户，如果他们非常希望潜在客户阅读某些信息，就在这些信息周围画上虚线，即使这些信息跟折扣无关。确切地说，我是在一次会议上提出的，其中的一位听众来自一家大型非营利组织。他回到办公室后，决定试一试。结果令他非常满意，并最终雇用了我们。

第13章
通过自动顺从诱因和理由激发客户采取行动

除了吸引注意力和吸引读者，优惠券还为营销人员提供了另外一个好处。根据神经经济学家保罗·扎克的说法，当网上购物者收到优惠券时，他们的催产素会激增，这与幸福、爱和信任感息息相关。事实上，他的研究表明，此时增加的催产素甚至比接吻时还要多！因此，优惠券不仅可以激发人们购买的欲望，还可以让顾客喜爱和信任你的品牌。

图片、图表和方程式意味着可信度

如果你想增加顾客相信你营销文案的可能性，那就配上一张图片。新西兰的研究人员发现，比起一味的陈述，配上一张图更能增加其真实性。例如，人们看到一个句子说："澳洲坚果与桃子属于同一个进化家族。"当坚果的图片与表述一起出现时，人们更容易信以为真，即使这个图片并没有提供这个说法的真实性证据，但只要有图片就能起到作用。

图表显示准确性

如果你想提高营销文案的说服力，并不只有添加图片这一种方法。康奈尔大学的研究人员进行的一项研究发现，将文本与图表结合起来可以使文本更具可信度。研究人员让研究对象阅读一则感冒新药的研发信息。内容不是很长，研究人员将其设计为新闻稿或广告的篇幅。有些人阅读这则信息时，会看到一张图表；另一些人则看不到图表。

在人们阅读这些信息后，需要对新药的药效进行评价。研究人员发现，当人们只看文本时，68%的人认为药物有效。但当有图表出现时，有效性评分增加到了97%。

值得注意的是，该图没有提供任何附加信息，也没有使书面信息更容易理解。它只是暗示了科学报告的真实性。由于文本有图表的支持，人们认为它一定是准确的。正如研究人员观察到的那样，"图表有一种科学的光环——我们把它们与科学和客观性联系在一起。因此，图表也给它们所伴随的信息赋予了一种真实性。"研究人员接着说，"即使是不起眼的图表，也会大大增强所提主张的说服力"。

虽然营销人员不应该编造图表信息，但有些时候你呈现的内容适合用图表或图形米表示。通过创建一个图表并将其放在你的营销信息中，潜在客户就会自动假设，他们刚刚读的内容是真实的，你便可以从中受益。我的团队曾为一家希望增加订阅量的报社客户做了这样的工作。通过柱状图，我们说明了新用户折扣后所需费用与常规订阅费的差异。七年后，尽管他们的其他信息已经改变，但还在坚持使用这种策略。

方程式能提高可信度

类似于图表的科学效果，在人们阅读的内容中添加一个方程式也会增加内容的可信度。研究员季莫·埃里克森（Kimmo Eriksson）进行了一项实验，涉及两篇科学论文的摘要。在一份摘要中，他加入了一行来自另一份报告的文字，这句废话与他的论文主题没有丝毫关系。在另一篇文章中，他插入了一个毫无意义的方程式。然后，他请具有研究报告阅读经验的研究生阅读摘要，并评估研究的质量。

埃里克森发现，含有无意义方程式的摘要得到了更高的评价。然而，对于那些拥有数学、科学、技术或医学高等学位的人来说，并非如此。这些人对论文的评价相似。埃里克森的结论是，对于不精通数学的人来说，"对数学可能过于敬畏了"。

作为一名营销人员，你可能有机会利用人们对数学的敬畏之情。这项研究表明，如果你的产品或服务在营销信息中可以配上一个合乎逻辑的方程式，那就加以利用，它能让你的文案看上去更可信。

前后对比图传达有效性

另一种增强营销信息可信度的方法是用前后对比图，或提供产品和使用结果的图片，这些图片能快速证明你产品的有效性。即使没有阅读文案，人们也能看到你做出的承诺。图片提供了直观的证据，让你的承诺看起来更加具体。

然而，在使用这种策略时，你需要确保将图片放置在最具影响力的位

第13章
通过自动顺从诱因和理由激发客户采取行动

置。英属哥伦比亚大学和新加坡国立大学的研究人员进行过实验，确定两张图片放置的位置对人们会产生影响。

在实验中，研究人员向人们展示了各种产品的图片，包括痤疮膏、杀虫剂和织物柔顺剂。研究人员发现，"广告中因果视觉表现形式之间的空间接近程度会影响消费者对产品效果的判断。一张产品的图像（痤疮膏）和它的潜在效果图（一张光滑的脸）放置得越近，消费者就会认为该产品越有效"。

换言之，在其他条件相同的情况下，如果你的产品展示了产品和效果的对比或产品和结果的照片，而且它们离得很近，那么你的客户会自动认为你的产品宣传更可信。

输入偏差如何促进自动假设

行为科学家发现，人们通常用投入某件事的时间或精力来衡量某物品的质量。这种行为被称为输入偏差（input bias），是人类评估价值的一种简便的方式。输入的数量代表了结果的质量。虽然在某些情况下，投入的时间和精力之间有直接关系，但也不尽然。然而，人们并不总是善于区分这种差异。因此，他们会自动认为更多的投入等于更好的产出。

研究人员要求人们观看一个有关电子墨水和光学开关的演示，这个实验证明了这点。有时他们告诉人们，电子墨水演示需要8小时34分钟的准备时间，光学开关演示需要37分钟的准备时间。其他时候则相反。然后他们让人们对这两份报告进行打分，满分为10分。研究人员发现，无论哪种报告，被描述为准备时间较长的报告评分较高。如果人们得知电子墨水演示需要更长的准备时间，他们的评价会更高。而得知同样的演示准备时间变少，他们的评分就会不断降低。演示内容没有改变，但他们得知投入量发生了变化。这就是产生差异的原因。尽管人们认为，他们的评估是基于客观的衡量标准，但事实并非总是如此。他们可能认为，除了实际产品之外，自己不会受到任何因素的影响，但这个实验表明，情况并非如此。

由于人们只是下意识地将投入等同于产出，这就为营销人员提供了一个机会。你可以通过提及创造产品或服务所花费的时间和精力来增加其感知价值。表达要简洁，并始终记住：人们更关注自己，而不是你。例如，"为了给您带来最舒适的体验，我们尝试了100多种配置"，信息要简短，并集中在客户身上，同时又能触发输入偏差。

在营销中使用"原因"和其他"自动顺从诱因"的方法

- 告诉客户为什么他们应该做出回应，即使这对你来说是显而易见的。
- 提供一个好的理由，但记住，理由不一定需要多么惊人。例如，一份金融简报要求人们订阅，因为阅读它会使他们成为百万富翁，理由是很诱人，但却不怎么现实。然而，邀请人们订阅是因为阅读后将使他们更懂理财，这才是一个可信的好理由。甚至邀请潜在客户订阅是因为"我们的读者非常喜欢它"，也同样可以，特别当注册是免费的或很便宜时更有效。
- 把你的理由与其他行为科学触发因素联系起来，比如社会认同、禀赋效应、信息差理论或权威原则。继续以金融简报为例，营销人员可能会说：因为和你一样的人发现它非常有益，因为你作为会员有权获得该产品或服务，因为下一期将揭示普通人如何将储蓄翻倍，或者因为《财富》(*Money Magazine*)杂志称它是必读之选。
- 将你的理由与时间联系起来（例如：慈善机构可能会说，因为本月所有的捐款都将落实给受益人）。
- 使你的理由个性化（例如：因为你是一个新客户，或者因为像你这样的客户提出过类似要求）。
- 请记住，营销人员可以用"因为"以外的词来解释原因，比如"由于""结果""归功于""所以""因此"。我的一位同事米歇尔·马蒂诺（Michelle Martineau）的一封收购信以这样强有力的句子开头："您之前没有回复我们的邮件，我想我知道为什么了。"
- 使用"原因"来化解反对意见（例如：虽然我们公司在该地区属于一家新公司，但我们的员工都在这里生活了十多年，所以他们熟知这里的每一寸土地）。

第13章
通过自动顺从诱因和理由激发客户采取行动

- 开门见山,用一个理由将你的要求合理化(例如:因为与客户保持联系很重要,所以我们需要你的邮箱)。
- 将你的"原因"与一个能够添加背景信息的"信仰理由"相结合。
- 在营销信息的关键部分周围加上虚线,引起人们注意。
- 在营销信息中适当添加图片或前后照片对比。如果你的产品或服务不适合拍摄前后对比照片,你可以展示一个人在成为你的客户之前不开心,在和你做生意之后非常开心。别忘了给你的照片加上标题,因为人们通常会阅读标题。
- 用相关的方程式、图表和图形来支持你的营销信息。寻找可以轻松转换为这些格式的内容。
- 要触发输入偏差,可以用项目符号或标注来强调产品的研发时间、投入的研究或努力,或者参与开发它的人数(例如:历时十年打造、完全手工缝制、收集了来自三大洲数千名高管的意见)。

要点

1. 人们喜欢认为他们做某事是有理由的。
2. 如果给你客户一个理由,他们更有可能按照你的要求去做。
3. 用"因为"这个词来陈述你的理由,可以促使人们自动顺从。
4. 你给出的理由不必是无懈可击的。对于比较简单的请求(比如观看一个短视频),只要提供一些理由就能让人们同意(因为这能增长见识)。对于更大的要求(比如购买一个产品),一定要使用合理的理由(比如它能够减少 30% 的准备时间)。
5. 在构思你的理由时,要考虑它的差异化和激励作用。
6. 有时,对于营销人员来说,将原因与合理的理由结合起来,以提供相互印证的背景信息更有说服力。
7. 在展示你的理由时,试着把它与其他行为科学的诱因、时机或个性化联系起来。

8. 营销人员可以通过使用图片、前后对比图、在关键内容周围使用虚线等技巧，以及利用图表和方程式所提供的科学光环，来增加客户和潜在客户主动阅读并相信营销信息的可能性。
9. 人们会认为投入产品或服务创造中的时间和精力与其实际质量成正比。虽然这两者有时相关，但并不尽然。然而，人们会依赖这个信息来快速做出决定。
10. 营销人员可以通过提及产品或服务的研发投入，来引发输入偏见，从而提高其产品或服务的感知价值。

小结

提供理由可以让人们未经思考就做出你希望他们做的决定。当提供给人们做某事的理由时，通常他们会默认照做。有趣的是，提供的理由并不总是需要特别充分。例如，研究表明，当听到"因为"这个词时，人们甚至在还没听到接下来的话之前，就准备赞同了。

然而，营销人员不应低估文字的重要性。在下一章中你会看到，文字的选择直接影响销售结果。

第14章

充分发挥营销文案和语言的影响力

第 14 章
充分发挥营销文案和语言的影响力

营销人员传达营销信息的方法通常不止一种，其中有一些会更有成效。选择某些特定的语句，可以使营销信息更好记、更可信，也更具说服力。

词语很重要。我们有时认为，作为一名营销人员，能表达出基本想法足矣。你可能会想，只要你的营销信息能体现必要的内容，就没必要寻找同义词或替换修饰词。

毕竟，你的受众明白自己读的是营销文案，并不期望它读起来像是一部文学巨作，甚至不指望它像最新的畅销沙滩读物，对吧？告诉他们想知道的基本信息——总的来说，就是你在卖什么，以及他们为什么会对此感兴趣——接着展示广告、电子邮件、信件、博客或视频材料，难道还不够吗？力求达到比推销员高一点、比海明威低一点的水平，确保没有错别字或事实错误，然后就可以算完成工作了吗？

当然不够。的确，你的目标客户不会期望你的营销文案像小说一样。但这不是重点。重点是营销人员需要记住，好的措辞能让营销文案锦上添花。你要注意词语的使用，不是让受众认为你是一个出色的语言大师，而是让他们更有可能按照你希望的方式行事。

词语能产生极大的激励作用。如果你读了第 5 章也许会记得，因为我把烟灰缸描述成了雕像底座，货品才得以顺利卖出，买卖双方皆大欢喜。在第 12 章，你看到了修饰语"小"字带来的巨大不同。在同一章中，你还发现了"标签"和"框架理论"可能产生的惊人效果。词语的力量不止于此。营销文案中的用词会极大地影响客户和潜在客户的反应。他们读到或听到的不仅是实际的信息，还暗含着对信息的解释，一些细微差别和隐含意义。就像说话语气可以传达信息，你对词语的选择和替换也带有一种潜台词。

词语有内涵意义和外延意义。外延是指词的实际定义。但内涵要广泛得多，并且能承载相关的含义，包括消极的和积极的。例如，你可以用"经济实惠"或"便宜"来描述一种产品。两者都表明价格不是太高，但内涵各有不同。你可以把一个与众不同的产品描述为"独一无二"的，这起到了美化作用，要是称它是"奇怪的"，效果就差很多了。你也可以称客户为"客人""会员""订阅者"或"购物者"，每种称呼背后的暗指都略有不同。

作为营销人员，你写出的文案可以浅显易懂，也可以深奥晦涩。你可以选择那些轻而易举就能博人眼球、引起共鸣、挑衅刺激或让客户敬而远之的词。考虑一下"您选了错误的尺码"和"错误的尺码被选中"，这种主动语态和被动语态的转换所带来的不同效果吧。

你最好设计一些更好记、更有激励性，或者更可信的句子。正是由于这些原因，你在营销材料中使用的语言才显得至关重要。你的词语不仅能传达信息，还要能推销产品。

> 押韵的文案不仅容易记，还让人觉得更加真实可信。这种效果可以让使用押韵广告语的营销人员占得先机。

韵律偏见效应可以触发一种对营销人员有巨大帮助的自动假设

词语选择最有趣的影响体现在"韵律偏见效应（Rhyme as Reason Effect）"中，也被称为伊顿－罗森现象（Eaton-Rosen Phenomenon）或济慈启发式（Keats Heuristic）。当你的文案触发"韵律偏见效应"时，受众会发现你的文案更好记，相信它更准确，并对自己做决策的能力更有信心。那么，该如何在营销中实现这种三位一体呢？那就选择押韵的词语吧。

押韵的短语更容易被记住，这不足为奇。然而，马修·麦克隆（Matthew McGlone）和杰西卡·托菲巴赫什（Jessica Tofighbakhsh）发表在 2000 年 9 月《心理科学》（Psychological Science）杂志上的一项研究，显示了押韵短语的

第 14 章
充分发挥营销文案和语言的影响力

另一个影响。研究人员选取了一些鲜为人知的谚语，并将句子的某个押韵词改成了非押韵词。例如："woes unite foes."① 被改成了 "woes unite enemies."；"what sobriety conceals, alcohol reveals." 被改成了 "what sobriety conceals, alcohol unmasks."②。

然后，研究人员向人们展示了这些谚语，并要求他们为其准确性打分。研究人员发现，人们认为押韵的短语更准确、更真实。之所以如此，"是因为押韵能增加信息处理的流畅性"，所以人类大脑更容易处理押韵的短语。当大脑更容易处理某件事时，就会感觉它是对的，于是顺理成章地认为它更合理。

研究人员补充说："尽管我们只在古老的谚语范围内探索了押韵的影响，但这种影响显然也可以出现在现代交流中。"他们接着引用了辩护律师约翰尼·科克伦（Johnnie Cochran）在 1995 年辛普森（O. J. Simpson）案中的名言："如果手套不匹配，你就得被判无罪。"③

两个现代例子

2020 年新冠肺炎疫情期间，奥美咨询公司（Ogilvy Consulting）为英国国家医疗服务体系（NHS）发起的一项活动，体现了韵律偏见效应在当代的应用。该团队面临的挑战是"在多个任务指令中，快速提供有效、实用、基于行为学的想法"。其中一个任务指令是确保 NHS 的南丁格尔医院（Nightingale Hospital，为治疗冠状病毒患者而建立的首个紧急野战医院）的"工作人员在 12 小时轮班中保持水分补给"。

奥美团队制作了一张海报，标题是"将你的尿液保持在 1 到 3 之间"。

---

① Woes unite foes. 英文谚语，意为"祸不单行"。woes 与 foes 押尾韵"oes"。用 enemies 替换同义词 foes，意思虽然没有改变，但是破坏了原句的押韵合辙。——译者注
② "What sobriety conceals, alcohol reveals."英文谚语，意为"清醒缄其口，酒后吐真言"。conceals 与 reveals 押尾韵"eals"。同理，若用 unmasks 替换同义词 reveals，也会破坏原句的押韵合辙。——译者注
③ 原文"If the glove doesn't fit, you must acquit."中"fit"与"acquit"押尾韵"it"。——译者注

221

> **触发：**
> 驱动客户本能购买和追随

海报展示了一个人尿液的八种不同颜色，以此提醒医务人员"如果你的尿液颜色在 4 到 8 之间，就在接下来的 10 分钟内喝上一杯水，以增加水分摄入量"。海报还突显了一句运用"韵律偏见效应"的口号：Drink Right, Think Right（喝得好，想得对[①]）。这句话环绕在一杯水的周围，以提醒医院工作人员：脱水可能会影响他们清晰思考的能力。

可以说，市场营销中最著名、最有效的押韵短语之一是关于咖啡的。在《疯传》杂志的采访中，宝洁集团退休副总裁皮特·卡特（Pete Carter）回忆说："我记得在早期，福爵咖啡（Folgers Coffee）是遥遥领先的第二大品牌。你听说过'The best part of waking up is Folgers in your cup（早晨醒来最美好的事就是杯子里有福爵咖啡）'[②]吗？我们推出了这个广告活动后，该品牌开始与麦斯威尔咖啡竞争，并最终超过了它。福爵咖啡的销售额随后继续以每年 3%～4% 的速度增长。即使是今天，新老板仍然在运营这个广告。"

押韵短语利用了认知流畅性

当行为科学家谈论人类大脑处理信息的难易程度时，他们称为认知流畅性（cognitive fluency），或加工流畅性（processing fluency）。因为押韵的短语更容易处理，所以大脑对它们的认知也更流畅。这并不奇怪，科学家发现，人们更喜欢对他们而言简单易懂的东西。人们不仅喜欢它们，而且对做出的相关决定也感到更有信心。

另外，用户体验研究人员克林·罗勒（Colleen Roller）表示，当内容晦涩难懂时，即大脑感觉它们不"流畅"时，"这就像是一个警报，提醒人们放慢思考速度，并重新评估情况。"这可能会让他们放弃购买产品或注册服务的初衷。

对营销人员来说，在你要传递的信息中注入一点诗意，可以使你的营销传播在认知上更加流畅。除此之外，语言的选择以及如何进行语言的艺术布

[①] 原文 Drink Right, Think Right 中，drink 和 think 押尾韵 ink。

[②] 原文 The best part of waking up is Folgers in your cup 中，up 和 cup 押尾韵 up。

第 14 章
充分发挥营销文案和语言的影响力

局，也是可以利用的方式。你要选择常见的词汇，避免让读者感到困惑，或迫使他们去查字典。事实上，一些研究表明，不熟悉的术语可能对你的收益产生负面影响。

根据普林斯顿大学心理学家亚当·L. 阿尔特（Adam L. Alter）和丹尼尔·M. 奥本海默（Daniel M. Oppenheimer）在 2003 年进行的一项研究表明，股票名称的可读性实际上影响了股票在市场上的表现。研究人员观察了股票名称和股票代码发音的难易程度。他们发现，那些名字更容易发音的股票，在首次公开发行后表现更好。即使考虑了公司规模和行业等因素，这种结论仍然成立。

"这项研究表明，人们喜欢走心理捷径，甚至在涉及最需要理性的投资时，也是如此，"奥本海默表示，"可能很少有人会声称自己根据股票名称发音的难易程度来选择股票，但事实就摆在那里。如果这个名字在认知上是流畅的，大脑就会更容易处理，因此会感觉它是个好的选择。"

另一个例子来自苹果公司，说明选择一个清晰易懂的词汇有多重要。根据《全球之声》（Mashable）的一份报告，苹果公司开始将播客的行动呼吁从"订阅"改为"关注"。原因呢？显然，"订阅"向人们发出的信号是：这可能是收费的。这篇文章引用了市场分析公司爱迪生研究公司（Edison Research）的话："47% 不听播客的人认为'订阅'播客是要付费的。"通过将"订阅"改为"关注"，苹果希望消除这种误解。因此，他们随后收获了大量的听众。

你展示信息的方式会影响人们对信息的反应

虽然你选择的词汇对认知流畅性很重要，但它们的排列方式也同样重要。布局杂乱、留白不够，以及字体难以阅读，也会影响人们对你营销信息的处理。这意味着营销人员应该克服把尽可能多的信息塞进广告、信件或电子邮件的冲动，以及大篇幅使用特殊字体的诱惑。虽然特殊字体可以吸引注意力，但也会影响阅读，如下面两项研究所示：

研究人员宋玄金（Hyunjin Song）和诺伯特·施瓦茨（Norbert Schwarz）

做了一个实验，内容与运动指导有关。实验要求受试者阅读两个练习的步骤，其中一个是以容易阅读的字体（如 Arial）打印的，另一个则以难读的字体（如 Brush）打印。然后，他们需要估计做完这个练习的时长，以及他们是否会在日常生活中继续练习。阅读易读字体的人估计，完成这项练习需要大约 8 分钟。但是阅读较难字体的人认为，这将需要几乎是前者两倍的时间，大约 15 分钟。前者也更有可能说他们会在日常生活中练习这些步骤。研究人员观察到："人们把处理指令的难易程度误解为与执行所需行为的难易程度有关"。换句话说，如果描述某件事的文字很难读，人们就会认为这件事本身很难做（图 14-1）。

如 何 完 成 锻 炼

如何完成锻炼

图 14-1　字体选择的认知流畅性

因为你的客户会认为用难以阅读的字体显示的信息会很难理解，所以选择易于阅读的字体，通常是一个不错的主意。

耶鲁大学和南加州大学的研究人员进行的另一项研究，也发现了与购买决策相关的类似结果。研究人员向人们展示了两款手机的描述，其中一款使用易于阅读的字体，另一款使用难以阅读的字体。然后，参与者需要选择一款手机，也可以推迟购买决定，继续观望。当字体容易阅读时，推迟购买决定的受试者只占 17%；当字体不易阅读时，41% 的人推迟了购买。信息展示方式会影响顾客的购买决定。如果产品描述难以阅读，人们可能会认为产品本身也很难使用。

我还记得在产品目录上看到的一棵人造圣诞树。文案强调这棵树组装简便（这是顾客首先会考虑的一个因素）。但由于文案所使用的文字是斜体，并用反色显示，让人阅读起来非常吃力，所以它对销售起到了反作用。

能影响文字易读性的不仅是字体。字的颜色和页面颜色或屏幕颜色之间的反差，也会使阅读感受不同。而不同的阅读感受会影响营销信息的可信度。在一项研究中，研究人员通过改变声明文字的颜色，使其在白色背景下更容易或更难阅读,结果表明,人们认为,易读的声明真实性更高。营销人员当然希望客户认为他们的营销信息真实可靠,毫无隐瞒。

慎用行话、高级词汇和专业术语

一般来说,你应该尽量用一种浅显易懂的方式传达营销信息。当你的营销受众属于 B2B 领域,或你描述的产品和服务更专业、更科学,或更具技术性时,就要多加注意。在这种情况下,营销人员会不由自主地使用行业术语或首字母缩写。因为他们对这些词汇或术语太熟悉了,以至于意识不到这是行话。这也是为什么要特别注意这一点的原因。

畅销书《众媒时代,我们该如何做内容》(*Everybody Writes*)的作者安·汉德利(Am Handly)将行话和流行语描述为:"在线商务写作的化学添加剂:你可以使用它们,偶尔使用一两个无关痛痒,但太多了则会弄巧成拙。"

另一个要避免的错误是试图用高级词汇和专业术语来给受众留下深刻印象。营销人员有时认为这样做能让他们看起来更专业。然而,当你的受众熟悉这些术语,或者受过高等教育时,可能会适得其反。

一项来自罗马的有趣研究似乎支持了这一观点。意大利国家研究委员会(Italian National Research Council)的研究人员亚历杭德罗·马丁内斯(Alejandro Martinez)和斯特凡诺·马莫拉(Stefano Mammola)在 2021 年发表了一篇题为《专业术语减少科学论文的引用次数》("*Specialized terminology reduces the number of citations of scientific papers*")的论文。在分析了 21486 篇研究文章后,研究人员发现,事实上,那些在标题或摘要中包含较多术语的论文,同行科学家引用较少。换句话说,即使是科学家也不愿意和另一位科学家的术语打

触发：
驱动客户本能购买和追随

交道。这篇论文的作者实际上是鼓励读者只在"不可避免"的情况下才使用术语。

如果在科学研究论文中都不鼓励使用行话，那么想象一下在与普通大众沟通时使用会怎样。俄亥俄大学（Ohio University）2020年的一项研究表明，行业术语过多使用绝非良策。该研究发现，当人们阅读关于自动驾驶汽车等主题的文章时，有行话的文章会降低阅读者对科学的兴趣。

另一项由丹尼尔·奥本海默博士领导的研究表明，避免使用高级词汇也是明智的做法。当研究人员通过用更短的同义词替换九个或更多字母的单词来简化论文摘要时，人们发现文章更容易理解，并认为作者更聪明。最后，克里斯托弗·特鲁多（Christopher Trudeau）在2012年进行的一项有关法律沟通的研究发现，一个人受教育程度越高，就越喜欢直白的语言。此外，话题越复杂，人们就越倾向于使用简单的措辞。

所以，如果你认为使用高级词汇或科学术语会让你听起来很聪明，或者符合受众预期，你可能需要再考虑考虑了。想要说服人们，首先要确保他们明白你在说什么——通过清晰地与他们沟通。研究表明，这要从简单的、认知流畅的语言开始。

利用"韵律偏见效应"吸引顾客

对于营销机构来说，最难的任务之一就是为自己打广告。你经常会听到营销人员开玩笑说，"鞋匠的孩子没鞋穿"，说明他们忙于客户的工作，没有时间推销自己。但当他们着手给自己做宣传时，才发现这绝非易事。

这就是我和约翰·西森创办HBT营销公司时的情况。确实，我们在接待最初的客户时非常忙碌。但我们知道，作为一家新的营销机构，我们需要快速推出一个网站，这样人们就能找到我们，潜在客户也能查看我们的情况，我们可以因此赢得更多业务。我们对网站的规划，有两件事是板上钉钉的：网站会很简单，同时会展示一些我们所熟知的行为科学技巧。

对于任何商业网站来说，其中一个关键信息就是告诉大家你在做什么，以及如何做。通过在白板上的讨论，我们把以上过程简化为三个步骤。接下来的挑战是以最佳方式传达这些信息。这种方式必须能解释我们的方法，概括客户选择我们的优势，并强调我们与竞争对手的区别。

我们的三个步骤包括：首先，进行前期研究，找到问题所在。其次，制定适当的行为科学营销策略，并通过有创意的实施方法来解决问题。最后，分析结果，为后续活动积累经验。问题是，用什么表述能在我们的网站上最贴切地体现出来。我们反复斟酌了一些方案。例如，使用精炼且押韵的一组词汇："发现（Discover）、部署（Deploy）、提炼（Distill）"，或者重复使用我们名字中的"B"（代表"行为"）："当前行为（Current Behavior）、期望行为（Desired Behavior）、未来行为（Future Behavior）"。

最后，我们找到了一组切实可行的描述词。这组词让人印象深刻，以行为动词开头，并展示了我们充满行为科学的营销方法。HBT 营销公司成立后不久，我们就开始宣传这个三段式步骤，即"Assess the Terrain（评价局势）、Trigger the Brain（触发思维）、Measure the Gain（衡量收益）"。我们利用了"韵律偏见效应"，让人们更容易记住，并相信这些话。我们公司也因此持续受益。如果你访问公司网站在"我们的方法"部分，就能看到。

案例分析

认知流畅性如何改善专业服务销售主张

即使是免费赠送似乎也不起作用时，你该怎么办？这是一家大型研究和咨询公司向我所在的机构提出的挑战。该公司正在提供其技术洞察服务的免费试用会员资格，该服务能帮助客户做出明智的决定。通常来说，公司需要订阅这项服务，并为每个想要使用这项服务的员工付费。免费试用的目的是让他们尝试该服务，在 30 天内获得某些研究报告、分析报告和其他信息，以此培养潜在客户。

潜在客户会在访问客户网站时看到横幅广告，从而了解免费试用会员资格。尽管有许多人注册了免费试用，但不久后问题就出现了。该客户报告称，在那些选择免费试用的潜在客户中，有近一半人会在首次注册后不久便不再使用了，远远不足 30 天。当然，这让会员试用资格作为培育工具的效果大打折扣。

一项注册流程的分析显示，在免费试用期间，潜在客户并没搞懂自己能获得哪些权益。有些人认为他们可以完全访问研究和咨询公司提供的所有资源，包括与分析师的通话。其他人在注册后不确定如何使用该服务，并且无法成功获得他们想找的市场发展趋势和最佳实践。

尽管免费试用项目的设计者确信，他们已经恰当地传达了所有相关细节，但情况似乎并非如此。这似乎是一个提高认知流畅性的好时机。有了这一想法，我们的团队开始着手工作。

横幅广告和电子邮件文案经改善之后成效斐然

横幅广告，顾名思义，没有给文案提供太多的空间。因此，使用的词语必须简明扼要、准确无误。在检查了网站横幅广告上的语言之后，我们做出了一个关键的战略性改变。我们没有邀请潜在客户"体验"这项服务，而是将文案改为邀请他们"试一试"。这样做是因为我们认为，"体验"这个词可能会给人带来误解，让人们误以为可以获得服务的全部功能和资源。通过将语言改为"试一试"，可能会给潜在客户提供一个更合适的预期，即他们不会完全接触到思想领导力[1]的研究系列产品，而是有一个尝试或体验的机会。

一旦有人注册，他们就会收到一系列电子邮件，提供指导并鼓励他们免

---

[1] 思想领导力（Thought Leadership）是指在特定领域或行业中，具有深入见解和知识的个人或组织，能够推动行业或领域的发展，并通过发布高质量的研究成果、文章、演讲、咨询等方式来帮助解决当前和未来的挑战。"思想领导力研究"通常包括一系列具有前瞻性的研究项目，可以涵盖多个主题，如技术趋势、市场趋势、消费者洞察、战略规划等，以提供有价值的见解和建议。这些研究成果通常会在行业会议、论坛、报告、白皮书等场合中进行分享和发布，以加强组织在行业中的影响力和声誉。——译者注

费试用，并最终转换为付费用户。在审查这些邮件时，我们也调整了措辞，使其更加清晰易懂。首先，我们将第一封邮件拆成两封，一封是欢迎用户，另一封是提供关于如何使用服务的详细说明。以这种方式将信息切分，增强了信息接收度，使新用户不至于一头雾水。

此外，我们使用了"世界级研究的定制样本"和"获取多达 30 份你现在就可以使用的流行研究报告"等短语。这是为了准确传达该优惠活动的试用性质及其价值。我们还在活动中添加了个性化、损失规避和社会认同元素，将付费请求的时间从原本的试用结束后 3 天延长到一周。这些额外的提醒是为了传递这样一个信息：让潜在客户在更方便的时候考虑我们的服务。

最后，我们还加上了公司代表的电子邮箱和电话号码，以防潜在客户找不到想要的信息。通过增加网站与潜在客户沟通的认知流畅性，并提供给他们获得帮助的途径，我们希望能提高免费试用的关键绩效指标。我们成功了。虽然我们所做的调整很小，但是起到了事半功倍的作用。客户报告说，这些变化使他们的营销投资回报率增加了 10 倍。

有助于营销文案和语言的文学修辞手法

除了押韵短语，营销人员还可以利用其他文学手法或工具来提高营销信息的效力。这些技巧可以让你的文案更好记、更易懂，从而更具激励作用。

头韵和重复使信息更好记

例如，你可以使用"头韵（Alliteration）"，即使用一系列以相同字母开头的单词。头韵也是吸引读者注意力的好方法，因为人们会注意到几个单词以同样的字母开头。这也是让人们读到的东西更容易记住的很明智的一招。有趣的是，你的文案不需要大声说出来，就可以利用"头韵"的优势。当人们阅读时，会在头脑中读出这些词。研究证实，朗读或默读押头韵的短语都能让文案更好记。

事实上，在写这篇文章的时候，我想到了我朋友格特所属的一个组织。

触发：
驱动客户本能购买和追随

这是一个名为"Divas Uncorked"的女性葡萄酒教育组织。他们的宣传语是"sisters who sip（小酌姐妹）"，这是押头韵的绝妙运用。另一个例子是我所写的一封电子邮件广告，针对的是一家专门从事再保险业务的公司①。通过在每封电子邮件的结尾加上一句押头韵的"fair answers fast（公正快速的回答）"，我希望帮助客户记住他们将得到的优质服务。

重复（repetition）与头韵有异曲同工之妙，即为了节奏和强调而重复一个单词或短语。这能引起客户对信息的注意，让其印象深刻。从本质上讲，一个人越多听到或读到某样东西，就会对它越熟悉。行为科学家发现，当人们对一个东西感觉熟悉时，就更倾向于相信它，并对其持积极态度。

例如，你可能听过美元剃须俱乐部（Dollar Shave Club）的广告词："刮刮省时又省钱（Shave Time. Shave Money）。"或美国海军陆战队使用的口号"我们是精英，我们倍感荣耀，我们是海军陆战队（The few. The proud. The marines）。"或者威瑞森无线公司（Verizon Wireless）在广告中多次重复"你听到我的话了吗？"这些都是营销人员为了强调观点、增加记忆，而使用"重复"方法的例子。

明喻和暗喻使信息更易理解

如果你正在推出一种人们可能没有参考框架的产品，或者推销一种客户可能难以理解的服务，你应该考虑使用"明喻"或"暗喻"。两者可以用来比较两种事物。明喻是用"像"或"如"这类词表示比较，暗喻不使用这些词，而是暗指比较、相似性或共同的特质。两者都是强有力的表达方式，能让抽象的产品或服务更加具体，更易理解。它可以促使你的客户以一种不同的新方式看待事物。实际上，当人们遇到比喻时，不同的大脑部分会被激活，从而影响他们对描述对象的感知。

这两种修辞手法都能帮助营销人员把无聊的产品描述得更有趣、更有感

---

① 再保险是指保险公司将部分或全部风险转移给其他保险公司的一种保险形式，也称为保险的保险。再保险公司则是专门承担这种转移风险的保险公司。——译者注

染力。和故事类似，它们也能激发人们的想象力。例如，如果你曾经看过红牛能量饮料的广告，你可能见过"红牛，给你一双翅膀"的修辞。或者，如果你无意中见过州立农业保险公司（State Farm）的任何营销信息，就可能看到过他们使用了"明喻"的宣传语——"如同一个好邻居，State Farm 就在您身边。"明喻和暗喻可以帮助你的客户创建心理形象，使你的信息更有说服力。

同音异形词的奇妙案例

营销人员应该了解的另一个既有趣又引人入胜的修辞手法是"同音异形词（Homophone）"。同音异形词是指发音相同，但拼写和含义不同的单词。例如，write（写）和 right（正确的）是同音异义词。研究人员发现，当人们看到或听到其中一个单词时，会让他们联想到另一个词——以及与之相关的行为。

在一项实验中，受试者被要求阅读一篇旅游博客。在文章末尾，一些人看到的是"so long（再见）"，另一些人看到的是"bye-bye（再见）"。接下来，他们得知有一家新的餐厅即将开业，将提供一个"自定价"的晚餐套餐。实验参与者需要说出他们愿意为两个人的晚餐支付多少钱。

读过以"so long"为结尾的博客文章的人表示，他们愿意平均支付不到30美元。然而，阅读了以"bye-bye"作为结束语的人表示，他们平均会支付45美元多一点。研究人员发现，单词"bye"会让人们想到"buy（买）"，并让他们愿意为晚餐套餐支付更多的钱。

这个实验无疑为营销人员提供了更多的可能性。例如，假设你创建了一个减肥项目，想与业内领先的计划竞争。相比之下，你的项目实施方便，限制的食物更少，或者不需要测量分量和不断计算卡路里。现在是时候给你的减肥计划命名了。想想"轻松饮食计划（Way Less Work Diet Plan）[1]"可能会产生的效果吧。它不仅传达出该计划比市场上其他计划实施起来更容易，还

---

[1] way 的发音会让人联想到 weight，因此人们读到 way less，会自然联想到 weight less（减轻体重）。——译者注

可能让人们认为他们会就此成功减肥。

> **❶ 错误** 在营销文案中，一个常见错误是过分依赖"我""我们""我们的公司"和"我们的产品"等词语。相反，写营销文案时句子要写成以"你"开头的句子，才能吸引读者。

使营销信息更有效的有力词汇

在营销文案中，有些常用词似乎特别有说服力。正因如此，你应该经常使用它们，并将其放在高阅读率的地方，如标题、主题行、内容标题和引导句中。

在第 9 章中，你发现了大脑对"新"这个词的热衷。在第 13 章，你读到了"因为"这个词自发产生的吸引力。不过，营销人员还需在"语言武器库"中储备另外三种有力的武器。

第一个词是"你"。人们对自己比对别人更感兴趣。因此，当人们阅读时，特别是在浏览时，他们的眼睛会被"你"这个词吸引，但会对"我""我们的产品"和"我们的公司"等词视而不见。这就是为什么我告诉我的客户要多用"你"，而不是"我"和"我们"。

我的朋友汤姆·夏皮罗（Tom Shapiro）在他的新书《重新思考潜在客户和你的营销》（*Rethink Lead Generation*）中提出了类似的建议。他说："如果你想让网站最大限度地提高转化率和引导性，应该从网站访问者的角度出发（'它对我有什么好处？'）。"他建议在写作中"翻转剧本"，改变"我"的措辞，强调"你"这个词。

博客 Copyblogger 甚至把"你"列为英语中最具说服力的五个词之一。他们其实更建议使用人名，我完全同意这一点。然而，这在电子邮件和直接邮件等交流方式中更容易，但当营销人员无法具体到个人时，你的下一个最佳替代词就是"你"。你的目标客户会将它视为自己名字的替代品，并会采取相应的行动。事实上，如果你限制我用一个词来开始我写的每一条营销信

第14章
充分发挥营销文案和语言的影响力

息，我可能会选"你"这个词。

下一个强有力的营销词是"想象"。当你希望读者创造一个心理画面时，这是一个非常有效的词语。而你也确实希望如此，因为一旦他们能够设想出自己在做什么（比如使用你的产品），就已经为付出实际行动铺平了道路（详见第17章）。"想象"这个词降低了人的戒备心，将情景从现实转移到可能性上。它展示了可能性，让你的潜在客户可以完全按照他们希望的方式来填补这些可能。他们创造了属于自己的心理画面。在他们的脑海中，会看到自己成功地使用你的产品或服务——并得到他们想要的结果。当他们想象到这一点时，会感觉良好，而一旦他们对你的产品感到满意，就会更愿意成为你的客户。

最后一个营销关键词是"免费"，而且该词很有冲击力。作为一名营销人员，你可能会对提供免费物品有所犹豫：你可能担心这会拉低你的品牌形象，或者免费提供的东西会吸引错误的客户类型。你考虑这些可能性是明智的。然而，你应该权衡一下"免费"这个词惊人的吸引力。《怪诞行为学》一书的作者丹·阿里利在书中用了整整一章来讨论这个问题。他解释说，"免费"给人们带来的巨大的情感冲击，让他们高估了物品本身的价值。免费的东西变得极具诱惑，人们就是无法拒绝。

作为一名营销人员，你可以利用人们无法拒绝免费物品的心理。如果你担心免费物品会影响你的品牌形象，那就不要打折。相反，可以提供一个免费的附加产品，或者确保人们知道免费产品的正常价格，这样他们就能看到它的价值。如果你担心会吸引太多不合格的潜在客户，那就让你的免费产品只吸引那些对你的产品感兴趣的人。或者对于已经购买过你的产品的顾客而言，这些免费赠品一定要更加实用或有趣。根据你的具体情况，找到使用免费策略的正确方法。但不要忽视这个小词蕴含的巨大动力。

名词和具体语言的影响

名词是具体的，且能暗示身份，因此可以帮助营销人员得到他们想要的结果。例如，一项关于加州选民的实验，显示了选择名词而不是动词的效果。受试者要么被问到"在即将到来的选举中,成为选民对你来说有多重要?"要么是"在即将到来的选举中,投票对你来说有多重要?"在被问及"成为选民"这一名词结构的问题后,超过 95% 的人后来参加了投票,而在被问及使用动词结构的问题后,参与的人只有不到 82%。

研究人员得出结论,名词会给人一种身份感,一旦建立起这种感觉,人们就知道要采取相应的行为。与标签化类似,使用名词指代某人比使用动词告诉他们要做什么更有效。例如,对于汽车营销人员来说,询问"您愿意成为奥迪的新车主吗?"比询问"您想拥有一辆新奥迪吗?"更有效。

与名词的具体性相关的是具体语言。研究表明,具体语言比抽象术语更能激励人。发表在《消费者研究杂志》(*Journal of Consumer Research*)上的一项研究报告称,零售商在客户服务邮件中使用的具体词语(例如:使用"蓝色牛仔裤"和"T恤",而不是笼统地说"裤子"或"上衣")会促使人们在 90 天内平均多消费 30%。作为一名营销人员,你应该使用具体语言代替模糊词语,选择描述细节而不是泛泛而谈。这项研究还发现,当员工与客户使用具体语言时,客户会感到自己的心声有人在倾听,因此会更满意。

让营销文案和语言的影响力最大化的更多方法

- 公司的口号、行动呼吁、电子邮件主题行或内容标题,要用押韵的词语表述。例如,你的行动呼吁按钮文本可以显示:"别拖延,今天就报名。"或者你可以设计一个利益导向型的标语,比如著名的保险公司 Nationwide 就用了一句很有代表性的口号:"Nationwide 与你同在。"
- 检查你的营销信息是否清晰易读、便于理解。用日常表达替代行话,解释不得不使用的缩略词或技术术语。
- 用最易理解的语言传达你的信息,保持文案简单易懂。避免过于密集的段落,尽量减少复杂的句子。
- 如果你刻意想让读者慢下来,以防他们错过或忘记某个关键信息,或者促使他们做出更深思熟虑的决定,你可以添加一些不流畅的文案。但是,请注意,你的读者必须积极性很高才能继续阅读,否则他们会

第 14 章
充分发挥营销文案和语言的影响力

失去阅读兴趣。
- 让你的网站和其他营销材料上的信息更方便查找。使用清晰的分类标题、描述性宣传语、信息丰富的标题和副标题，以及带有项目符号或编号的要点。使用段落之间的过渡语，使文本流畅。选择与你信息相符的视觉效果。用简单明了的表达代替含糊不清的陈述。
- 确保你的文案是以客户为中心，而不是以公司为中心。句子开头使用"你"，而不是"我""我们"或"我们的公司"。例如，不要说"我们提供全套的小部件"，而应该说"您可以在这里找到全套的小部件"。
- 为了消除潜在客户最初的戒心，你可以让他们想象自己拥有或使用你的产品或服务，这也会触发禀赋效应。
- 在你的优惠中加入"免费"这个词。事实上，世界数据公司的研究表明，在主题行中用"免费"而不是"赠品"，可以使邮件的打开率翻一番。
- 寻找以同音异义词为开头的机会，帮助你传达信息。例如，一家广告公司可能会说："When the copy needs to be right, hire us to write it.（当需要正确的文案时，请雇佣我们来写。）"
- 以吸引读者的方式来布局你的文案。选择常用字体，适度用斜体字。另外，对反色显示字体的使用应仅限于几个单词或一个短句。
- 在称呼你的客户和潜在客户时，用名词而不是动词。例如，称他们为"巧克力享用者"而不是"吃巧克力的人"。
- 词汇使用要具体。不要让模糊的术语混入你的营销文案中。例如，如果你把产品称为解决方案，潜在客户真的能理解你在卖什么吗？是软件？咨询？还是什么别的？

要点

1. 你的客户会发现押韵的短语更好记、更可信。
2. 押韵的短语在认知上更流畅，这意味着大脑更容易处理它们。

大脑会感觉容易处理的事情是对的，因此，人们经常会认为它们就是正确的。

3. 人们更喜欢认知流畅的东西，并且对自己做出与之相关的决定更有信心。

4. 你在营销材料中选择的词语和表达方式都会影响认知流畅性。

5. 选择易于客户和潜在客户理解的词语，即使你的目标受众是受过教育的人群或专业人士也要如此。

6. 注意避免使用行话、缩写、技术术语和可能对目标客户造成困惑或不熟悉的词语。

7. 头韵、重复、暗喻和明喻等文学修辞手法，使你的营销信息更容易被记住、被理解。

8. 同音异义词可以促使人们想到与它相关的另一个词以及相关的行为。这就是为什么"bye-bye（拜拜）"或"goodbye（再见）"可以促使人们"buy（购买）"。

9. 营销人员应该加以利用的有力词汇包括"你""想象"和"免费"，以及"新"和"发现"等。

10. 使用名词指代你的客户比使用动词告诉他们要做什么更有效。例如，用"物主"来称呼他们，而不是用"拥有"的动词形式来描述他们。

11. 经证实，使用名词和其他具体而明确的语言，可以提高客户满意度和销售额。

12. 通过增强营销文案语言的流畅性、使用实用的文学修辞手法，并选择高读取率的有力词汇，最大限度地提高你的营销文案的影响力。

小结

你所选择的描述产品、服务、报价或公司的词语，会影响目标用户对

第 14 章
充分发挥营销文案和语言的影响力

它的反应。使用押韵的短语、头韵、重复、明喻、暗喻、同音异义词、具体语言和有力的词汇，都可以对你的营销信息产生重大影响，使它们更引人注目、更可信，或更有说服力。

此外，你将在下一章看到，你的文案为营销信息奠定基础的方式也很重要。如果处理得当，会让目标客户更容易接受你的信息，即使他们最初的反应可能是选择忽视。

第15章

通过激发可得性偏见增强吸引力

第15章

西施这么丑陋的人
(红楼梦学习)

第15章
通过激发可得性偏见增强吸引力

人们会根据回忆相关例子的难易程度来判断事件发生的可能性。当潜在客户对你的产品和服务有需求时，有效的营销信息能让他们迅速联想到相关的例子，从而说服他们购买。

请快速回答以下问题：每年死于鲨鱼袭击的人多，还是死于飞出的香槟酒瓶塞的人多？死于意外中枪的人多，还是中暑的人多？死于车祸的人多，还是坠楼的人多？

2021年，我在一个营销网络研讨会的开场，问了这第一个问题，结果大多数人都选择了鲨鱼攻击。我猜，那些选择香槟酒瓶塞的人可能认为这是个陷阱问题。但通常来说，大多数人都会选择每组死亡原因的第一个。所以，如果你也这样选了，也是情理之中。

这不仅合情合理，还有科学支撑。因为有一个完美的理由，能解释为什么选择鲨鱼、枪击和车祸的人更多。这个理由与人们听说某件事的频率有关。例如，我住在马萨诸塞州，每次我去科德角的海滩时，都会看到一个图形标志，上面画着一条张着血盆大口、长着锋利牙齿的大鲨鱼。标志上的红白警示标题警告我，大白鲨也会在海岸线的浅水区捕食。这个标志甚至邀请我下载Sharktivity应用程序，这样当鲨鱼出现在附近时，我就能收到警报信息。

当然，这个标志会让我想起我的朋友"鲨鱼"肯尼斯·肯尼。他是一名营销人员，同时也是一名播客主持人和狂热的潜水者。他曾经这样建议我：当你潜水的时候，时刻记着自己是在鲨鱼的领地里。这又让我想起了我听到的关于鲨鱼袭击的新闻报道，不仅在马萨诸塞州，而且在佛罗里达州海岸，甚至远至澳大利亚的水域。当澳大利亚浮现在我的脑海中时，我就会想起会

> **触发：**
> 驱动客户本能购买和追随

议组织者丹妮卡，她曾带我飞到悉尼做营销主题的演讲。午餐时，她告诉我，她也是一名探险旅行作家，写过关于自己在澳大利亚南部冰冷的水下用鲨鱼笼潜水[①]的经历，那时她和大自然的"杀戮机器"之间只隔了一层网。

随即我又想起了彼得·本奇利（Peter Benchley）的经典小说《大白鲨》（*Jaws*），以及之后观看的大量鲨鱼主题的电影，当然还有探索频道每年的鲨鱼周。简而言之，我能想到很多关于鲨鱼的例子。于是，当第一次要回答"鲨鱼还是飞出的香槟酒瓶塞害死的人多"这个问题时，我就受到了影响。我在脑海中快速搜了一遍，想到了很多关于鲨鱼袭击人的资料。

但是，当我思考"飞出的香槟酒瓶塞导致死亡"的案例时，却一无所获。没有新闻报道，没有书本情节，甚至连一个电影场景都没有。只有一些婚礼祝酒词和新年庆祝活动的鲜活案例，而且都是安全的，没有人员伤亡。因此，我笃定我知道正确的答案。不过，你现在可能已经猜到了，我错了。

令人惊讶的是，每年约有 24 人死于飞出的香槟酒瓶塞，而只有 10 人死于鲨鱼袭击。根据美国国家安全委员会（NSC）的研究，在美国，跌倒导致的死亡率略高于车祸。委员会还报告说，死于中暑的人数超过了死于枪支走火的人数，再次证明人们的一己之见并非全然正确。但这并不能阻止人们觉得自己知道。科学表明，当一个人能够轻易地想到某件事时，就会认为这件事发生的可能性很大，从而据此做出决定。

这种决策捷径为营销人员提供了绝佳的机会。在提出购买要求之前，你可以先做好铺垫，让潜在客户把使用你的产品或服务与提高日常生活品质联系起来。他们越快想到，就越有可能认为他们需要你销售的东西。

这种便捷的招数可以提供强大的"火力支援"，来对抗你目标客户中的"顽固分子"。当他们认为自己对你的东西不感兴趣时，就会一笔抹杀掉你的全部营销信息。他们通常会说出每个营销人员都讨厌听到的话："我不需要；我目前还不感兴趣。"然而，现在有一个方法能有效地避免这种情况：如果

[①] 鲨鱼笼潜水是指，游客穿上潜水服后，在工作人员的带领下，钻进绑在潜水艇下的一个铁笼子里，在水中近距离观察鲨鱼的一种活动。笼子的作用就是防止凶猛的鲨鱼攻击游客。——译者注

第15章
通过激发可得性偏见增强吸引力

能让你的客户和潜在客户自己得出结论，认为你销售的东西是他们应该关注的，这就能让你处于主动地位。

> 如果一个人能轻而易举地想到一件事，这就让这件事看起来发生频率更高。

触发可用性偏差让销售变得更容易

人们会把回忆例子的难易程度作为事物发生频率或概率的标志。如果很难想到一件事，就会认为这件事并不经常发生，因此可能也不会发生在他们身上（因此，他们也不需要你所销售的产品或服务）。

然而，当他们可以轻易地想起一个例子，或者说，当例子在他们的脑海中很容易找到时，他们就会认为这种事更常见，更有可能发生在他们身上（这就暗示他们需要找你买东西了）。当行为科学家提到人们经常使用的这种决策捷径时，就是在说可得性偏见（availability bias）或可得性启发式（availability heuristic）。

大量的研究表明，通过可得性偏见来做决定极其普遍。例如，在一项研究中，研究人员问受试者在由七个字母组成的英语单词中，以"ing"结尾的单词，和第六个字母是"n"的单词相比，哪个数量更多。因为人们很难想到拼写时，第六个位置是"n"的七个字母的单词，所以更多的人认为以"ing"结尾的单词更多。然而，每个以"ing"结尾的七个字母的单词也都在第六个位置有"n"，除此之外，还有"鲍鱼（abalone）""自由的（unbound）"等很多单词都符合这个要求（图15-1）。

因为更容易想到以"ing"结尾的七个字母的单词，所以人们会认为它们比第六个字母是"n"的七个字母的单词要多。

人们不用思考像上述例子那般的难题，就能引发可得性偏见。就拿发生在身边的事来说。丹尼尔·卡尔曼在他的《纽约时报》畅销书《思考，快与慢》中描述了一项关于配偶和家务角色的研究，要求每个配偶估算自己为保持家庭整洁所贡献的百分比。

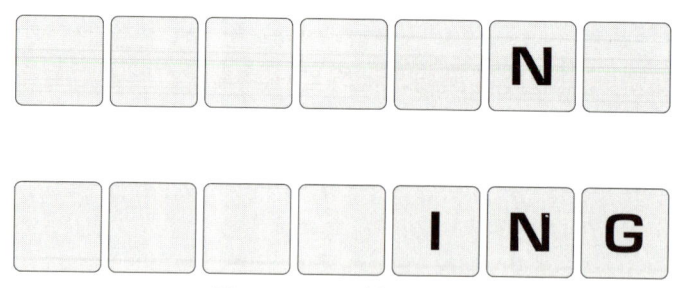

图 15-1 可得性偏差

研究人员发现，每对夫妇的总贡献百分比都超过了100%，这在数学上是不可能的。但由于夫妻双方都发现，回忆自己对家务的贡献容易，回忆配偶的贡献却很难，因此误判了各自的比例。他们一想起自己的贡献，似乎就能历历在目。即使两人住在一起，并享受了对方的付出，但是对此印象却不够深刻。

另外，当某件事更容易想到时，也会干扰一个人的看法。在另一项实验中，研究人员向受试者宣读了一份包含39个名字的名单。一种情况是名单上的19位女性比其余20位男性更有名，另一种情况是19位男性比其余20位女性更有名。在听到名单后，要求研究参与者估计是女性的名字多还是男性的名字多。

研究人员发现，当女性的名字更有名时，人们会说名单上的女性名字更多。男性名字亦是如此。因为这些名人的名字听起来更熟悉，在研究参与者的记忆中更容易出现，因此那些名字所代表的性别，也被认为在列表中出现的更多。

频率、近因和数量会导致可用性偏差

当人们经常听到一些事情时，也会影响他们的决策捷径。研究人员描述了两种场景，并要求人们说出哪一种更有可能发生。第一个场景是在美国某地发生了一场大洪水，造成1000人死亡。第二个场景是在加利福尼亚发生的地震导致了洪水，造成1000人死亡。因为人们把地震和加利福尼亚联

第15章
通过激发可得性偏见增强吸引力

系在一起，所以更容易想象第二个场景的因果关系是真的。然而，从逻辑上讲，在这两种情况中，造成1000人死亡的洪水，可能发生在全国任何地方，不必由加州地震引起，这才是两种情况中更有可能发生的事。

研究表明，如果人们反复接触某个信息，即使它没有对其产生直接影响，也会影响他们对信息及信息可能出现频率的认知。例如，听到大量处方药广告的人，会认为这种药物治疗的病症比实际应用更常见。同样，与毒品相关的认知也是如此，1993年拉塞尔·艾森曼（Russell Eisenman）的研究发现，人们估计美国的毒品使用率正在上升，但是《全国家庭药物滥用调查》（National Household Survey on Drug Abuse）显示并非如此。研究人员认为，是媒体关于吸毒的铺天盖地的报道，影响了人们的评价。人们很容易想到关于吸毒的新闻故事，因此，他们推测出吸毒人数肯定在增加。

虽然频率对可得性偏见影响显著，但近期性也同样重要。最近的记忆很容易追溯，因此人们会对此印象深刻。例如，在2019年西南航空公司发生事故，造成一名乘客死亡后，人们开始害怕坐飞机。据报道，该航空公司损失了5000万至1亿美元的销售额，部分原因就是出于人们的恐惧。虽然发生类似事故的概率相当小，但这种可能性在潜在乘客的心中却大得多。

最后，研究人员观察到可得性偏差的一个有趣效应。他们发现，信息检索的难易程度比信息检索的数量更具影响力。在一项研究中，工作人员要求受试者列举表现他们曾经很有进取心的6个或者12个例子。然后，对自己的进取心进行评分。出人意料的是，列出12个例子的人认为自己的进取心程度更低。研究人员认为，这是因为虽然列举6个例子轻而易举，但要找出两倍数量的例子就困难得多，导致他们认为自己其实并没那么有进取心。

然而，当研究人员为他们的受试者提供了一个解释，说明为什么他们难以回想起这么多事例，例如，背景音乐的播放可能会干扰他们思考。当他们不再觉得回忆起12个事例比较难时，就不会认为自己没有进取心了。

营销人员有很多方法来触发可得性偏见

营销人员可以利用可得性偏见来获得优势。你可以提示客户或潜在客户，让他们想到曾经使用你的产品或服务后的获益时刻。例如，如果你卖的是去污渍产品，那就让人们想起曾经把红酒洒在白衬衫或桌布上的场景。或者你可以引导他们去联想认识的人曾经历的狼狈场景，而你的产品却可以防患于未然。例如，如果你销售演讲培训课程，就问人们是否有朋友或同事害怕公开演讲，担心自己在讲台上会手足无措。

你还可以让潜在客户回忆，他们最近在新闻上听到的，或在社交媒体上读到的与你的产品或服务有关的故事。例如，如果你销售退休服务，你可以谈到一个名人或运动员的近期轶闻，尽管他们在黄金时期赚了很多钱，去世时却身无分文。最后，你可以让目标客户列出你的产品或服务可能对他们最有用的三个方面，这应该易如反掌。或者，列出现在不需要它的10个理由，这对他们而言就有些困难了。任何一种方法都可能让人们得出这样的结论：他们确实需要你提供的东西。

关键是通过让人们估计某些事情发生的可能性来触发可得性偏见，从而使你的产品成为明智之选。正如丹尼尔·卡尼曼指出的那样，"增加人们对不良结果的担忧的一个好方法是提醒他们，类似情况下，事情发展结果令人担忧；增加人们信心的一个好方法是提醒他们，类似情况下，一切都最终得到了最好的解决。"

一个在香港的美国人如何依靠"可得性偏见"来解决商务晚宴的困境

当我还是波士顿一名年轻的广告撰稿人时，我经历过一些令人诧异的事。我当时任职的机构开设了奥运硬币收藏品业务，这本身就很酷。我们创作了直接响应平面广告[1]，鼓励人们购买硬币。这些广告展示了硬币的美丽图片以及它们的背景故事，详细说明了它们的收藏价值、制作时的良苦用心、

---

[1] 直接响应平面广告（Direct Response Print Ads），通常出现在杂志、报纸和目录等印刷媒体上，目的是直接促使读者采取行动，例如拨打电话、访问网站或者填写订单。这类广告通常包括一个明确的呼吁行动（Call to Action）和联系方式，以便激发消费者的兴趣和行动。直接响应平面广告的目的是在短时间内吸引消费者的注意力，建立品牌认知度，同时促进销售和客户获取。——译者注

第 15 章
通过激发可得性偏见增强吸引力

所描绘的文化和体育盛景,以及在有限的供应量售罄之前拥有一些硬币的独家机会。

一天早上,我走进公司,看到我的创意总监在打电话,他看起来异常焦虑。当他终于从办公室走出来后,问我是否可以推荐一些自由撰稿人。"当然,"我回答道,"怎么了?",心想我们可能是接到了一项紧急任务,或者被邀请去参加一个重要的竞标。他解释说,他刚刚听说,我们的奥林匹克纪念币客户需要我们派一名撰稿人参加一个会议。会议将于几天后在香港举行。那天早上,他联系的自由撰稿人中没有一个人想接这个工作。

"等等。"我疑惑地说,"你要派一个自由撰稿人去?"我不敢相信这个美差要拱手让给公司外的人了。现在轮到他感到惊讶了。"怎么了?"他问道,眼睛盯着我,好像我在他眼前突然长出了第二个脑袋,"你想去吗?"

我当然想去。我从来没去过香港,对那儿一无所知。事实上,我甚至没有护照。但是,几天后跳上飞机去亚洲参加商务会议的想法让我无法抗拒。这不就是市场营销工作该有的样子吗?创意总监将信将疑地说这份工作是我的了。不久,他递给我一张机票。现在我只需要办理护照和收拾行李了。幸运的是,当时在波士顿护照管理局,一天内就可以获得加急护照。

在经历了 20 个小时的飞行,和出租车上的一段小插曲后,我到达了酒店,稍作休整,确定了第二天去客户办公室的路线。在一天的会议之后,客户带着他的整个团队,包括各个机构的代表出去吃晚饭。在长桌的另一端,我发现了另一个美国人,她向大家介绍自己叫伊莱恩(Elaine),来自该公司的纽约公关机构,常驻香港。

第三天工作完成之后,我原计划是次日飞回去。然而,客户问我是否愿意周末留下来,并在下周到办公室工作几天。我当然愿意。那个周五下午接近 5 点的时候,我突然意识到我整个周末都可以在香港逛一逛,便让办公室秘书给伊莱恩打电话,希望她能和我一起观光游览。于是,我们整个周末都在奔波,参观了各种古老的寺庙和绝佳的风景,品尝了当地的美食,也去了外国人开的酒吧。我玩得很开心。伊莱恩是个好导游,她知道游览这个城市的好路线,让我看到了最美的香港。

触发：
驱动客户本能购买和追随

在要离开的前一晚，我想答谢一下她的好意。在我住的酒店有一家高级餐厅，所以我想在那里一起吃顿晚餐应该不错。当服务员拿来酒单时，我才意识到我有多么措手不及。这些酒我都不熟悉。我当时只是波士顿的一名年轻撰稿人，只知道在商务晚宴上应该点一瓶酒。但通常负责查看酒单并做出选择的，是我的一位更有经验的同事。我不太熟悉这些，甚至都不知道我在找什么。更糟糕的是，价格也不是用美元标注的。

我茫然地盯着酒单，不想承认自己的无知。突然，仿佛是神的旨意，我看到了一款名为教皇新堡（Châteauneuf-du-Pape）的葡萄酒。我思忖了一番，意识到我以前听说过这种酒。我不仅听说过，还听过人们对它的赞誉。现在我感到有信心能点一瓶好酒（尽管我不太确信，我能否报销它的费用）。

虽然我当时没有意识到，但正是可得性偏见拯救了我。因为我在故事和各种媒体中听到过教皇新堡，我觉得很熟悉，所以认为选它应该不会错。事实上，如果有人让我在我的职业生涯中推荐一款好酒，这款酒会马上浮现在我的脑海中。伊莱恩和我也很满意。在香港的高空，坐在一家精致的餐厅用餐，每一滴酒都让我们的味蕾欢动。

案例分析

条形码扫描器、可用性偏差和基准测试

你如何说服目标客户考虑用你的新方案替换他们现有的设备？更具体地说，你如何改变他们"用到坏为止"的态度？这就是一个新客户向我所在机构的团队提出的挑战。

我们的新客户生产条形码扫描设备，这是一种机器视觉产品，通常由在大型零售商的配送中心工作的物流人员购买。公司每天都会挑拣、包装和配送上千订单，这些设备能帮助检查或识别在流水线上移动的包裹。客户的条形码扫描设备有很多优点。它比同类产品能更快地处理图像，可以读取不同角度的，或有撕裂、破损的标签，而且它的硬件和活动部件更少。

然而，有两个原因导致销售之路困难重重。首先，该公司在目标市场上名不见经传，不一定能得到潜在客户的认可。虽然也并非无计可施，但想得

第 15 章
通过激发可得性偏见增强吸引力

到潜在客户回应比较难。第二个原因更糟糕。目标客户非常繁忙，而且很抗拒改变。多年来，这些人一直以同样的方式运作着这条流水线，没有动力做出改变。即使它并不完美，但也还能继续运转。他们的工作就是保持一切运作如常。

找到正确的方法

团队注意到产品的优势和目标市场的挑战，开始从几个可能有效的角度为新客户策划营销信息。新颖性是我们考虑的一个方向。人们通常会被新颖的事物所吸引。我们认为，由于该公司及其产品对目标客户而言是新的，应该具有吸引力。但后来我们了解到，目标客户认为这种类型的设备在不同的供应商之间没多大差别，有也只是稍做了改进。将其宣传为新产品是有风险的，因为它可能会被视为是大同小异的设备。

接下来，我们考虑在省钱上做文章。因为客户的设备硬件和活动部件较少，公司就不必在维护和维修上支出很多钱。然而，这个方向的问题在于，我们的目标客户并不关注这些指标。他们主要是希望能确保工作顺利进行。如果设备像预期般运作，降低成本无疑是好的。但这是一种新产品，在当前流程中添加任何未经验证的卖点都有风险。如果达不到预期效果，目标客户付出的代价就会更大。在这种情况下，可靠的"足够好"比可能的"更好"更可取。

最后，我们认为有效的营销信息是把目标客户从自满中唤醒。而且我们必须从一开始就证明，我们了解他们和他们的工作。所以，我们给他们寄了一个盒子，盒子标签的条形码看起来有些破损。我们知道这会立即引起他们的本能反应。在他们的工作中，损坏的标签是一个大问题。当一个标签被撕开，或被划破的包裹到达流水线时，会被拣出来，然后重新包装。目标客户甚至给这堆次品起了个冷酷又幽默的名字——"头彩"。

看一眼这个标签就会引发可得性偏见。目标客户会自动想起最近所有中了"头彩"的物品，以及处理这些物品的痛苦过程。这会提醒他们，虽然目前的设备还可以运行，但远不够完美。在他们阅读我们的信息之前，这将是一个理想的思维框架。在破损的标签下面，我们写了一行文案，承认像这样的标签通常是个坏兆头，但是现在有一种特殊的解决方法。这条精心策划的信息旨在通过换位思考的方式引起他们的注意。一旦成功获得关注，我们就能说明这种新的条形码扫描设备确实值得一看。然后，再通过向他们提供礼物来激励客户做出回应。

这是否足以影响他们的行为？是否足以克服"所有这些产品都很类似，因此在流水线上引入新产品是有风险的"看法？显然如此。我们的客户高兴地报告说，他们超出了基准要求，销量比原定目标增长了266%。

> **❶ 错误** 在没有做好准备的情况下，就开始介绍产品特性和好处，你的目标客户可能不会轻易接受。触发可得性偏见后，再开始你的营销信息，目标客户会更容易接受它，效果立竿见影。

六个营销传播中可得性偏见的例子

当你的客户或潜在客户很容易想到一个相关例子时，他们会觉得你描述的情况更有可能发生。如果你描述的是他们想要避免的事情，可得性偏见可以很好地与损失规避相结合。如果你描述的是个结果很不错的事例，可得性偏见可以与乐观偏见（optimism bias，认为坏事更经常发生在其他人身上）结合运用。

在某些情况下，你的客户和潜在客户会更容易回想起那些特别重要、生动或有感染力的事件，因为它们可能会随时浮现在脑海中。此外，如果是最近发生的事情，或者是最近听说的事情，这件事也更容易被回想起来。同样，如果这种情况是他们非常熟悉的，无论是来自个人经验，还是曾经反复接触，都会记忆犹新。

某建筑设备公司

某建筑设备租赁公司进行了数字广告宣传，成功地运用了可得性偏见来

第15章
通过激发可得性偏见增强吸引力

引起情感上的共鸣。他们简明扼要地描述了一个建筑行业的恐怖故事：当最后期限迫在眉睫时，一台关键的设备，如挖掘机或剪式升降机[①]发生了故障。目标市场很容易产生共鸣，感受到它带来的恐惧和压力。他们可能亲身感受过，或者听说有同事经历过，知道这种事故会拖累整个工作进度。然后，设备公司表明他们有解决方案，他们有现成的替代品可供出租。广告让潜在客户想象，他们需要该公司的时刻，或者想象将来出现设备问题时使用该公司的时刻，然后再向潜在客户提出购买服务的要求。

某政治筹款人

我曾经收到的一封政治筹款电子邮件，使用了一种简单的图形技术来引发可得性偏见。这封邮件的目的是在截止日期前，为一个选举基金筹集捐款。在时限内捐款的人能有机会在即将举行的活动中与候选人共进晚餐。然而，人们认为邮件名单上有那么多人，他们被选中的概率会非常小。为了应对这种情况，邮件中附上了一张圆桌的图片，周围有八把椅子。上座的椅子上面写着候选人的名字。一个箭头指向候选人右边的椅子，上面标有潜在捐赠者的名字。另一个箭头指向候选人左边的椅子，表明它是为捐赠者保留的。这使得与候选人一起用餐的画面变得非常生动，邮件收信人会忍不住浮想联翩。当脑海中能够清晰浮现这样的画面，收信人就觉得这件事似乎很可能发生，也就更愿意进行捐赠。

某保险公司

一家出售住院补偿险种的保险公司面临着挑战。如果顾客足够幸运，在过去一年中没有住院，没有使用到该保险，那么他们很可能会在下一年不再购买。自然，保险公司不想失去生意。为了增加顾客留存率，他们在营销文案中加入了能触发可得性偏见的内容。保险公司告诉客户，他们购买保险是

[①] 剪式升降机（Scissor Lift），也称升降平台，是一种用于提升和降低工人或物品的平台式升降设备。它由一系列交叉的金属支架（通常是钢板）组成，形成一个类似于剪刀的结构，可以在垂直方向上移动。——译者注

明智之举，特别当他们想到身边的熟人在过去一年中都住院了之后，更能感同身受。这让客户觉得，即使他们现在不需要保险，未来也很可能用得到。

某网络安全公司

我的一位同事是一名才华横溢的作家，名叫艾米·亨特。她曾运用每周新闻中的事件来触发可得性偏见。当时她正在制作横幅广告来开拓网络安全公司的销路。当然，作为一名作家，她有很多方法，能让一家公司相信自己需要网络安全保护。艾米可以说犯罪分子的手法越发老练，或者即使是设计精良的系统，也会有漏洞。也可以从另一个角度展开，如公司遭到攻击后，会遭受成本和生产力的巨大损失。但她知道，需要找到一个能激励她的技术和信息系统潜在客户迅速做出回应的理由。于是，她转向了时事新闻。

晚间新闻关于大公司遭遇数据泄露的报道越来越多，有时还夹杂着客户和股东的强烈不满。艾米介绍，网络安全产品能让目标公司的首席执行官有备无患，免于此类灾祸。这样说会促使目标公司想起最近横遭此类劫难的公司，不仅触发了可得性偏见，也增加了行动呼吁的紧迫性。

某软件公司

当你的目标客户经常遇到问题，或认识遇到问题的人时，利用可得性偏见是策划销售方案的明智做法。一家推销PDF[①]产品的软件公司就是这样做的。他们知道自己在行业中不占上风，但对于合适的受众群体来说，他们的产品会是更好的选择。他们的电子邮件并没有从介绍产品开始，而是提醒读者，他们正在向目前的PDF产品妥协——可能正在为不需要的功能付费，或者已经被迫减少了使用权限。这让目标客户想到自己曾抱怨过，或者曾经听到他们的职员抱怨过这件事。只有在奠定了这个基础之后，公司才会谈论他们新产品的好处。

[①] PDF是一种可移植文档文件格式，用于可靠地呈现和交换文档，与软件、硬件或操作系统无关。——译者注

第 15 章
通过激发可得性偏见增强吸引力

某日报社

一家大型都市报社想增加他们每日电子快讯的订阅量。他们认为，鼓励现有订阅用户（他们可能喜欢这个产品）为认识的人作为礼物订阅报纸是个好方法。但他们并不只是告诉现有用户，赠送订阅会是个好礼物，也没有问他们是否知道谁会喜欢这份礼物。

相反，他们列出了 10 个不同的描述词，用来描述那些因为编辑报道而欣赏该产品的人。他们使用了一些词语，如"政治迷""旅游爱好者"和"运动发烧友"。这种可得性偏见的使用，促使现有客户想到他们身边符合这些描述的人。只要他们愿意去想，就会很容易得出结论，他们知道有多达 10 个人可能会喜欢这份订阅礼物。

如何利用可用性偏差增加你销售产品的吸引力

- 诱导人们想象，如果他们已经拥有了你的产品或服务，将有百利而无一害。
- 让他们想象在未来的某一天，你的产品会很好地融入他们的工作或个人生活。
- 将你的营销重点放在一件事情上，并成为该领域的翘楚。这样，当人们想到某个特定属性时，就会想到你的公司。
- 保持信息的一致性和持久性。你希望目标客户对你的产品和服务感到熟悉。
- 在你的营销信息中穿插一些事例和故事，表明你的产品是合理的选择。例如，如果你销售旅行保险，那就提醒人们航班延误或行李丢失会带来多大困扰和损失。
- 将常见的说法与你的营销信息联系起来。例如，你销售一种特定产品的备用部件，你希望人们现在就购买，以备不时之需。你可以问他们是否注意到，只有当他们忘记带伞的时候，天才会下雨。
- 利用与你销售的产品或服务相关的热点时事。

- 确保你的营销信息描绘了一幅生动有感染力的画面，展示拥有你产品时的美好景象。这将使你的潜在客户更容易回想起你的产品。
- 让人们谈论你的品牌。人们越经常听到或看到该品牌，就会越感到熟悉。
- 对你的内容稍加改动（例如：从你的博客文章中提取推文，重新发送带有新主题行的电子邮件），扩大市场存在感。
- 去客户和潜在客户所在的地方。确保他们在日常生活中能接触到你的营销信息。让你的营销信息出现在他们会出现的不同地方。你要不断刷新定位来让他们保持关注。

要点

1. 当你的客户和潜在客户更容易想起一件事时，就会认为这件事更可能发生。
2. 越难想出一个相关例子，他们就越觉得它不会发生。
3. 经常听到某件事，或者最近听到某件事，会更容易引发可得性偏见。个人经历过，或者知道有人经历过，也是如此。
4. 当涉及对他们的影响时，能够轻松地回忆起信息，比能回忆多少信息更重要。例如，让别人列出三种他们可能从你的产品中受益的方式比让他们列出十种更有说服力。
5. 在让别人购买之前，先让他们想象一下过去你的产品或服务曾派上用场的情景，或者让他们想象一下未来可能从中受益的时刻。
6. 营销人员可以把新闻故事、时事和俗语与他们的产品联系起来，使产品更容易被顾客联想到。
7. 你可以使用图像来快速有效地触发可得性偏见。
8. 特别引人注目的、生动的或有感染力的事件或例子，更容易出现在目标客户的脑海中。
9. 你的潜在客户对你的品牌越熟悉，就越有可能想到你。

第 15 章
通过激发可得性偏见增强吸引力

> 10. 让前后一致的营销信息经常出现在你目标客户的所在地,这会让他们对你更熟悉,更容易想到你。

小结

如果你的营销信息引发了可得性偏见,你的潜在客户就会更愿意接受它。在进行销售之前,首先让潜在客户想象一下你的产品或服务曾经派上用场的时候,或者未来他们从中受益的情景。营销人员可以利用目标受众脑海中印象深刻的事件,如听过的故事或有过的经历,触发可得性偏见。

当某样东西崭露头角时,它就会给人留下更深刻的印象。正如你在下一章会看到的那样,你可以使用一些策略,来确保你的营销信息脱颖而出,从而吸引人们的注意,并给他们留下深刻的印象。

第16章

通过情境、奖励和不可预测性创造引人注目的营销传播

第 16 章
通过情境、奖励和不可预测性创造引人注目的营销传播

营销执行得好,能让你的营销信息脱颖而出。在此过程中,它们会触发了冯·雷斯托夫效应(Von Restorff Effect)——人类倾向于注意和回忆那些与众不同的事物。情境、惊喜和追求奖励等因素都能让信息一鸣惊人。然而,与众不同并不总是等同于成功。营销人员必须有策略地运用冯·雷斯托夫效应。

在我写这篇文章的时候,我已经右脚踝骨折一周了。幸运的是,医生说骨头断得很整齐,所以一旦愈合,我大概率能恢复正常的活动能力。但现在,我必须得拄着拐杖,或者踩着膝踏板车①蹒跚而行,我的右脚包裹着一只灰色的大靴子——这对我来说显然不妥,因为此时此刻,任何一点重量施加到我的右脚上,都让我疼痛难忍,更别说行走了。

我告诉你这些,是因为我突然想到,我现在是冯·雷斯托夫效应活生生的(我就不说走路了)例子。冯·雷斯托夫效应以德国精神病学家赫德维格·冯·雷斯托夫(Hedwig Von Restorff)命名,指的是人类倾向于注意到与周围环境不同或突出的事物。

例如,昨晚我的朋友贝丝邀请我们一群人去吃牛排,庆祝我们的朋友苏的生日。自然,拍照留念是免不了的。但当人们看到苏庆祝生日的照片时,会注意到穿着靴子的我。一眼望去,靴子会立马让我成为十个人中最与众不同的那个。如果一个陌生人看到这张照片,会立即注意到绑在其中某人腿上

---

① 膝踏板车,又称膝助行器,是一种具有 3 至 5 个轮子、膝盖支架和转向把手的辅助移动设备。它可以让你把你受伤的腿放在一个有垫的结构上支撑,而用你没有受伤的脚骑行。——译者注

触发：
驱动客户本能购买和追随

的矫形气垫绷带[①]。

冯·雷斯托夫效应可能对我们远古时期的祖先很有帮助。如果他们早上醒来，把头伸出洞穴外看看地平线，发现一切如旧，那就是好兆头。这表明，周围的一切安然稳定，至少和前一天没什么差别。

但是，如果在环视时发现情况有所不同，比如有旧东西不翼而飞，或者有新东西从天而降，这就会引起担忧。在那时，这种警惕实际上关乎生死。能够迅速注意到一些新的或不同的东西，能让我们的一部分祖先得以存活。

现在，几千年过去了，人类仍然本能地注意到不同的事物。作为一名营销人员，你可以利用这一点。如果你面临众多竞争对手，冯·雷斯托夫效应可以帮你的营销信息脱颖而出。你也可以利用这一效应，推动客户选择你的某一产品或服务。你甚至可以用它来确保人们不会错过你至关重要的行动呼吁。

你会发现，适当地利用冯·雷斯托夫效应需要的不仅仅是让你的信息与众不同。与众不同并非万全之策。对于这个问题，聪明的营销人员知道，有时候表明与你竞争对手的相似之处也并非坏事。举个例子，如果你没有提及其他竞争对手所能提供的好处，那么潜在客户可能会认为他们从你这儿是得不到这些好处的。再如，如果你是这个领域的新手，展示一些与领先者的相似之处可以成为你的入场券。然而，过多的相似性则会适得其反。

所以，让我们来看看冯·雷斯托夫效应是如何起作用的，以及你该如何在营销活动中充分利用它。让营销信息脱颖而出的方法有对有错。你要确保你的信息是因为恰当的理由而受到关注，所以你要了解冯·雷斯托夫效应的力量和风险。

> 人们会注意并记住与周围其他物品有所不同的那个。作为一名营销人员，你希望这个物品是你的广告、电子邮件、直邮信件，或其他营销沟通方式。这是你迈向成功的第一步。

[①] 矫形气垫绷带，是一种用于支撑和保护骨折、扭伤、拉伤等肌骨系统损伤的医疗设备。它通常由一个可充气的气囊和一系列带子组成，可以固定在身体的特定部位，如手腕、脚踝等。这种设备可以帮助减轻疼痛，促进愈合，同时提供支撑和保护，以防止进一步的损伤。——译者注

第 16 章
通过情境、奖励和不可预测性创造引人注目的营销传播

脱颖而出的营销信息会备受关注并被人记住

当我在市场营销会议上谈到冯·雷斯托夫效应时，有时会展示一排整齐排列的黑色翼尖鞋①，中间放上一双紫色高帮运动鞋。有时会展示一些简单的几何图形，比如三个黄色圆圈和一个蓝色正方形。

其效果几乎总是一模一样。人们关注的是紫色运动鞋或蓝色方块。这都与背景息息相关。如果紫色高帮运动鞋出现在一排其他颜色鲜艳的同款鞋中，就不会如此醒目。同理，如果蓝色方块被一个蓝色三角形、一个蓝色圆形和一个蓝色矩形所包围，它也不会引人注目。

行为科学家将此称为孤立效应（isolation effect）或冯·雷斯托夫效应。赫德维格·冯·雷斯托夫在记忆性方面的早期研究成果是这一命名的由来。在她的研究中，她给研究参与者提供了一个随机列表，表内都是由三个字母组成的无意义单词。列表中插入了一个由三个随机数字组成的单一字符串。例如，列表可能看起来像图 16-1 中的样子。

```
btx
mur
630
ghv
trl
hca
jsd
```

图 16-1 冯·雷斯特夫效应的作用

看完列表后不久，研究对象需要回忆他们能记住的内容。那串数字是他

---

① 翼尖鞋（Wingtip Shoes）是一种传统的男士皮鞋款式，其特点是鞋头和鞋尖处有装饰性的缝线和图案，通常使用牛皮或鳄鱼皮等高质量的皮革制作，适合正式场合穿着，例如商务会议、婚礼和晚宴等场合。——译者注

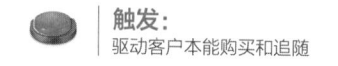

们记忆最深刻的。

虽然这项研究发生在20世纪30年代初，但其他更为现代的实验也强调了冯·雷斯特夫效应的功效。例如，在2018年，理查德·肖顿的优秀著作《选择工厂：影响我们购买的25种行为偏见》(*The Choice Factory: 25 behavioural biases that influence what we buy*)出版。在这本书中，肖顿讲述了他和同事劳拉·韦斯顿（Laura Weston）做的一个实验，他们向研究参与者展示了一串数字。其中15个数字是用黑色书写的，1个数字是用蓝色书写的。看完后不久，参与者被问及他们记得看到哪个数字。肖顿报告说："回答者回忆起特定数字的可能性是其他数字的30倍。"

随后，肖顿和韦斯顿重复了这个实验，但这次他们使用了品牌标志，这更符合营销人员的初衷。他们展示了11个汽车品牌标识和一个快餐品牌标识。研究人员报告称，"消费者提及快餐品牌的可能性是提及普通汽车品牌的四倍。"

人们自然会注意到与周围格格不入的东西。那么什么会引起你的注意？

最后，在2019年一篇名为《孤立效应如何提高转化率》(*How the isolation effect can boost your conversions*)的文章中，客户体验优化公司AB Tasty的罗宾·尼科尔斯（Robin Nichols）谈及该效应的市场应用情况。她报告说，Conversio机构为他们的一个电子商务客户使用了这种效应。因为当客户的产品在网站上展示时，比其他产品更能引起客户的注意，该产品转化率增加了3.4%。

营销信息出现的背景或周围的环境，会影响它的吸引力和难忘程度。如果它看起来与周围信息别无二致，就不会引人注意。然而，如果它有些许不同，就能从背景或者同组物品中脱颖而出，得到更多的关注，从而在你潜在客户的记忆中留下痕迹。

人们每天的大部分行为都是下意识的。即使当他们主动寻求你的产品或服务时，可能仍然只是付出了部分注意力。只要你能吸引他们的兴趣，或使你的产品成为默认选项，都将对你的业务有益。对尺寸、颜色和视觉线索的使用，都会影响营销信息的区分度。周围有许多不相关的信息在争夺潜在客户的注意力，这样做是为了让你的营销信息脱颖而出，同时也是为了让你的产品或服务类型与众不同，因为与竞争对手太过相似，会使你的销售难以进行。

冯·雷斯托夫效应让我丢了工作的缘由

在我职业生涯的早期，我有机会成为我的第一个信用卡征集套餐的创意总监。那时电子邮件和社交媒体还是非主流，信用卡公司在获取新客户时相当依赖直邮，特别是在我执行这个任务期间，这种依赖更是有增无减。

后来该信用卡重新进入市场。正因为如此，我们的客户对吸引新的持卡人更加重视。同时，这是我们机构的新客户。因此我们要做的工作将会比平常有更大的压力。但这不是问题。我们欣然接受这一挑战，也很高兴能成为客户直销团队的一员。

我们做的第一件事是着手收集市场上有竞争力的信用卡邮件样本。我们知道，客户的目标受众很可能和其他信用卡公司重合。毕竟，在一个特定的信用评分（FICO，信用卡公司用来评估信用价值的指标）范围内，只有这么多人。如果有人收到我们客户的直邮广告，其他公司的当然也少不了。我们需要体验一下这些人的经历——看看他们将会收到的营销信息，以及邮购这些信息的信封。

我们把收集到的所有包裹贴在机构的一个战略部署办公室的墙上，整个团队都可以在那里仔细研究它们。首先让我们感到震惊的是，所有的邀请函都很相似，难以区分。当然，除了标志和品牌颜色各有差别，这些包裹几乎都大同小异。大多数公司标榜的功能清单都十分相似，但似乎没有一个能独树一帜。

一个应用冯·雷斯托夫效应的机会

基于这一点，我们决定利用冯·雷斯特夫效应。为了让人们对新的信用卡感兴趣，我们首先需要设计一个在当天邮件中别出心裁、惹人注目的包裹。不仅如此，它还必须与典型的信用卡获取包裹不同，这样就不会被立即评价为"老一套"。我们推测，如果人们认为他们能猜到里面是什么，就不太愿意打开看了。

各小组开始着手工作。每个人都在努力设计一个不会被忽略的外部信封。当概念设计阶段结束时，一个光泽鲜艳的黄色信封脱颖而出。上面有一张通过鱼眼镜头拍摄的经过畸变的人物照片，照片聚焦在脸部，看起来像是在仰望读者。在目标人群的邮箱里没有其他邮件看起来会如此独特。这一点我们非常确定。

我们确信我们已经代表信用卡客户巧妙地应用了冯·雷斯托夫效应，我们急于展示这一概念，并听取他们的回应。然而，故事在这里出现了一个意外的转折。虽然客户承认他们的目标受众可能从未见过这样的信封，但却与他们的预期完全不符。客户指出，外包装上没有任何信用卡申请者在考虑购买新卡时所需的信息，没有显示介绍性或常规的年利率，也没有提到免除的年费。事实上，根本就没有提到信用卡。在我们努力使作品显得与众不同时，却早已偏离主题。我担心再这么下去，我就要跟营销这一行失之交臂了。

利用这一原则的正确方法

幸运的是，客户很宽容地给了我们反馈，并让我们重新构思。带着这些新的要求，我们在专注于提供必要信息的同时，还能让直邮信件从一众信件中脱颖而出。这次的设计结果是一个 10 号信封，用亮眼的海军蓝和白色装饰。上面有一个超大的"0"，以推广介绍性年利率，并且还印有鼓励人们去发现这张新卡片不同之处的文字。

客户认可了我们的方案。更重要的是，目标受众对此也做出了回应。新的持卡人不断涌入。在多年的合作过程中，我们为信用卡建立了 7 个独立的邮件，为客户设计了一系列卓有成效的包装。虽然所有这些都是邀请用户办理信用卡的请求，但每一个都各有特色，足以从竞争中脱颖而出。

这个故事告诉我们什么呢？要认识到鉴别冯·雷斯托夫效应的力量和风险。对于某些产品而言，不暗示里面有什么，勾起人们的好奇心，是一种聪

小心吸血鬼视频

例如，我早期做直接回应电视广告时，有人警告我要小心"吸血鬼视频"，即具有强大的故事情节、人物或视觉效果的电视广告，它会把人们的注意力从主要产品信息上移开。观众会记住广告，可能还记得广告的类别，但却不会记得广告中的品牌。

因为我是做市场营销工作的，我的朋友们经常会告诉我，他们最近看到并中意的电视广告。我会听他们描述广告内容，以及喜欢它的原因。接着，我会问他们，这个广告是为谁做的。大多数时候，他们说不出是哪个品牌。如果你想引人注目，别出心裁是很有用的。但你必须确保营销信息在战略上脱颖而出。最好的方法是创造一些能吸引注意力的东西，将之自然地与你销售的产品联系在一起，以便强调你特定的营销信息。

> **❗ 错误** 你的广告太过于引人注目，让人们记住了广告却忽略了相关的营销信息。所以，要采取一种让人们记住营销信息的特别方式。

🔍 案例分析

以一种令人难忘的方式区分事实与虚构

如何说服媒体策划者在他们认为收视率不高的电视节目上投放广告？这是我在某家机构工作时跟其他团队成员遇到的挑战。这个节目以科学为中心，包括从原创科幻系列到深入科学探索发现的方方面面。

然而，代表潜在广告客户的媒体策划者认为，该节目只是重新播放了20世纪60年代首播的《迷失太空》（*Lost in Space*）剧集，一些只能吸引一小部分粉丝的B级电影，以及大多数人从未听说过的关于小众话题的枯燥乏味的纪录片。

说服别人承认自己的想法错误可不是一件容易事。但这并不是我们唯一的任务。我们不仅要说服这些潜在的广告客户，说服他们对我们客户的节目有错误的印象，还需要让他们开放心态，愿意在该节目中投放广告。

面对这样的情况，我们需要从事实着手。一种方法是列出实际的节目，给出详细的描述，证明媒体策划者的假设是错误的。然而，为了做到这一点，我们首先必须说服目标受众接受我们的信息。由于受众对我们的节目已经有了先入为主的想法，他们很可能不会花时间去接受我们的信息，更可能会忽略我们的努力。

另一种方法是严格审查媒体策划者会用来做决定的信息。我们可以把重点放在观众人数和人口统计资料，以及观众的兴趣和活动上。我们可以强调人们每周通常会花多少时间观看这个节目，甚至可以展示一些观众的推荐，说明他们是这些节目的忠实粉丝。然而，尽管所有这些因素对媒体规划决策都至关重要，但由于我们的客户已经被媒体购买者从最初的考虑中被排除了，这些因素很可能也会被忽略。

对任务投入越多，创意团队就越发意识到，必须从吸引媒体策划者的注意力着手，才能促使他们参与进来。如果策划者已经不把我们的客户视为一个潜在的广告投放地，我们就需要一个突出的营销信息，证明我们的客户不可忽视。这是一项艰巨的任务。幸运的是，我们的团队有能力完成。

引起关注，切题中肯，开宗明义

他们设计了一个引人入胜的双重营销活动，将其邮寄给目标媒体策划人。第一封邮件装在一个银色、半透明的防静电袋中。透过袋子可以看到一张头骨的 X 光片，有一个手绘的箭头指向去掉的一块部位，上面标有媒体策划者的名字。邮件声称来自 L.I. 实验室。防静电袋里还有一封信，信上解释说，在媒体策划者不知情的情况下，他们的一小部分大脑样本已被提取出来进行分析，以确定他们是否"易受影响"，检测结果很快就会邮寄给他们。

第 16 章
通过情境、奖励和不可预测性创造引人注目的营销传播

几天后，一个大的波纹塑料盒被送到了媒体策划人手中。这个盒子同样显示来自 L.I. 实验室，上面有两个亮橙色的贴纸。其中一张写着"附上测试结果"，另一张警告"易碎品：医疗设备和样本"。当媒体策划人打开盒子后，发现了一个显微镜、一个小盒子，里面装着显示他们的脑部样本检测结果的玻片；此外，还有一本说明如何解读这些玻片的手册，以及一封信。这封信告知媒体策划人，他们的脑组织分析已经完成，他们应该在显微镜下查看玻片，看看自己的脑海里有什么。

当媒体策划者通过显微镜观察玻片时，看到的是目前主流新闻中的热点图片。例如，他们可能会看到与克隆技术的最新进展或火星上发现水有关的图片。重点是，这些是人们目前感兴趣和谈论的话题。分析得出的结论是，有数百万人喜欢关于这些话题的电视节目，而且媒体策划人自己也"易受影响"。然后，这个活动突出了一些关键的统计数据，说明我们客户运营的相应节目以及它所达到的观众数量，并提出了一个行动呼吁。

这些引人入胜的包裹成功地吸引了媒体策划者的注意力，并促使他们认识到我们客户的节目不是过时或小众的，而是热门和时尚的。我们没有发送反驳媒体策划人最初认知的营销信息，而是利用节目本身来展示它们的吸引力。媒体策划人自己认识到，他们一直以来对我们客户的科学相关节目定义不够准确。因此，他们开始愿意在这些节目上投放广告。该团队创建的活动不仅引人注目，还以一种别出心裁的方式强调了它希望传递的营销信息。事实上，由于这项工作的强大影响力和独具一格的特点，它获得了伦敦国际广告奖的认可。

创建醒目的营销信息并不需要花费很多

像刚才描述的那样，一场营销活动可能成本高昂。关键是要考虑营销投资的回报率。你并不希望发起一个需要不合理的高响应才能赢利的活动吧。其实将平均订单量和客户的终身价值等指标作为你思考的依据即可。

在同一家机构，我们为电视节目客户创建了 X 光和显微镜活动的同时，也为一个高科技客户做了一些大量利用冯·雷斯托夫效应的工作。这个营销

活动使用了一种很普遍的邮简（self-mailers）[①]。因此，我们的执行工作必须与众不同，但我们做到了。例如，有一封是装在牛皮纸午餐袋里的，它传递的信息是：如果没有我们客户的产品，B2B 目标客户只能继续在办公桌前吃午餐，因为他们没有时间出去。另一个则用绷带密封，传递的信息是：我们客户的产品可以结束目标客户越来越依赖的权宜之计。这个活动成功吸引了人们的注意，强化了营销信息，并以 167 975 美元的支出换来了 4 000 万美元的收入。

如何让你的电子邮件在目标客户收件箱中脱颖而出

如果你像大多数营销人员一样，就会不断寻找新方法来确保你电子邮件的打开率和点击率。邮件主题行在说服人们打开电子邮件方面起着关键作用。通常情况下，你的目标用户会浏览收件箱里的一长串邮件，注意力会受到主题行的影响。如果你能让你的邮件主题行别具一格，就能提高邮件打开率。我的同事杰伊·斯维德逊是世界资料网的总裁兼首席执行官，他一直在研究市场上的可行方法。2021 年，他确定了以下策略，使邮件打开率提升了两位数。每一个策略都充分利用了冯·雷斯托夫效应。

- 在邮件主题行中加入表情符号。杰伊发现这对 B2C 和 B2B 邮件都很有效。在主题行开头加入一个表情符号，或在主题行两端加入表情符号，一个放在开头，另一个放在结尾。
- 在主题行中添加特殊字符，例如 >>>> 或者 ////。
- 将主题行的第一个或两个单词放在括号或圆括号内。
- 选择主题行中的一个或两个单词以大写方式显示。但是要

[①] 邮简（self-mailers）指任何一种无须信封的直邮函件，其外部可通过折叠、裁剪或穿孔等方式，形成自封闭的结构，在函件上有特定的空白处供填写收件人的地址与姓名。通常用于营销宣传、调查问卷、票据账单等场合，其优点在于节省制作成本、邮寄成本和处理时间。——译者注

第16章
通过情境、奖励和不可预测性创造引人注目的营销传播

确保它不超过主题行单词的一半，否则会让人觉得你在大喊大叫。
- 以省略号结束主题行。因为省略号会激发人们的好奇心，人们想知道接下来会发生什么。于是，他们会打开你的电子邮件来找出答案。
- 在主题行开头使用数字，但要注意使用数字符号。不要用单词形式表现数字，因为它会与收件箱中的其他单词混淆。
- 夸大主题行中某一单词的拼写。例如，你可以将 save（节省）写成"saaaave"，或把 long（长的）写成"looooonnng"。
- 以大写字母显示发件人这一行。

使用这些策略将把你的电子邮件与目标客户收件箱中的大多数邮件区分开来。人们天生就会注意到与周围环境不同的东西。在写邮件主题行时加入一两个这样的方法，可以增加打开率。但是，如果你注意到有太多其他营销人员采用这些策略时，就另寻他法吧。

使用惊喜和不确定的奖励让你的营销信息脱颖而出

人类的大脑天生能预感到要发生的事。但是当你的客户发现事情并非预期时，就会感到惊讶。惊讶感可以从两个方面给营销人员带来好处。当人们感到惊讶时，会集中注意力，激起他们的情绪。这两种反应都会让人更有可能记住让他们惊讶的事物。

营销人员可以通过调整文案和视觉效果，设计出让客户和潜在客户感到惊讶的信息。例如，我收到一封来自服装零售商的电子邮件，主题是

> **触发：**
> 驱动客户本能购买和追随

"dressed to chill"[1]。这让我很惊讶，因为当我读到前两个词时，我以为下一个词会是"kill"，因为这是常见的表达方式。当我真正看到第三个词，并意识到它不是"kill"，而是"chill"时，我很惊讶，我的大脑立即分泌了大量多巴胺（一种有助于记忆的化学物质）。这个特殊的营销人员已经成功地把两个想法放在了我的脑海中。我从这封电子邮件中得出的结论是，这些衣服穿在我身上会很好看（dressed to kill），而且我穿起来会感觉舒适（dressed to chill）。这条令人惊讶的信息实际上带来了一举两得的结果。

熟悉语言学习软件"多邻国"（Duolingo）[2]的读者可能会认出这种技巧。该公司故意在课程中使用一些不合常规的句子。记者简·C.胡（Jane C. Hu）在她给 Slate[3] 杂志撰写文章《为什么"多邻国"的句子如此古怪？》（"Why Are Duolingo's Sentences So Weird?"）时，采访了那里的学习科学家[4]（learning scientist）辛迪·布兰科（Cindy Blanco）。在文章中，胡写道：

"当你的期望和现实发生冲突时，就会触发大脑的反应。"布兰科说，"它迫使你更仔细地关注你所看到的内容。"例如，当你看到这样的句子时，"新娘是女人，新郎是……"你的大脑很可能已经浮现出"男人"这个词，所以多邻国实际使用的词——刺猬——出乎你的预料吧。瞧，你被迫为此付出了额外的注意力。

如果你的视觉效果是出人意料的，也会带来惊喜。例如，我曾看到一家位于新英格兰的银行展示了一张圣诞老人坐在阳光明媚的海滩上，而不是在北极（或新英格兰的十二月）雪地上的照片。我见过一个社交媒体的旅游宣传活动，画面上是一头水牛坐在立式冲浪板上。还有一个大卖场的广告，展

---

① "dress to chill"译为"穿着很凉爽"，改自"dress to kill"，后者是指"穿着很迷人"。"chill"译为"凉爽的"。——译者注

② "多邻国"（Duolingo）是一家总部位于美国的在线语言学习平台。该平台提供多种语言学习课程，包括英语、西班牙语、法语、德语、日语等，旨在帮助全球用户学习新语言。——译者注

③ Slate 是美国一家网络杂志。——译者注

④ "学习科学家"（Learning scientist）是一种跨学科科学家，研究领域涵盖学习和教育过程，旨在优化这些过程以促进学习者的学习和发展。——译者注

第 16 章
通过情境、奖励和不可预测性创造引人注目的营销传播

示了一个长着大号毛绒动物头而不是人头的人。看到我们不习惯看到的图像，既能吸引我们的注意力，又能使与之相关的信息更加令人难忘。

不确定奖励的作用

另一种让人惊喜的有效方式是提供不确定的奖励。与营销人员可能认为的相反，不确定的奖励可能比确定的奖励更有激励作用。事实上，根据《消费者研究杂志》的报道，芝加哥大学和香港大学的研究人员发现，人们实际上会投入更多的精力去争取一个不确定的奖励，而不是追求确定的奖励。

在一项实验中，人们被要求在 2 分钟内喝下大量的水。一些人被告知，他们这样做会获得 2 美元的奖励。其他人被告知，如果他们完成任务，将获得 1 美元或 2 美元的奖励。研究人员发现，在奖励不确定的一组中，70% 的人在规定时间内喝光了所有的水，而在奖励确定的一组中，只有 43% 的人完成了任务。

根据研究人员的说法，这种行为的驱动因素被称为"激励不确定性效应"（Motivating Uncertainty Effect），是种追求奖励的刺激感。在某些情况下，兴奋感可能与能获得的奖励有关，也有些情况下，与获得奖励的可能性有关。这两种情况都包含了意想不到的元素。

市场营销中两个关于激励不确定性效应的例子

在为一家社区银行客户工作时，我的团队利用了"激励不确定性效应"来鼓励客户注册手机银行。在横幅广告和介绍产品的电子邮件中，我们是这样宣传的：如果客户注册手机银行，就有机会赢得智能手机。结果注册人数超过了预期目标的 71%。考虑到信息的内容，奖品是有意义的，而且与没有抽奖相比，中奖的机会可能会让人们更有动力立即注册。

利用这一效应更具创新的例子来自一家化妆品公司。他们邀请年轻女性上传自己使用该公司化妆品后的照片，以获取在该公司网站上展示自己的机

> **触发：**
> 驱动客户本能购买和追随

会。虽然对年轻女性来说，回报具有不确定性，但对公司来说，回报是肯定的，因为她们要参加活动，就得首先购买并使用这家公司的化妆品。

如何利用情境、奖励和惊喜让你的营销信息脱颖而出

- 寻找打破行业广告惯例的战略性方法。例如，在2022年超级碗[①]（Super Bowl）期间，比特币基地（Coinbase）播放了一则广告，广告中只有一个二维码在屏幕上跳动了整整60秒，成为当时最受关注的广告之一。正如Contagious杂志所观察到的，"比特币基地的广告在由超级明星代言的精美广告领域中显得格格不入，因此能脱颖而出"，而且卓有成效。这个广告"在一分钟内吸引了超过2000万的用户来访问其网站"，该公司不得不"限制流量"。
- 如果你的竞争对手总是用彩色广告，那你就考虑黑白色。
- 试一试在特定情境下目标受众看到你的营销信息的效果，比如在他们经常出没但没有料到会看到你的场合和地点，或者在让他们感到惊讶的时间投放信息。
- 让你想要引起顾客注意的选项比它周围的选项略大一些，或者用某种颜色凸显它。
- 对于号召人们行动的用语，要在周围留有足够的空间，这样才能更显眼。
- 将"数量有限"或"免费"等关键词放在违反规则的元素中，比如使用"星爆"等突出设计元素，使之看上去与整个信息文案设计格格不入，从而引起读者注意。
- 在你直销函件的外面或插页上添加一个便签来吸引注意力。
- 邮寄一个盒子、管状物，或一个超大的、有质感或有内衬的信封，使它看上去在当天的邮件中格外醒目。
- 为你的平面广告选择不寻常的形状，或购买整版广告页，但上面的内

[①] 超级碗（Super Bowl）是NFL职业橄榄球大联盟的年度冠军赛，胜者被称为"世界冠军"。超级碗一般在每年1月最后一个星期天或2月第一个星期天举行。——译者注

第 16 章
通过情境、奖励和不可预测性创造引人注目的营销传播

容却很稀少。也可以把文字排版成能强调你营销信息的形状。例如，一家杂货店可以将所有文案放在一个苹果的形状中。

- 在广告图像中加入一个突出元素，让它显得与众不同。一个例子是 20 世纪 50 年代奥美（Ogilvy）的经典广告，名为"穿哈撒韦衬衫的男人"，其中衬衫模特戴着一只眼罩。我的团队曾经为一家牙科保险公司制作过一则广告，广告上一个微笑的男孩缺了一颗门牙。眼罩和缺失的牙齿使这个男人和男孩与目标客户看到的其他广告中的男人和男孩与众不同。
- 策划一个视频或电视广告，屏幕上只显示文字，因为人们预期看到的是图像。
- 如果要制作一个在美国播放的电视或广播广告，可以考虑在画外音中使用英式发音。
- 在你的电视广告、视频和预告片中，选择引人注目的视觉效果和与众不同的模特。
- 用一些已被证明能吸引眼球的词作为主题，比如"警觉的""新的""隆重推出"。
- 在你的电子邮件或社交媒体帖子中加入一个动图，吸引读者注意。
- 如果你的数字广告是投放在其他网站而非你自己的网站上，一定要使用动画效果，因为这会使读者注意力聚焦在你的信息上，防止他们被网站的其他内容分散注意力。
- 使用竞赛、转盘抽奖、刮刮乐开奖，以及其他不确定的奖励方式。
- 在传达你的销售信息时，给顾客一个意想不到的折扣或礼物。
- 写一个与普遍观点或信念相悖的标题。
- 向客户和潜在客户发送一个神秘的优惠价，制造惊喜。
- 把你的信息和某个节日联系起来，让它脱颖而出。节日与一年中的其他日子不同，所以人们更关注节日。
- 一年中几乎每天都有庆祝活动。寻找一个与你的信息相匹配的日子，

触发：
驱动客户本能购买和追随

或者将你的信息与某个特殊日子结合起来。例如，国家霞多丽[①]日（National Chardonnay Day）对于餐馆、酒吧、酿酒厂或酒精饮料经销商来说，是理想的选择。但营销人员也可以将信息与它联系起来。例如，你可以发送这样一条信息："在庆祝国家霞多丽日之前，请您先读一下这个消息。"

- 利用生日和周年纪念日等特殊时机脱颖而出。如果你知道客户的生日或第一次购买你的产品的纪念日，给他们发一条庆祝信息。如果没有，邀请他们来庆祝公司的生日或周年纪念日。为了更加与众不同，也可以考虑庆祝半岁生日。
- 在标题、主题行和直邮预告文案中标记节日和特殊场合。

要点

1. 人们天生就会注意到与周围环境不同的事物。
2. 仅让信息与众不同，也不会自动为营销人员带来业务。
3. 如果使用得当，冯·雷斯托夫效应或孤立效应，可以让你的信息博人眼球，并能促使客户购买你要销售的产品或服务。
4. 使用大小、颜色和视觉提示来凸显你的信息。
5. 确保人们不会只关注你的营销方式，而忽略了你的品牌或产品名称。
6. 为了达到最好的效果，你引人注目的营销手段应该自然而然地强调营销信息。
7. 考虑你的营销信息被接收的环境。例如，如果你要发送直邮，让包裹的大小、形状、质地等外在因素看起来与当天的其他邮件不同。如果你发送的是电子邮件，那么你的主题行要在你的

[①] 霞多丽（Chardonnay），又叫作雪当利、莎当尼，原产自法国勃艮第，是一种绿皮白葡萄，在世界范围内被广泛用于酿造白葡萄酒。——译者注

第 16 章
通过情境、奖励和不可预测性创造引人注目的营销传播

目标客户收件箱中独树一帜。
8. 人类的大脑天生就能预测接下来会发生的事。
9. 当你的目标客户没有看到他们所期望的内容，无论是单词还是图像，他们都会感到惊讶。人在感到惊讶时能够集中注意力，触动心弦，更容易记住令人惊讶的内容。
10. 行为科学家发现，与确定性奖励相比，人们更有动力去获得不确定性奖励，因为追求奖励令人兴奋。提供不确定的奖励是营销人员让客户和潜在客户感到惊喜的另一种方式。
11. 注意颜色、模型、位置、大小、语言、道具、声音和动画的选择和运用策略，会使你的营销信息在战略上与竞争对手不同。这可以使你的信息脱颖而出，让你的目标客户感到惊讶，或者一举两得。
12. 使用竞赛和其他互动设备来提供不确定的奖励。
13. 充分利用节假日和特殊时机，因为它们自然而然有别于一年中的其他日子。

小结

战略上突出的营销将加强人们对该产品的印象和记忆，从而增加销售额。然而，太过与众不同可能会适得其反。要确保你的目标客户能够识别你的产品和公司名称，否则你可能将生意拱手让给竞争对手，或者只取悦了你的受众，而没有传达你的信息。

另外，与众同流、毫无特色也可能同样致命。注意你的营销信息将要出现的背景。避免可预测性。正如你将在下一章看到的，把握好时机，也可以提高潜在客户对你信息的接受度。

第 17 章

时间"里程碑"和时间贴现
——时间对行为的影响

第17章
时间"里程碑"和时间贴现——时间对行为的影响

行为科学家发现，人们在某些时候更愿意尝试新事物。对营销人员来说，这是条宝贵的信息，他们可以选择在这样的时机推销他们的产品。然而，时间并不总是营销人员的朋友。如果公司销售的产品和服务没有立竿见影的效果，那么首先就必须克服人们关注当下的偏好。

如果老话说得对，那么时间就是一切。营销人员当然高度重视时间，尽管他们对时间的考虑都很务实。他们会考虑时间的必要方面，比如有多少时间可用于开发产品或活动、促销活动是否按计划进行、优惠券代码是否已过期、营销材料是否为季节性高峰做好了准备，以及是否会错过截止日期，等等。

营销人员也会考虑到与客户有关的时间因素。他们很可能会考虑不同客户群体的终身价值、考虑潜在客户可能准备好第一次购买的迹象。事实上，初次购买后不久，往往是推销附加产品或升级产品的最佳时机，也是请求客户提供推荐或证明的绝佳时机。此外，考虑在若干天、周、月或年之后（取决于你销售的产品），客户很可能会再次准备购买。

作为一个营销人员，你可能也会考虑发送信息的时间，以及你联系客户的节奏。你可能会测试哪一天发送你的电子邮件效果最好，哪一天不应该叨扰潜在客户，哪些时段最适合做电视或广播广告，社交帖子在早上或晚上哪个效果更好，你能多快地满足提案或会议的要求，以及你应该何时尝试让客户从免费服务转向付费服务。

你可能也会把客户对营销信息的接受程度纳入所有这些关于时间的思考中。你知道，欲速则不达，你越着急要求别人购买，越会事与愿违。但是，如果你花太多时间做铺垫，你的竞争对手也可能会乘虚而入，抢走你的潜在客户。你可以尝试将信息传递的时间与你推测潜在客户在销售漏斗或购买连续体中的位置挂钩。你也可以试着对你的优惠使用地理围栏①，或在购买点进行促销。你要让目标客户在最可能采取行动的时候读到你的消息，而不是在他们离做决定还远或刚做出决定时读到。

的确，作为一名营销人员，你确实会花很多时间思考时间问题。上述经验证明，时间就是金钱。错过最后期限，错失机会，以及错误的信息，都会损害你的收益。尽管考虑这些因素至关重要，但这还远远不够。

原因如下。行为科学家对时间有两个发现，它们对客户行为产生了重大影响，都涉及人类与时间之间的奇特关系。关注时间关系的营销人员会发现，它们使客户和潜在客户更有可能在你希望他们这样做的时候做出响应。

第一个发现揭示了人们何时最有可能响应你的营销信息。这有助于指导你选择何时营销。第二个发现揭示了人们看待时间的不理性方式，解释了为什么人们常常在"该作为时不作为"。了解这一点，可以帮助营销人员缩小意图与行动之间的差距。

> 时间里程碑是过渡时期。营销人员会发现在这些时期，他们的客户和潜在客户更愿意接受新的体验。

当人们遇到一个时间里程碑时，更有可能采取行动

说到激励性，并不是每一天都有同样的效果。事实上，行为科学家发现，某些日子比其他日子更有影响力。科学家们把这些日子称为"时间里程碑"，指的是一个从大多数时间中脱颖而出的时间，它们往往有着非比寻常的意义。因此，人们更有可能在接近时间里程碑的时候采取行动。时间里程

---

① 地理围栏（geo-fencing）是用一个虚拟的栅栏围出一个虚拟地理边界。当手机进入、离开某个特定地理区域，或在该区域内活动时，手机可以接收自动通知和警告。有了地理围栏技术，位置社交网站就可以帮助用户在进入某一地区时自动登记。——译者注

碑可以是日历上的日子，比如被广泛认可的节日，也可以是具有个人意义的特殊时刻，比如生日。研究人员已经证明，这样的日子几乎有一种神奇的、激励人心的作用。

生日的惊人影响

在丹尼尔·平克（Daniel Pink）的《见机：完美时机的秘密科学》（*When: The scientific secrets of perfect timing*）一书中，他观察到"当人们接近十年的任意标记时，头脑中的某些东西会觉醒，从而改变他们的行为"。平克引用了亚当·阿尔特（Adam Alter）和哈尔·赫什菲尔德（Hal Hershfield）的研究，来支持这一观点。该研究发现，年龄以9结尾的人"在首次参加马拉松比赛的人中占比高达48%"。它显示，29岁的人跑马拉松的可能性几乎是30岁的人的两倍。而49岁的人比50岁的人跑马拉松的可能性高3倍。临近一个10年的结束和一个新10年的开始，对这些人来说是一个时间上的里程碑。

虽然这个发现可能让人眼前一亮，但作为营销人员，你可能并不那么关心如何激励人们去跑步。然而，其他涉及市场营销的研究也显示，一个人的生日对他们的行为具有影响。杜克大学 Common Cents 实验室的行为科学家与一家名为 Silvernest 的在线公司合作，该公司将有房间出租的婴儿潮一代与需要租房的婴儿潮一代进行了比对。卡拉·弗里德（Carla Fried）在2018年的一篇文章中写道："特定日子的行为推动是有效的激励因素。"该公司在脸书上投放了针对即将年满65岁人的广告。弗里德解释道：

> 实验的对照组得到的信息有些笼统，"你在变老。你准备好退休了吗？合租房屋会有所帮助。"测试组得到了更具体的年龄提示："你64岁了，快65岁了。你准备好退休了吗？合租房屋会有所帮助。"

与普通消息的2.5%的点击率相比，更具有年龄针对性的文案产生了近5.5%的点击率。

不仅仅是生日可以刺激这种行为。丹尼尔·平克在他的书《见机：完美时机的秘密科学》中引用了更多的例子。他解释说，研究人员分析了八年半的谷歌搜索结果，发现"1月1日，'节食'这个词的搜索量总是激增——比平时高出约80%"。但这还不是全部。他还提到，研究作者发现搜索量也会在每个月的第一天和每个星期的第一天增加。

平克在书中提到，在另一项研究中，研究人员发现，如何界定一个日子也会产生影响。将3月20日称为"春季的第一天"，比将其称为"3月的第3个星期四"更具有影响力。新季节的第一天起着里程碑式的作用。

时间里程碑能引发"新起点"效应

研究人员创造了"新起点效应（fresh start effect）"这一术语，来描述随之而来的激励行为。他们发现，人们倾向于在时间里程碑上以不同的方式看待自己。这些时间里程碑充当了过渡点。你离开的是旧的自己，而你即将成为新的、更好的自己。你即将跟过去那个不完美的你道别，迎接着充满希望的新篇章。人们更有信心面对挑战，实现自己的目标。因此，他们更热烈地拥抱新事物。这就是为什么你很少听到有人宣称，"我打算在星期三戒烟"，但会经常听到"从星期一开始，我打算戒烟"。

作为营销人员，你应该把这些新开始的日子，或者说是时间上的标志，纳入你的营销活动。新年早已是一个很大的营销机会，因为它被认为是一个人们决心重新开始的日子，一块崭新的里程碑。但正如研究表明的那样，其他预示开端的时间点也同样有很大的影响力，而且为你提供了更多机会。想想季节、季度、学期、月份、工资日和一周的开始。每一个时间点都可以成为人们重新开始的时刻。

营销人员也不应忽视个人生活中的重要事件，如生日、纪念日、毕业、新工作的开始、搬到新城市、结婚、生子、买房、退休等。每一个日期都是一个转折点，一个标志性的时刻，人们在这个时刻会思考事件发生前后的生活。

第17章
时间"里程碑"和时间贴现——时间对行为的影响

一个临近的时间里程碑如何让我消费了六位数

从波士顿大学毕业后，我和大多数认识的人一样，决定不回我长大的小镇，而是去一个更大的城市开始我的职业生涯。我找到了一个室友，一起加入了应届毕业生大军，在大学城里寻找住房。那年夏天，我们找到了合适的地方，把乱七八糟的书、床和箱子搬到了波士顿大学校园附近的一个小地方。

第二年夏末，我又找了两个室友，搬到了一个稍好的公寓。然后在接下来的六年中，我和两三个朋友合租房子，在波士顿地区工作。一切都很顺利。我的室友是我非常要好的朋友。我们住进了一个舒适、方便的公寓，比我毕业后的第一个地方要好得多。租金由我们分摊，相当实惠，让我可以存一些钱。没有什么特别的理由要改变这一切。然而，当我即将迎来三十岁生日时，我觉得需要拥有房产了。我决定买一套公寓了。

但当时并不是买公寓的好时机。人为的炒作导致市场价格虚高。为了能找到符合我心理预期价格的房子，我需要放弃自己中意的独栋房屋，去考虑房地产经纪人口中那些"有潜力"的社区。即使室友们想让我做房东，我也买不起足够大的房子，能让他们所有人搬来和我一起住，所以这意味着我将离开我的好朋友。而且，由于按揭付款比我一直以来支付的租金要贵，我的银行存款很快就会见底，同时我在广告公司的工作也不是很稳定。

尽管如此，我还是觉得有必要买一套公寓，并且感觉在我三十岁之前必须这样做。所以，我跑了一个又一个开放式的房屋，参观了波士顿周围的城镇（其中一些我以前从未去过），试图找到自己中意的房子。

最后，我在南波士顿看到了一套两居室的复式公寓，带有一个小院子，可以在街边停车，还能看到波士顿市中心的天际线。它位于地铁站附近，交通便利，我可以乘坐公共交通工具进城。这是一栋新建筑，布局宽敞，壁橱也很大。我对南波士顿一无所知，也不认识住在那里的任何人。但时间紧迫，所以我开了个价。

在我三十岁生日前一个月零两天，我买下了这套公寓。我的新客厅虽然家具稀少，但朋友们在里面为我举行了生日派对。之后不久，房地产泡沫破

> **触发：**
> 驱动客户本能购买和追随

裂，让我的"崛起中"的社区离那个崇高的目标产生了一大段距离，我的新公寓也大幅贬值了。然而，我已经实现了自己的个人目标，尽管它可能并不理性。在一个时间里程碑的触发下，我在三十岁之前购买了房产。

案例分析

利用行为科学提高在线学生注册率

伯克利在线音乐学院是伯克利音乐学院的一个分支，是世界上最大的在线音乐学校，学生满意度高达97%。这个在线学校吸引了164个国家的学生，包括著名的戴夫·马修斯乐队（Dave Matthews Band）、九寸钉乐队（Nine Inch Nails）和费尔西合唱团（Phish）的成员。超过75 000名学生选择到这所知名学校就读，学习在线课程、考取证书、攻读学位。

但是，当在线音乐教育领域的竞争开始加剧，招生率开始趋平时，你该怎么办？黛比·卡瓦里尔（Debbie Cavalier）是伯克利在线音乐学院的高级副总裁、首席执行官及联合创始人，她和伯克利在线音乐学院的首席营销官迈克·金（Mike King）采取了双管齐下的方法。他们委托进行了一项客户细分研究，以深入了解学校申请人和学生的动机和价值观。他们还聘请我为他们的营销团队提供咨询，因此该团队可以学习如何针对目标客户制作有行为科学依据的营销信息，对症下药。

当然，为了提高他们的电子邮件、社交帖子、登录页面、网站文案和广告的有效性，我建议他们在营销信息中加入了许多行为科学原则。如果你读过本书的前几章，我的一些建议你可能会很熟悉。我建议他们继续激发追求音乐学位所带来的情感，使用损失规避策略促使潜在客户做出迅速回应，并强调只有在伯克利在线音乐学院才能享受这种独家机会。

此外，为了帮助抵御日益增长的竞争威胁，我建议团队通过强调对学校感到满意的学生来激发社会认同，通过展示在线课程赢得的奖项和教师的卓越素质触发权威原则，并说明为什么潜在学生应该考虑从伯克利获得在线学位。

你可能也猜到了，鉴于本章的主题，我也鼓励伯克利在线音乐学院的

第 17 章
时间"里程碑"和时间贴现——时间对行为的影响

营销团队在创建营销活动时,考虑到某些时间里程碑。在接收到这个概念之后,该团队从战略上确定了可以使用的三种不同类型的时间里程碑。第一种类型包括较为普遍的新起点过渡期,如一年、一个季度、一个月,或一周的开始。第二种类型与他们的学术日历相关,利用新学期和新课程的开始作为分界点。第三种类型是偶发的,基于不确定是否会再次发生的关键事件,如即将到来的学费上涨和新的在线硕士学位课程的推出,两者都可以成为有效的时间里程碑。

几年后,当我与黛比交谈时,我很高兴听到他们的营销团队进展顺利,而且努力得到了回报。她说每当团队在营销文案中加入行为科学时,他们就会说他们已经把它"南希化"了,听到这里,我笑了!更重要的是,黛比报告说,他们的工作变得"更有效、更有吸引力",而且他们看到"整个活动的成功率提高了"。事实上,她说:"今天,伯克利在线音乐学院的入学人数是与南希·哈胡特合作前的两倍多。这有很多原因,但我们采用的行为科学营销原则肯定是其中之一。"这是在肯定中结束的一次交流(图 17-1)!

图 17-1 新的开始刺激行为的发生

注:伯克利在线音乐学院在这封邮件中利用了标志着新学期开始的时间里程碑。(图片经许可使用。版权所有 © 2021 伯克利音乐学院。)

触发：
驱动客户本能购买和追随

当人们认为回报遥不可及时，他们就会推迟行动

营销人员可以通过促使客户和潜在客户将过去的自己和未来的自己分开，来利用新起点效应。这是使用这一策略的关键一步。你要让人感觉今天的自己与昨天有所不同，今天的自己因为遇到了这个转折点而能取得更大的成就。

然而，有些时候，这种人类分离自我的倾向会对营销人员不利。在这种情况下，对于营销人员来说，帮助客户想象未来的自己与现在的自己非常相似至关重要。能够做到这一点，将帮助营销人员克服时间贴现（temporal discounting），也就是人类贬低远期回报价值的心理倾向。

行为科学家发现，人们会非常关注当下，偏爱即时满足感。如果有选择的话，你的客户和潜在客户可能会选择较小但更快得到的回报，而不是较大但需要更长时间才能获得的回报。

正因为如此，虽然人们知道做某些事情是符合自己最大利益的，却仍然无法做到。人类喜欢拖延那些没有立即回报的行动，这个倾向很明显。花150美元吃晚饭和外出过夜，享受当下，要比把同样的钱存入银行以后再花，或用于投资退休账户，或用来购买保险等实用的东西要容易得多，因为这些决策带来的回报是未来的，甚至是不确定的。这并不是说人们觉得他们不应该节省一些工资、为退休存钱，或者购买保险。只是他们推迟了这些决定，寄希望于未来的自己，这种想法更符合人性。

营销人员必须克服时间贴现

人们经常假设未来的自己会更自律，更耐心，更有动力，或者具备更多有助于完成某些目标的条件。因此，他们便把事情搁置起来，转而享受当下的时光。然而，通常情况下，当未来真的到来时，这些人便会悔不当初，后悔没能在有机会的时候早点采取行动。例如，当到了退休的时候，会后悔自己在工作期间没能有计划地存钱。或者当他们发现自己升职无望时，会后悔自己在年轻的时候没选修那些大学课程，没能拥有在职业生涯中晋升所需的

第17章
时间"里程碑"和时间贴现——时间对行为的影响

技能。然而，人们在当下却是耐心不足。

正如卡洛斯·阿巴迪（Carlos Abadi）在他2019年《决策边界》（*Decision Boundaries*）一文中所解释的"双曲贴现（Hyperbolic Discounting）"那样：

> ……许多人更喜欢现在的100美元，而不是明天的110美元，但大多数人会放弃30天后的100美元，而选择31天后的110美元。似乎人们乐意在一个月后等一天就能获得10美元的回报。然而，如果他们必须现在就等待，情况则相反。更为普遍的是，人们对未来回报的折扣率随着延迟时间的增加而降低。这种现象被心理学家理查德·赫恩斯坦（Richard Herrnstein）称为"双曲贴现"。

阿巴迪接着说，"然而，一个月后，这些人中的许多人会改变他们的偏好，选择立即获得100美元，而不是等待一天获得额外的10美元。"人们总是前后矛盾，在处理时间问题时，表现出好奇和不完全理性的行为。

研究表明，人们更多地将未来的自己视为陌生人

斯坦福大学的研究人员哈尔·厄斯纳·赫什菲尔德（Hal Ersner·Hershfield）、G.艾略特·威默（G. Elliott Wimmer）和布莱恩·克努森（Brian Knutson）进行的研究，也证明了人与时间的关系很奇特。他们给研究对象连接了一台功能性核磁共振成像机器，以便看到其大脑活动。然后他们向参与者展示了一系列描述性的词语，如"可敬"和"有趣"，并要求他们指出该词语对现在的自己、未来的自己（10年后）、现在的"他人"（针对男性参与者参考的是马特·达蒙，针对女性参与者则是娜塔莉·波特曼①），或未来的"他人"描述的接近程度。

当人们评估当前的自我时，大脑活动最为活跃，这并不意外，因为人们

---

① 马特·达蒙（Matt Damon）、娜塔莉·波特曼（Natalie Portman）都是好莱坞著名影星。——译者注

对自己比对其他人更感兴趣。然而，当研究参与者想到未来的自己时，他们的大脑活动更类似于想到当前的"他人"时的经历，而不是当前的自己时的经历。

正如贝基·凯恩（Becky Kane）在她的文章《当下的偏见：为什么你对未来的自己毫不在乎》（Present Bias: Why you don't think about your future self）中所写的那样，"用平实无华的语言来说，当你想到一个月、一年或十年后的自己时，你的大脑会以对待泰勒·斯威夫特（Taylor Swift）[①]、邮递员，或在隔壁车道开车的女士的方式对待未来的自己。"人们更大概率会把未来的自己视为陌生人，而不是今天自己的延伸。

在她的文章中，凯恩还引用了另一项关于时间贴现效应的研究。该研究涉及一群受试的学生，他们接受的采访涉及指导其他学生的意愿。测试要求一组学生承诺在本学期进行期中辅导，第二组需要承诺下一学期的期中辅导，第三组学生被要求估计他们认为新生可以投入多少时间进行辅导。结果印证了上述厄斯纳的发现，正如凯恩所言：

> 要求在现在承诺的学生平均只承诺了 27 分钟，而要求在下学期期中考试期间承诺辅导的学生平均承诺了 85 分钟。更有说服力的是，研究发现，学生们肯为未来的自己花的时间和完全为别人花的时间相比，在统计学上没有显著差异。

这再一次证明了，人们认为未来的自己和现在的自己基本无关。

然而，在实验的第四个版本中，研究人员提醒一些学生参与者，他们在下一个期中考试期间，可能会像现在一样受到时间限制。这时再问他们能为下一个期中辅导花多少时间时，他们的估计就低得多了。帮助这些学生看到未来的自己和现在的自己没什么不同，就产生了不一样的效果。

[①] 泰勒·斯威夫特是美国歌手、词曲作家、音乐制作人、演员。——译者注

第 17 章
时间"里程碑"和时间贴现——时间对行为的影响

> **❗错误** 为人们提供适当的信息和情感提示,并假设他们会对自己的未来做出正确的决定是不妥的。相反,营销人员还必须帮助人们拉近现在和未来的自我之间的差距。

帮助顾客看到他们现在的样子,但未来的自己只是徒增几岁而已

克服时间贴现的影响,需要营销人员帮助弥合一个人看待现在的自己与想象中未来自己之间的差距。从本质上讲,你需要说服你的目标客户,无论是现在还是以后,他们都是同一个人。你可以通过使用视觉效果做到这一点。2012 年,金融公司美林前沿(Merrill Edge)推出了他们的"面对退休(Face Retirement)"的活动。这个活动号召人们上传自己的照片,并用软件对其进行年龄调整,因此他们可以看到自己在 10 年、20 年、30 年或更长时间后的模样。从 Finextra 公司在 2014 年刊发的一篇文章可以得知,近一百万人使用了这个工具,其中 60% 的人寻求有关退休和规划未来的更多信息。该活动后来赢得了 2014 年艾菲营销效果奖(Effie Award)。

美林前沿的广告显然很有吸引力。然而,如果你需要对抗时间贴现的影响,又担心你的营销预算不支持使用人像年龄渐变软件[①],那你还有其他选择。你选择的词语可以帮助目标客户在现在的自己和未来的自己之间架起一座桥梁。

2015 年,我和我的同事与 Sentient Decision Science 的创始人兼首席执行官亚伦·里德(Aaron Reid)博士合作,对克服时间贴现影响等课题进行了一些专门研究。这项研究涉及几个行业和两个不同年龄组。研究的一个方面是探讨如何利用营销文案来抵消时间贴现效应对购买保险的延迟影响。对于懂行的读者来说,这项研究涉及隐性和基于选择的联合研究方法、情感权

---

① 人像年龄渐变软件(Age Progression Software)是一种计算机软件,可以模拟人类在未来的年龄变化。它通常使用面部识别技术和图像处理算法来分析和比较不同年龄段的面部特征,并根据这些特征生成一张预测的照片或视频,展示人的年龄变化情况。

重（emotional weighting）、眼动追踪研究（eye-tracking studies）和热图（heat mapping）等方法。换句话说，该研究既复杂又全面，旨在衡量真实的反应，提供比传统建模方法更优越的结果。

研究发现，如果使用的语言能启发人们将未来的自己视为与现在相似的自己，不仅有助于克服时间贴现，还能加强人们对更高保费保单的偏好。那么这到底是怎么回事呢？举个例子，假设你是伤残保险的营销人员，如果有人因事故或疾病而无法工作，该保险会赔偿他们一部分收入。你可以这样写文案：

即使像你这样对财务负责、身体健康的人，也可能成为意外的受害者，可能会遭遇事故或染病。一旦发生这种情况，你将无法继续工作，你的账单——无论是新的医疗账单，还是你目前支付的账单，比如房租、信用卡、水电费、有线电视和互联网账单——都会堆积如山。现在想象一下，拥有保险可以帮助你支付这些账单，这样你就不必削减开支，甚至不必冒负债的风险。就像今天一样，你会觉得自己的财务状况处于良好状态。

这份文案提到了目标客户目前的支出，并帮助他们看到，即使未来发生了什么事情使他们无法工作，他们也希望能够继续支付这些费用。它还给目标客户贴上了"对财务负责"的标签，并将其与负债的概念进行了对比。

正如里德博士在研究结论中观察到的那样，"对用于描述与保险和投资决策相关的情况、风险和利益的语言进行简单却精确的修饰，可以显著增加对产品考虑和购买的可能性。"他接着补充说："鉴于实验设计科学合理，我们可判断基于行为经济学的具体文案修改是导致行为变化的原因，二者之间存在因果关系。"

案例分析

克服时间贴现，启发人们开始为退休储蓄

当你年轻时，很容易推迟你需要为老年生活做准备的计划。当你感到

第 17 章
时间"里程碑"和时间贴现——时间对行为的影响

手头拮据时,很容易因为资金有限而将新的需求往后放一放。在这两种情况下,上述决定很容易推迟到未来。因此,当一家金融公司来到 HBT 营销公司,要求我们帮助他们增加退休账户的注册人数时,我们知道我们必须处理时间贴现问题。

起初,营销人员提出了一些很有意义的理由,试图说服人们加入他们公司的退休金计划。其中一个方案是向人们展示,他们的缴款会随着时间的推移聚沙成塔——小额但定期的投资可以累积成相当可观的退休储蓄。如果员工在其职业生涯的早期就开始储蓄,效果就更为可观。然而,由于时间贴现的影响,用这一理由说服他们可能困难重重。人们对遥远的回报不屑一顾,而宁愿花掉现在的钱,认为以后总会有时间开始储蓄。

另一个有力的理由是,如果雇主为员工按贡献缴纳退休金。这些钱可以被视为额外收入,相当于雇员获得了加薪。然而,这样做的问题是,员工往往将自己的那部分贡献视为一种损失。他们实际到手的工资减少了,所以对这一点的过分关注,往往使他们不能理解开设退休金账户所带来的最终收益。

对任务思考得越深入,团队就越发清楚地认识到,解决时间贴现问题将是打造有效营销活动的关键,也是创建营销信息的重中之重。围绕这一想法,团队对电子邮件、邮件广告和脸书广告中的文案语言进行了精心雕琢。例如,第一个执行文案鼓励目标客户思考他们目前的处境,并指出,即使他们需要应对许多财务承诺,他们仍然有权决定何时何地花钱。文案问道:"你希望退休后这种状况会发生改变吗?"第二个执行文案则说:"即使你现在肩负着很多其他责任,这也可能实现。"而第三个文案则敦促目标客户立即开始行动,这样他们的钱就会越积越多。文案描述道:"然后,就像今天一样,你会知道你为自己和依赖你的人做出了一些正确的选择。"文案搭建了一座桥梁,帮助目标客户想象未来的自己和现在一样,拥有相同的喜好、责任和感受。这招奏效了。我们的客户发现,新开户数量增加了 12%。

触发：
驱动客户本能购买和追随

其他成功克服时间贴现效应的营销例子

当研究营销案例时，我经常标记出营销沟通中使用行为科学的好例子。这三个例子让我印象极深：

- 一家网上银行存款单（CDs）广告中的信息表明，他们已经问过未来的你，是否需要更多的财富，那个人给出了肯定的回答。当目标客户看到这条信息时，很难提出异议。由于大多数人现在想要更多的钱，所以认为他们在未来这样想也不为过。因此，这使人们愿意办理存款单业务。
- 一所大学发布了这样的信息："我是未来的……"然后提供了一些选择来补全它。学生可以找到最能描述他们未来的短语（未来的大一新生，未来的研究生等），这进而帮助他们看到自己的未来形象。
- 另一所大学展示了他们最近毕业典礼的视频，并询问他们的目标客户，是否能想象自己站在同一个舞台上。通过引导目标客户想象自己的毕业典礼，帮助他们在当前和未来的自己之间架起了一座桥梁。

营销人员如何利用时间里程碑和时间贴现来激励行为

- 在周初或周末开始时发送信息，这取决于你正在推销的产品和服务。
- 充分利用假日，因为它们可以作为时间里程碑。
- 思考如何利用非假日的特殊日子，比如税务日和返校日。例如，非营利组织可以鼓励潜在的捐赠者在报税后立即注册自动月捐[1]，这样他们在接下来的一年可以获得更多慈善捐赠的减免金额。
- 利用时间里程碑来安排你的 B2B 营销交流，比如财政年度的开始、季度的结束和公司旺季的开始。

---

[1] 自动月捐（Automatic Monthly Contributions），也称定期捐赠或持续捐赠，是一种慈善捐赠模式。捐赠者同意每月定期向慈善组织或非营利机构捐赠一定金额的资金，通常通过信用卡或银行账户自动扣款实现。自动月捐使得慈善机构可以更好地规划和管理资金，同时提供了一种方便和可持续的捐赠方式，使得更多的人可以参与到慈善事业中来。——译者注

- 如果你有数据，不要忽略个人生活中的重要时刻，比如购房纪念日、获奖，或领养宠物的周年纪念日。
- 记住，销售某些产品通常需要克服时间贴现效应，包括饮食和减肥产品、运动器材、戒烟辅助产品、健康和保健产品、大学招生、保险政策、退休账户、服务升级，以及维修和翻新产品。
- 允许客户延迟付款。这样他们就可以体验到立即拥有某样东西的乐趣，同时推迟支付的痛苦。
- 提供即时的满足，包括次日交付、即时下载和开放式内容。
- 通过提供邮寄返款的方式打折。省钱的想法会促使人们立即购买，但有些人可能抽不出时间去索取他们的折扣。
- 强调你提供即时价值的方式，即使你的产品或服务提供的最终价值在以后才会实现，也可以这样做。例如，一家营销个人退休账户（IRA）的公司可能会强调投资收益的税款直到以后退休提取时才需缴纳，这样客户便获得了当前的税收优惠。

要点

1. 时间里程碑是人们生命中的转折点。在这些时刻，人们感觉自己获得了一个新的开始，可以抛开过去的所有不足。
2. 当你的目标客户达到一个时间里程碑时，他们通常更愿意尝试新事物，因为他们觉得自己更有可能实现它们。
3. 营销人员可以将营销信息与时间里程碑相结合，从而获益。
4. 时间里程碑可以是日历上标记的日期，比如节日、新年、季节、月和周的开始。也可以是个人的某个特殊日子，比如生日、周年纪念、结婚、买房、升职或退休等。
5. 时间里程碑可以促使你的目标客户把"旧我"（里程碑时间节点之前）和"新我"（里程碑时间节点之后）看作是分离的。
6. 人们更喜欢即时的满足，并且倾向于低估远期的奖励。

7. 你的客户可能会选择较小但较快的奖励和回报，而不是较晚但更大的奖励和回报。他们不喜欢等待。

8. 销售某些产品需要克服时间贴现问题，否则会导致人们推迟购买决定。通常情况下，他们会选择购买他们当下可以享受的东西，而不是把钱花在那些只能在以后才能体现效益的产品或服务上。

9. 营销人员可以通过帮助目标客户看到现在的自我和未来的自我之间的相似之处，来克服时间贴现问题。如果没有外力的帮助，他们可能很难想象未来的自己会有什么感觉，以及希望现在的自己做什么。

10. 营销人员可以使用适当的形象或语言，在目标客户的现在和未来之间架起一座桥梁。关键是让你的目标客户通过现在的自己看到未来的样子。

小结

当营销人员向人们推荐新产品时，可以利用这种时间里程碑。在这些转变时期，客户和潜在客户更有可能尝试新的产品和服务。时间里程碑包括新的季节和新的一周开始的时间点，以及生日和新工作开始的时机。

然而，某些销售未来获益产品的营销人员，必须帮助潜在客户看到自己在未来也是如此。他们需要潜在客户觉得他们在未来会有和现在一样的欲望和偏好，促使他们现在就采取行动，而不是推迟购买决定。

总　结

你已经读完了本书。现在该如何呢？此时此刻，你已经掌握了至少25条行为科学原理，可以用来影响你客户和潜在客户的行为。记得要做出明智的选择，并经常进行检验。

想想为什么人们不会按照你的意愿去做？找出可能存在的绊脚石。他们不知道你的公司吗？认为自己不会使用你的产品或服务吗？在等待更好的交易吗？还是在担心需要得到他人的认可吗？

一旦你找出了潜在的障碍，回顾一下你刚了解的行为学知识，选择最有可能消除这些购买障碍的原则。测试一下最好用的方法，举一反三，找出最适合你的方法。记住，即使你最初的假设不成立，但每次测试都会提供有价值的知识，让你离最终目标更近一步。

不要忘记结合你所选择的营销渠道的最佳实践。用数据支持你的决策——行为科学确保你能轻松地做出决策。然后看看你的回复率是否有所提高。正如你所看到的，某些决策在运用后，回复率的提升可能在两位数到三位数之间。其他策略可能会带来渐进式的增长，当这些增长积累起来时，会产生巨大的差异。你可能会发现，在你的营销沟通中使用多个行为科学触发诱因会带来最佳成效。

有了科学做依据，经历了市场检验，一切准备就绪！

你可以放心地使用这些原则，因为你知道它们得到了科学支持，并且已经被其他营销人员成功地运用过。不仅如此，行为科学目前已被应用于多个领域，如健康、教育和公共政策等。当你将行为科学引入你的营销战略和执行措施时，你依靠的是有事实依据的研究，而不是个人意见。仅此一点就能产生直接优势。

如果你担心这种优势不公平，请记住，所有营销活动中制定的决策，都是为了优化它而设计的。你选择名单和媒体是为了提高回应率。你所宣传的价格能够吸引潜在客户。你拍摄的产品照片是为了看起来更吸引人。现在，你可以根据人们处理信息的方式来创建营销信息。

营销人员往往会考虑在营销组合的四个"P"[product, place, price, promotion（产品、地点、价格、促销）]中增加第五个"P"——"心理学（psychology）"，可惜"心理学"这个词与前面几个凑不上押头韵！正如你不会在前四个方面做出不理智的选择一样，你也应该负责任地使用行为科学。这样，它就成为你提高成功率的另一个工具。

运用已被科学证明的人类行为去影响行为

归根结底，营销人员需要让人们做出决定。行为科学家已经研究了人们做出决定的过程。他们记录了人们所走的决策捷径、所回应的提示，以及所依赖的默认设置。精明的营销人员现在可以利用科学所证明的人类行为来影响客户。既然你了解人们是如何做出选择的，你就可以创造出更容易被注意、被记住和更容易得到回应的营销信息。这一切只需要注入一些行为科学。

你已经准备好根据人们的本能行为方式去创建更有效的营销信息了吧。当你根据目标受众的接收方式来设计信息时，必然会带来先发制人的优势。现在你已经拥有了这个优势，就尝试用行为科学来驱动你所寻求的客户行为吧。